中国人民大学研究报告系列

中国区域经济发展报告

——中国区域经济中长期发展研究

2020

REPORT ON REGIONAL ECONOMIC DEVELOPMENT OF CHINA

主　编　孙久文
副主编　苏玺鉴

中国人民大学出版社
· 北京 ·

总序

陈雨露

当前中国的各类研究报告层出不穷，种类繁多，写法各异，成百舸争流、各领风骚之势。中国人民大学经过精心组织、整合设计，隆重推出了由人大学者协同编撰的研究报告系列。这一系列主要是应用对策型研究报告，集中推出的本意在于，直面重大社会现实问题，开展动态分析和评估预测，建言献策于资政与学术。

“学术领先、内容原创、关注时事、资政助企”是中国人民大学研究报告系列的基本定位与功能。研究报告是一种科研成果载体，它承载了人大学者立足创新，致力于建设学术高地和咨询智库的学术责任和社会关怀；研究报告是一种研究模式，它以相关领域的指标和统计数据为基础，评估现状，预测未来，推动人文社会科学研究成果的转化和应用；研究报告还是一种学术品牌，它持续聚焦经济社会发展中的热点、焦点和重大战略问题，以扎实有力的研究成果服务于党和政府以及企业的计划、决策，服务于专门领域的研究，并以其专题性、周期性和翔实性赢得读者的识别与关注。

中国人民大学推出研究报告系列，有自己的学术积淀和学术思考。我校素以人文社会科学见长，注重学术研究资政育人、服务社会的作用，曾陆续推出若干有影响力的研究报告。比如自 2002 年始，我们组织跨学科课题组研究编写了《中国经济发展研究报告》《中国社会发展研究报告》《中国人文社会科学发展研究报告》，紧密联系和真实反映中国经济、社会和人文社会科学发展领域的重大现实问题，十年不辍，近年又推出《中国法律发展报告》等，与前三种合称为“四大报告”。此外还有一些不同学科的专题研究报告也连续多年出版，在学界和社会上产生了一定的影响。这些研究报告都是观察分析、评估预测政治经济、社会文化等领域的重大问题的专题研究，其中既有客观数据和事例，又有深度分析和战略预测，兼具实证性、前瞻性和学术性。我们把这些研究报告整合起来，与中国人民大学的出版资源相结合，再进行新的策划、征集、遴选，形成了这个研究报告系列，以期放大规模效应，扩展社会服务功能。这个系列是开放的，未来会依情势有所增减，动态成长。

中国人民大学推出研究报告系列，还具有关注学科建设、强化育人功能、推进协同创新等多重意义。作为连续性出版物，研究报告可以成为本学科学者展示、交流学术成果的平台。编写一本好的研究报告，通常需要集结力量，精诚携手，合作者随报告之连续而成为稳定团队，亦可增益学科实力。研究报告立足于丰富的素材，常常动员学生参与，而这可以使他们在系统研究中得到学术训练，增长才干。此外，面向社会实践的研究报告必然要与政府、企业保持密切联系，关注社会的状况与需要，从而带动高校与行业、企业、政府、学界以及国外科研机构之间的深度合作，收“协同创新”之效。

为适应信息化、数字化、网络化的发展趋势，中国人民大学研究报告系列在出版纸质版本的同时将开发相应的文献数据库，形成丰富的数字资源，借助知识管理工具实现信息关联和知识挖掘，方便网络查询和跨专题检索，为广大读者提供方便适用的增值服务。

中国人民大学研究报告系列是我们在整合科研力量、促进成果转化方面的新探索，我们将紧紧把握时代脉搏，敏锐捕捉经济社会发展的重点、热点、焦点，力争使每一种研究报告和整个系列都成为精品，都适应读者的需要，从而打造高质量的学术品牌，形成核心学术价值，更好地承担学术服务社会的职责。

目　录

总报告：2020 年中国区域经济与中长期发展思路

2020 年是我国全面建成小康社会、实现第一个百年奋斗目标的决胜之年，是到 2035 年基本实现社会主义现代化，到 21 世纪中叶把我国建成富强民主文明和谐美丽的社会主义现代化强国远景的开局之年。在面临贸易摩擦、新冠肺炎疫情、世界经济增长放缓等外部冲击的同时，我国也处于新一轮科技革命的历史性机遇。基于对国内外环境的系统研判，我国创造性地提出了构建国内国际“双循环”新发展格局的战略选择，开创经济发展新格局，提升区域经济发展质量。

一、区域经济运行背景

我们基于几个主要的影响因素来分析 2020 年的中国区域经济运行。

（一）新冠肺炎疫情持续冲击

新冠肺炎疫情的暴发对我国及世界各国带来了严重的影响。疫情暴发初期，为了防止疫情扩散，我国各地区采取了严格的限制人口流动政策，复工复产推迟，经济生产受到较大程度的影响，居民收入水平及生活也受到较大冲击。在国内疫情逐步得到控制后，多地政府为了促进本地经济增长，通过发放消费券的方法鼓励居民购物消费；一些地区通过大力发展数字经济以增强区域经济韧性，提高应对风险能力。

但是，在进入疫情高发的秋冬季节之后，避免疫情卷土重来的压力再次落到各级政府的肩上，政府需要兼顾经济恢复与疫情防控，同时改善此次疫情暴露出的在公共卫生服务领域的短板，如应急物资短缺和应急管理能力不足。习近平总书记在《求是》上发表的文章《全面提高依法防控依法治理能力，健全国家公共卫生应急管理体系》提出，要完善重大疫情防控体制机制，健全国家公共卫生应急管理体系。

（二）数字经济与发展新动能

随着我国通信技术的快速发展，“互联网＋”新业态开始出现并逐渐成熟。受疫情冲击，“云”服务的需求大量增加，“云办公”“云学习”“云医疗”等项目的发展带来了物联网、云计算、大数据、人工智能、5G、区域链等数字经济技术的快速推广和应用。

除此之外，数字经济、人工智能技术与传统产业的结合更加紧密，在不断加强数字基础设施建设、提高数据运营计算能力的背景下，产业数字化前景广阔。《人民日报》在 2020 年 7 月 8 日发表社论指出，数字经济将引领新一轮经济周期，成为经济发展的新引擎。

（三）区域经济政策创新

改革开放以来，我国的区域发展战略经历了从不均衡发展到均衡发展再到协调发展几个阶段，区域政策不断完善，最终形成了京津冀协同发展、长江经济带、粤港澳大湾区、长三角一体化发展、黄河流域生态保护和高质量发展五大区域战略。

2020年，在新冠肺炎疫情冲击下，国内、国际形势发生较大变化，面对复杂的外部环境，我国政府提出建设成渝地区双城经济圈的战略举措，并出台相关规划文件，进一步指明了促进黄河流域生态保护和高质量发展、西部大开发和新型城镇化建设的战略方向。

（四）贸易保护主义与贸易摩擦

特朗普上台后，美国的贸易政策出现了巨大的转向，美国贸易保护主义明显抬头，逆全球化的趋势不断加强。同时，随着改革开放以来中国经济迅速发展，近年来中国在国际事务中发挥着越来越重要的影响，中国逐渐被美国视为战略上的竞争对手。因此，美国越发加大对于中国经济发展的遏制，贸易摩擦成为美国对于中国实施遏制的工具之一。

从更深层次的角度来讲，现阶段各个国家对高新技术产业的竞争趋向白热化，新产业的发展需要有足够规模的市场来提供支持。与以往相比，过大的贸易逆差所受到的关注更多，而为了给新兴产业发展提供更充足的市场，各国往往会尽可能地扩大出口、降低进口，以保证本土产业的市场。以美国为代表的发达国家出台以贸易保护为核心的贸易政策，使得现阶段的国际贸易形势雪上加霜，贸易摩擦频发。

（五）“一带一路”倡议与RCEP

《区域全面经济伙伴关系协定》（Regional Comprehensive Economic Partnership，RCEP）于2012年由东盟发起。2020年11月15日，东盟十国和中国、日本、韩国、澳大利亚、新西兰共15个亚太国家正式签署了RCEP。这标志着当前世界上人口最多、经贸规模最大、最具发展潜力的自由贸易区正式启航。

经过多年的发展，“一带一路”倡议也在逐步实现预定目标，已经进入积极推进的阶段，逐步实现“促进经济要素有序自由流动、资源高效配置和市场深度融合，推动沿线各国实现经济政策协调，开展更大范围、更高水平、更深层次的区域合作，共同打造开放、包容、均衡、普惠的区域经济合作架构”。

“一带一路”倡议的提出和RCEP的签署，将有效拓展我国西向和南向开放格局。同时，对于连通中西部地区和东部沿海地区具有极强的引领作用，有助于推动区域经济格局“双循环”。

（六）技术限制与高新产业发展

自2018年开始，中美贸易摩擦蔓延至高科技领域。中兴、华为相继遭到技术限制，暴露出我国高技术产业面临的“卡脖子”战略风险。美国《2019财年国防授权法案》明确将中国视为最主要的战略竞争国之一，建议制定“全面政府战略”应对中国崛起，除了在军事方面加大在“印太地区”对中国的围堵，在经济和技术上也加大对中国企业的限制力度。

随着美国全面加严出口管制、外商投资和政府采购，中国企业赴美投资意愿将进一步下滑，利用投资途径获取美国企业的先进技术、新兴技术的渠道可能被堵死，中国企业的技术学习成本将显著增加。

二、区域经济整体格局

新冠肺炎疫情对我国区域经济发展的整体格局造成了最直接的冲击，影响范围广、程度深，导致我国各省 2020 年第一季度的经济同比增长大幅度下滑，相对来说，东部沿海地区由于外向型经济占据主导，经济受损较为严重，第一季度 GDP 同比增幅下降了 4.7%；东北地区的黑龙江省和辽宁省受疫情波及，复工复产进程受到影响，东北三省第一季度的经济同比增幅下降达到了 5.3%；而中西部地区受到疫情的影响较小，在不计算湖北省的情况下，中西部地区第一季度经济同比降速分别为 2.4%和 1.3%。受影响相对较重的省级单位包括辽宁、上海、黑龙江、天津 4 个省市，降幅超过了 6 个百分点；而疫情最为严重的湖北，第一季度 GDP 同比下降 36.7%。具体如图 0－1 所示。

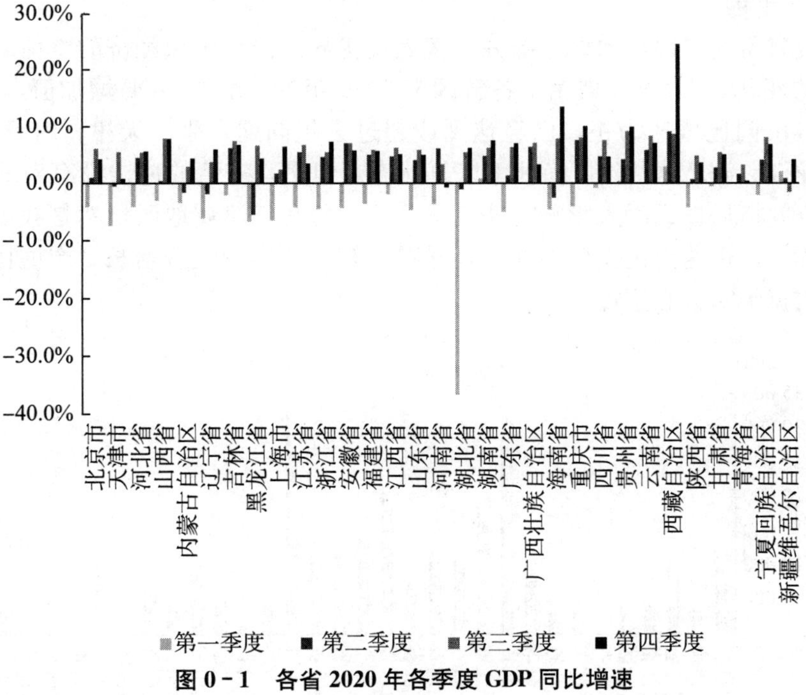

图 0－1　各省 2020 年各季度 GDP 同比增速

但是，也有部分省份在疫情的冲击下保持着正增长，但是增速已经明显放缓。西藏、新疆由于与湖北距离较远，依旧保持了正向增长。湖南虽紧邻湖北，面临较大的疫情防控压力，但是却保持了稳健的增长，2020 年 GDP 增量全国第一，同比增长 0.87%。湖南是工程机械行业大省，随着各地复工复产进程推进，机械行业需求旺盛，且外贸订单较为稳定，因而在较大的疫情压力下仍然取得了正向经济增长。贵州经济也取得了正向增长，一方面，烟草制品和饮料行业在贵州省经济总量中占据较大比重，受疫情冲击影响较小；另一方面，贵州布局的大数据产业已经基本成型，在疫情催生的需求刺激下，大数据产业发展迅速，对经济形成了游离的支撑。

2020年绝大部分省份在第二季度开始回暖，大部分省份于第二季度恢复至以往同期经济规模。第二季度共18个省份恢复至2019年同期经济规模，GDP累计同比增速在0.35%至3.38%之间，仍显著低于2019年同期水平。天津、内蒙古、辽宁、海南和湖北第二季度的GDP同比增速仍然为负，在这一阶段，湖北经济快速复苏，2020年第二季度GDP增加值仅同比落后1.1个百分点。北京、陕西、山东、广东和海南这5个省市经济恢复速度较慢，于第三季度恢复至2019年同期经济规模。第四季度的经济数据保持了稳定向好的状态，除了天津和湖北外，其他省级行政单位的GDP累计值都已经超过了2019年的同期水平，说明第二、三季度的恢复不仅是经济过度衰退之后的反弹，而且是新冠肺炎疫情的冲击已经逐渐被消化，经济发展保持稳定增长。

同样，也有部分城市尚处于危机的恢复阶段，2020年第三季度，尚有天津、上海、辽宁、内蒙古、黑龙江、湖北6个省份GDP尚未恢复至2019年同期水平。到了第四季度，2020年全年累计GDP低于同期水平的地区仅剩天津和湖北，分别为去年同期水平的99.8%和94.8%。

大部分省份经济逐步向好，部分地区表现优异，但是区域经济的整体空间格局没有发生大的变化。图0-2展示了各省区市2020年各季度的GDP增加值，可以看出，大部分省区市同比增速为正，已经达到或超过去年同期水平。天津、内蒙古、辽宁、上海、黑龙江、湖北这些地区尚处于恢复状态。但是，疫情的冲击没有对我国区域经济的整体空间格局造成深入影响，珠三角、长三角和京津冀地区仍然是我国经济增长的重要支撑点，迅速消化疫情的冲击，并保持较高速度的经济增长，产值比重在全国各省份中占据绝对核心位置。

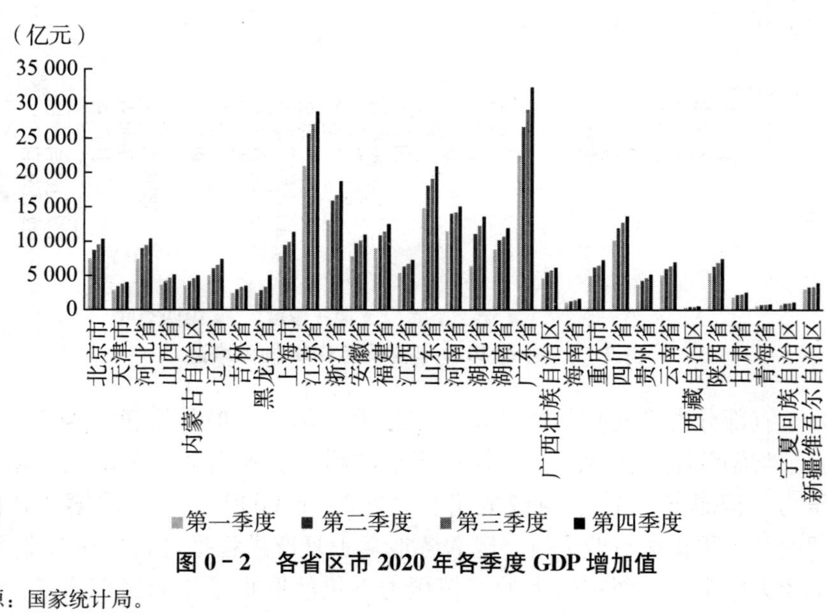

图0-2　各省区市2020年各季度GDP增加值

数据来源：国家统计局。

从整体来看，中部地区在我国GDP的占比略有下降，西部地区GDP占比略有上升，东部地区和东北地区GDP占比变化不显著。2020年前三季度，中部地区GDP总量为17.03万亿元，占全国GDP比重为23.66%，相比去年同期减少0.32个百分点；东北地区经济抵御外部冲击能力较弱，恢复速度较慢，2020年前三季度GDP总量为3.51万亿元，占全国GDP比重为4.88%，相比去年同期减少0.08个百分点；西部大部分地区距离湖北较远，受疫情影响程度较小，云南、贵州等省份恢复速度较快，2020年前三季度GDP总量为12.4万亿元，占全国GDP比重为17.23%，同比增加0.28个百分点；东部地区GDP占比变动不明显，2020年前三季度GDP总量为39.04万亿元，占全国GDP比重为54.23%，同比增加0.12个百分点。

从产业结构来看，在疫情冲击期间，第二产业占比提升迅速，由2019年第四季度34.9%的贡献率迅速上升到2020年第二季度的60.5%的贡献率，并在第三季度开始下降。在这一时期，第二产业重新成为经济发展最重要的推力，既包含了第三产业受疫情冲击迅速衰退，也包含了第二产业在疫情期间快速发展的原因。因为疫情的发展，催生了对医疗卫生产品的大量需求，如口罩、消毒液、防护服和呼吸机等。同时，在第二季度开始的复工复产阶段，将制造业作为复工复产的重要抓手，推动了制造业的快速发展。具体如图0-3所示。

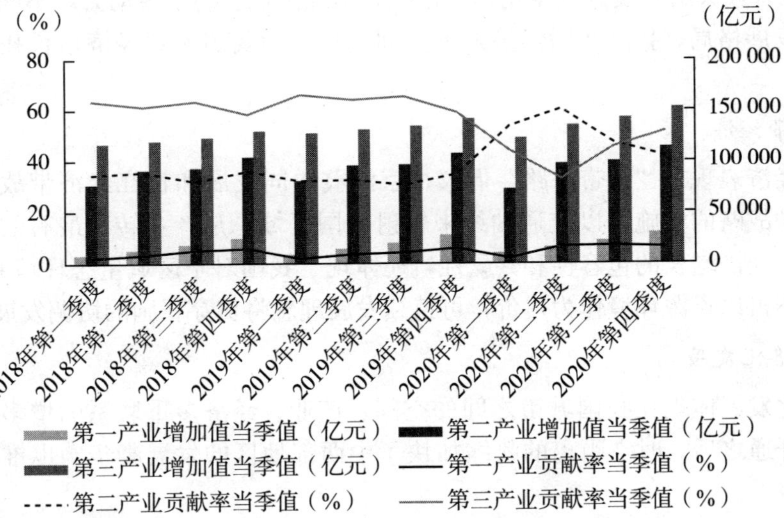

图0-3　2018—2020年三次产业增加值及贡献率

数据来源：国家统计局。

但是，从整体来看，第三产业对我国经济贡献率占比最高的情况并没有改变。第一产业在疫情冲击期间，受影响较小，基本维持发展现状；第二产业在第一季度产值大幅下降后，通过第二季度的复工复产，基本恢复到了疫情冲击之前的状态；第三产业在第三季度就恢复到了疫情冲击之前的体量和增速，并在第四季度进一步增长。

随着进入疫情高发的秋冬季节，疫情暴发的潜在威胁加大，可能会对服务业发展形成新的冲击。但是，现有的疫情防控体系已经较为健全，对疫情冲击有合理的预期和准备，不会形成长期的、全国范围的暴发，未来对第三产业的影响较为有限。

三、区域经济新特征

疫情的蔓延使得原本就处于衰退趋势的国际经济雪上加霜，对经济全球化带来了巨大冲击，我国适时提出构建国内国际“双循环”新发展格局，在“双循环”的整体框架下，提升城市在区域经济发展中的支撑作用，加快产业转型升级，推动公共服务均等化，大力发展数字经济及相关产业，从而保证我国区域经济平稳、高质量发展。总的来说，我国区域经济整体呈现以下几方面新的空间特征和动力转换。

（一）空间特征

1. 多支点

多支点主要表现在我国21个城市群规划相继出台，东部地区的京津冀、长三角、粤港澳都市圈继续提升，中部地区的中原城市群和长江中游城市群日渐成熟，东北地区中部城市群开始复苏，位于西部地区的成渝城市群、黔中城市群、滇中城市群、藏中南城市群、天山北坡城市群、兰州-西宁城市群、宁夏沿黄河城市群和关中城市群等8个城市群有较大的发展。城镇化作为重塑我国经济地理的主要动力，不断平衡我国的区域经济发展格局，拓展我国经济发展空间腹地，为我国宏观经济增长找寻新的空间动力。

2. 轴带经济

轴带经济表现在“一带一路”倡议、京津冀协同发展和长江经济带战略、黄河流域生态保护战略的实施，以交通轴线来辐射我国区域，是产业转移最有效的形式，也体现了我国经济增长的包容性和共赢性，还体现了我国对于区域生态环境共治的重视，经济发展不再以资源环境作为代价，可持续发展理念将贯穿我国的协调发展历程。

3. 网络化发展

网络化发展体现在我国城市之间的空间、产业、经济多重联系的增多，尤其是在高速铁路开通之后。时空距离的收缩加快了中西部地区的发展脚步，也推动东部经济的转型升级。

（二）动力转换

1. 城市化与城市体系建设

进入新时期，面临全新的国内外发展环境，城市化被赋予了更重要的意义和角色定位。通过城市的产业布局提升要素配置效率，有差别地发展新兴产业，激发产业发展的新动能；通过城市设施和公共服务建设，合理增加公共消费，扩大内需，形成强大的国内市场；通过城市建设反哺农村，发掘县乡发展潜力，打破要素壁垒，促进城乡融合发展；充分发挥城市的集聚和辐射作用，完善城镇体系和城市群，推动区域协调发展。

2. 城乡统筹与乡村振兴

发展城乡关系是一定社会经济条件下城市和乡村之间相互作用、相互影响、相互制约的普遍联系与互动关系。城乡关系作为人类社会发展中的基本关系形态，其内涵十分丰富，包括城乡经济关系、社会关系、阶级关系、生态环境关系、文化关系和区位关系等诸多方面。在我国实现了贫困县的全部脱贫后，未来“三农”的工作重心已发生历史性转移，但巩固扶贫攻坚的成果，是乡村振兴的重要基石，也是我国区域经济持久发展的重要基石。

3. 产业转型与产业升级

我国是全世界唯一拥有联合国产业分类中全部工业门类的国家，要防止产业升级过程中过度去产业化、产业空心化的问题。愈演愈烈的国际竞争和新冠肺炎疫情使得各国纷纷采取“产业回流”战略，逆全球化的趋势凸显，区域产业的转型与升级对保障国内经济运行畅通和安全，维护国家发展利益尤为重要。应积极补齐产业链和供应链的短板，加大对短板产业的投资和布局；依托我国超大规模市场和完备产业体系，创造有利于新技术快速大规模应用和迭代升级的独特优势，加速科技成果向现实生产力转化，提升产业链水平，维护产业链安全。

4. 国内“大循环”与国内国际“双循环”

在国际环境发生剧变的条件下，需要构建国内“大循环”为主体，国内国际“双循环”相互促进的新发展格局，以更好地保障我国经济安全，拓展我国经济发展空间。从国际看，世界范围内保护主义和民粹主义升温，国际贸易投资格局和产业链布局受到冲击，未来我国外部发展环境将更加严峻。在关键领域独立自主是应对外部不确定性的有效途径。从国内看，我国正由高速增长转向高质量发展。中国特色社会主义进入新时代，社会生产力水平显著提高，更加突出的问题是发展不平衡不充分，尚不足以满足人民日益增长的美好生活需要，应通过畅通“双循环”实现高质量发展。以内循环为主的经济发展格局并不是被动的战略收缩，而是通过更深层次的改革形成内外良性循环的战略抉择，通过内循环为主、外循环为辅构建更强韧性的经济运行系统。

四、区域经济发展新抓手

（一）协同推进经济带与经济区的发展

改革开放以来，我国经济迅猛发展，但是资源环境约束也越来越突出，具体表现在水资源短缺、生态环境脆弱、资源环境承载力不足、经济社会发展与资源环境矛盾较大。协调的区域经济发展格局是高质量发展的基础。目前我国在东、中、西、东北四大板块的空间格局基础上制定了一系列的经济带发展战略，如长江经济带建设、黄河生态保护与高质量发展、成渝经济区建设、长三角一体化发展、京津冀协同发展、粤港澳大湾区建设，便是通过新形式的区域政策对资源配置的调控作用，依托交通基础设施或区域协调机制促进区域经济形成带动发展新局面。通过经济带和经济区建设促进协调发展，以京津冀协同发展、长江经济带发展、粤港澳大湾区建设、长三角一体化发展，推动黄河流域生态保护和高质量发展、成渝经济区发展。制定有效的区域协调发展体制机制，协同推进经济带和经济区发展。推动交通与信息一体化、制度一体化、区域与产业之间的协作，强化经济联系与区域贸易。

（二）推进以人为核心的新型城镇化

进一步完善中国特色的新型城镇化道路，全面提高城镇化质量。“十四五”时期出现的新变化：一是我国城市化率超过 60%之后，继续快速提升城市化率已经不现实，以提升城市发展质量为核心的城市发展新途径成为首选；二是新冠肺炎疫情的影响，使重新审视城市规模结构的选择显得十分必要；三是为推进农业转移人口市民化，有必要建立新型的城乡土地关系。总之，以城市空间扩张为主的发展道路，改变为以提升城市的文化、公共服务等内涵为中心的发展道路，意味着城市发展的目标从做大城市向做强城市转变。

在当前的城市化发展阶段，进一步高效推动实施城市更新行动，推进城市生态修复、功能完善工程，统筹城市规划、建设、管理，合理确定城市规模、人口密度、空间结构，促进大中小城市和小城镇协调发展。强化历史文化保护、城市治理，塑造城市风貌。加强城镇老旧小区改造和社区建设，增强城市防洪排涝能力，建设海绵城市、韧性城市。提高城市治理水平，加强特大城市治理中的风险防控，优化中心城市、都市圈和城市群体系设置。在全国层面合理规划布局一定数量的中心城市和城市群，发挥中心城市和城市群带动作用，建设现代化都市圈。中心城市的等级包含国家中心城市、区域性中心城市和地区性中心城市。都市圈承担未能形成大尺度城市群地区的超行政区空间职能，以促进区域内部资源合理布局与配置，以中心城市或主城区为引领，带动区域发展，补充新型城镇化空间体系。

（三）缩小区域发展差距

我国是一个拥有 960 万平方千米国土的大国，东部沿海地区的区位条件好，离国际市场近，市场机制建立较早也较为完善，在承接国际产业转移的过程中实现了高速发展；中西部地区的区位条件不利，市场发育程度相对较低，商品流通不够顺畅，土地、技术、资本等要素市场地区分割严重，发展速度在改革开放初期的一段时间内落到东部沿海地区之后，是不可避免的。传统的东、中、西部地区的发展梯度继续存在，由于地理位置和交通运输条件的影响，东部地区与中西部地区在发展上形成了事实上的不均等。地区发展机会不均等，也使南北发展差距出现加大的趋势。缩小区域发展差距，促进区域协调发展是构建高质量发展的国土空间布局的重要内容。

重点推进交通基础设施布局完善，激发要素市场活力。实现空间均衡和生产要素的完全流动，缩小地区发展的差距，优化交通基础设施布局，减小不同地区间的时空距离，提高偏远地区的发展能力。

持续优化产业空间布局，从产业再布局切入，推动国内“大循环”。当前产业再布局呈现四个特征。一是生产活动在世界范围内更分散，随着服务相关的成本下降，技能型工人和非技能型工人的收入差距逐渐显现，交流成本和贸易成本也逐步变低。二是生产活动在区域内更加集聚。随着贸易成本的下降，产业集聚是经济活动最基本的空间形态。三是最终产品部门及其中间产品部门会在同一区域内共生集聚。相较于最终产品的运输成本，中间产品的运输成本升高，商务服务具有不完全贸易性。四是在面临巨大的经济波动时，世界范围内的生产活动布局模式是不稳定的。

加快实现陆海统筹。党的十九大报告从战略高度对海洋事业发展做出了重要部署，明确指出要“坚持陆海统筹，加快建设海洋强国”。“十四五”期间，我国更要加快实现陆海统筹。在当前的国际局势下，新期间继续推动陆海统筹战略，必须统筹海洋维权与周边稳定，统筹近海资源开发与远洋空间拓展，统筹海洋产业结构优化与产业布局调整，统筹海洋经济总量与质量提升，统筹海洋资源与生态环境保护，统筹海洋开发强度与利用时序，并以此作为制定国家海洋战略和制定海洋经济政策的基本依据。

（四）生态文明建设与生态安全

生态安全是在近些年逐渐引起广泛重视的一个概念，尤其是在新时期，我国的经济增长进入高质量发展阶段，生态安全对经济社会的影响日益显著。生态安全是从人类对自然资源的利用与人类生存环境辨析的角度来分析和评价自然和半自然的生态系统。经济社会的发展离不开生态系统的支持，尤其是在新时期强调经济高质量发展的前提下，区域发展必须要充分考虑到生态安全问题。

深度结合国家重大发展战略，推进生态文明建设。得益于一些区域重大战略的制定和实施，我国相关区域在经济发展的同时，生态安全也得到了一定的保障，每一个区域重大战略都包含生态保护与绿色发展的思想，特别是推动黄河流域生态保护和高质量发展战略等。这些区域重大是在立足我国资源环境承载能力、发挥各地比较优势的基础上，从国家主体功能区发展战略的高度，以强化区域协调发展为重点，推动重大区域发展战略的实施。因此，精准把握区域重大战略、区域协调发展战略和主体功能区战略中与绿色发展相关的政策、原则，有助于指导在构建高质量发展的国土空间布局和支撑体系中的生态。

把握不同类型区的特点、功能及在国土空间布局中的作用。十九届五中全会中提到要“立足资源环境承载力，发挥各地比较优势逐步形成城市化地区、农产品主产区、生态功能区三大空间格局”。这三大功能区的内容、特点和范围是国土空间布局中需要精准把握的部分。本课题拟初步将三类功能区做以下分类并进行深入研究：第一，城市化地区应当承担高效集聚经济和人口的功能，应当有特定边界，范围应当限定在我国 21 个城市群中；第二，农产品主产区应当承担农产品生产的功能，主要任务在于对基本农田和生态空间的保护，范围为东部平原地区和西部绿洲地区；第三，生态功能区应当主要承担生态环境保护的功能，为其他地区提供生态产品，生态功能区的范围应当是以上两个类型区以外的，覆盖全部国土的其他地区。

第一部分　区域经济发展新环境

第一章 国内环境

2020年是我国全面建成小康社会、实现第一个百年奋斗目标的决胜之年，突如其来的新冠肺炎疫情对全社会生产生活带来重要影响，更对未来区域经济发展提出了新的挑战。同时，新技术变革下新一轮科技革命蓄势待发，数字经济蓬勃发展，成为推动区域经济变革的重要力量。面对复杂的国内国际形势，我国创造性地提出了构建国内国际“双循环”新发展格局的战略选择，协同新时代区域经济发展新政策，共同推动形成优势互补、高质量发展的区域经济布局。

一、疫情影响下区域经济发展新格局

新冠肺炎疫情的暴发对我国及世界各国带来了严重的影响。本节将重点分析疫情对各地区的经济增长带来了怎样的影响，各地区经济恢复速度是否有差别，疫情影响下的区域经济格局是否发生较大变动；随着疫情逐步得到控制，疫情防控常态化成为未来一段时间的共识，区域发展环境面临哪些变化，这会对区域经济发展带来怎样的新要求。

（一）疫情对各地区经济增长的影响

本部分首先分析了疫情暴发给各地经济增长带来的冲击程度，然后分析了各地区的经济恢复状况，并考察了疫情与经济增长的关系，从而进一步分析疫情对区域经济格局的影响。

1. 各省份经济增长及恢复情况

疫情的影响范围大，影响程度深。此次疫情暴发于2020年的农历新年前后，人员流动范围大、频率高，加上病毒的高度传染性，导致2020年年初疫情在全国范围内大规模蔓延。我们选取2020年第一季度GDP同比增长率分析各地区受疫情冲击情况，结果如图1-1所示。由该图可以看出，2020年第一季度大部分省份经济增长率为负值，青海、广西、云南、甘肃、四川、江西等地区受冲击影响程度较小，第一季度GDP同比下降幅度在2个百分点以内。这些省份与湖北距离相对较远，疫情状况相对较好，且经济外向程度较低，因此下降幅度并不明显。东部地区和中部地区大部分省份受影响程度中等，共有16个省份第一季度GDP同比下降2～5个百分点，包括紧邻湖北省的安徽、重庆、陕西、江西、河南五省。部分省份受影响较为严重，辽宁、上海、黑龙江、天津四省市GDP同比下降超过6个百分点。其中，辽宁、黑龙江传统产业占比较高，产业多样化程度较低，外部冲击对其影响程度较大；上海是外向型经济的代表，疫情严重影响了全球化进程，因此受疫情影响也较大；天津经济下降幅度超出预期。疫情最为严重的湖北经济下滑最为明显，同比降低36.75%。

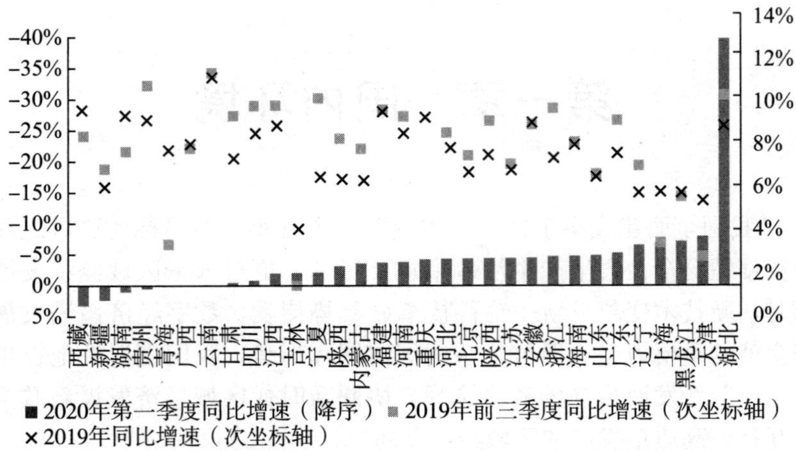

图 1-1 各省份 2020 年第一季度 GDP 同比增速与往期增速比较

数据来源：国家统计局。

部分省份抵御疫情冲击逆势增长。尽管全国大部分省份经济增长为负，但是部分省份仍然表现出了较强的经济增长能力。西藏、新疆由于与湖北距离较远，因此依旧保持了正向增长。湖南虽紧邻湖北，面临较大的疫情防控压力，但是却保持了稳健的增长，GDP 增量全国第一，同比增长 0.87%。湖南是工程机械行业大省，随着各地复工复产进程推进，机械行业需求旺盛，且外贸订单较为稳定，因而在较大的疫情压力下仍然取得了正向经济增长。贵州经济也取得了正向增长，烟草制品和饮料行业在贵州经济总量中占据较大比重，2020 年第一季度贵州烟草制品同比增长 22.3%，酒、饮料和精制茶制造业同比增长 5.8%，较大程度避免了经济下滑。

整体经济韧性较强，大部分省份于 2020 年第二季度恢复至以往同期经济规模。表 1-1 列出了各省恢复至以往同期经济规模的季度，并列出了恢复当期的 GDP 累计同比增长情况。如该表所示，第二季度共 18 个省份恢复至 2019 年同期经济规模，但 GDP 累计同比增速在 0.35%至 3.38%之间，仍显著低于 2019 年同期水平。北京、陕西、山东、广东和海南这 5 个省市经济恢复速度较慢，于第三季度恢复至 2019 年同期经济规模。

表 1-1 各省份经济恢复季度

季度	省份
第二季度	河北（0.42%）、吉林（2.37%）、江苏（0.88%）、浙江（0.35%）、安徽（1.72%）、福建（0.98%）、江西（1.58%）、河南（1.52%）、湖南（2.96%）、广西（3.38%）、重庆（2.15%）、四川（2.12%）、贵州（2.43%）、云南（3.09%）、甘肃（1.21%）、青海（0.86%）、宁夏（1.22%）、新疆（1.45%）
第三季度	北京（1.23%）、陕西（2.05%）、山东（2.07%）、广东（1.21%）、海南（0.58%）
第四季度	内蒙古（0.86%）、辽宁（0.83%）、黑龙江（0.63%）、上海（1.43%）

数据来源：国家统计局。

注：括号中为该省份达到以往同期 GDP 水平时的经济增速。

内蒙古、辽宁、黑龙江和上海这4个省份也于第四季度恢复至2020年同期水平，同比增速分别达到0.86%、0.83%、0.63%和1.43%。然而，天津经济韧性较差，恢复速度较慢，2020年底GDP较2019年低0.15%。湖北此时仍处于恢复阶段，但恢复速度较快，2020年第三季度和第四季度GDP环比增速分别达5.44%和6.26%，2020年底GDP已经恢复至2019年的94.8%。

产业结构是影响区域经济韧性的重要因素。已有研究表明，区域经济韧性受到产业结构、制度环境、社会资本和文化因素的影响。[1]产业结构因素包括产业结构多样性和主导产业的种类，多样化越强的地区抵御外部冲击能力越强，越容易进入新的平衡增长路径；单一产业结构的地区在受到外部冲击时，往往难以在短期内找到替代产业。不同主导产业的经济韧性不同，重工业为主的地区一般韧性较差。此次疫情冲击下各地区的经济恢复情况说明了产业结构对于经济韧性的重要性，辽宁、内蒙古、黑龙江这3个省份传统产业占比过高，因而经济恢复能力较弱；天津工业占比也较高，且重工业比重过高，因此抵御冲击能力较弱；上海第二产业近年来呈下降趋势，在疫情冲击下下降幅度更快，因此在第三产业受影响相对较小的情况下，经济恢复速度也较慢。

大部分省份经济逐步向好，部分地区表现优异。图1-2展示了各省份2020年和2019年GDP同比增速情况，可以看出，绝大部分省份GDP增速均为正，部分地区GDP增速已经超过去年同期水平。受疫情冲击，2020年全国GDP同比增速仅为2.99%，大部分省份GDP增速与2019年相比有所下降，但是仍有部分省份表现较为优异。西藏、贵州、重庆、云南等西部省份目前正处于较快增长期，新兴服务业发展势头良好，GDP增速超过全国整体水平2.5个百分点，表现出较为旺盛的增长潜力。

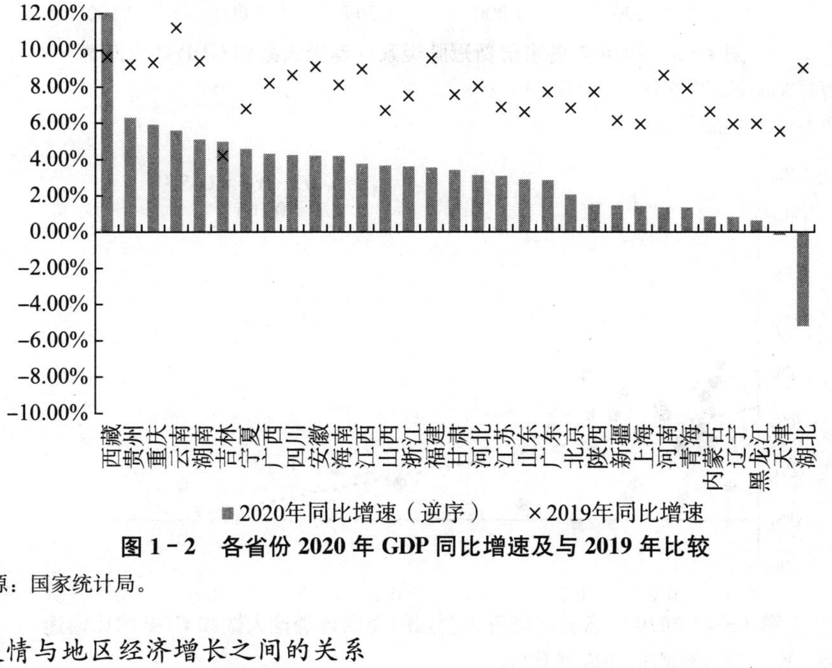

图1-2　各省份2020年GDP同比增速及与2019年比较

数据来源：国家统计局。

2. 疫情与地区经济增长之间的关系

为了进一步分析疫情对区域经济增长影响程度的大小，我们计算了除湖北外各省份截至2020年底的累计确诊人数，将其与2020年GDP同比增速进行比较。如图1-3所示，累计确诊人数与GDP增速负相关，累计确诊人数越多，GDP增速也就越低，但两者之间相关系数相对较小。为了剔除各省份人口规模的因素，本部分将各省份2020年累计确诊人数除以各省份2019年年底人口数，估计出每万人累计确诊人数，并将其与2020年GDP同比增速进行比较，结果如图1-4所示。从图中可以看出，两者之间的负向关系更为显著，进行简单线性回归结果表明，每万人累计确诊人数每增加1人，GDP增速将下降7.13%，由于除湖北外各省份平均每万人累计确诊人数均不足0.5，假设按照0.5人进行计算，对各省份GDP的影响最高可达3.57个百分点。然而需要注意的是，各省份目前仍处于冲击调整恢复阶段，疫情对GDP同比增速的影响与前期GDP下降程度有关，包含了疫情暴发阶段的滞后影响，需要进一步考察在疫情已经逐

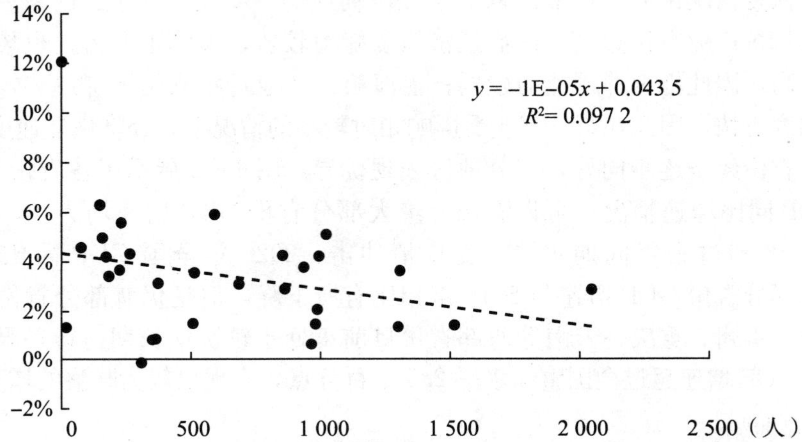

图1-3　2020年各省份新冠肺炎累计确诊人数和GDP同比增速

数据来源：Wind统计数据库，国家统计局。

注：图中不包含湖北。

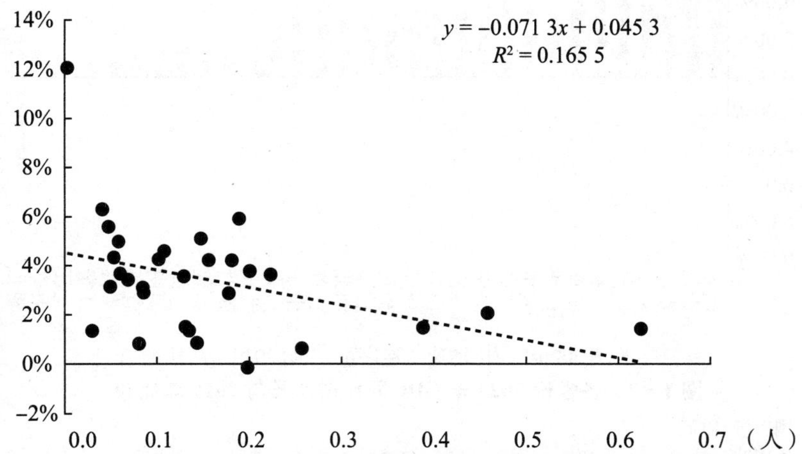

图1-4　2020年各省份每万人新冠肺炎累计确诊人数和GDP同比增速

数据来源：Wind统计数据库，国家统计局。

注：图中不包含湖北。

步稳定的情况下，其对经济增长的影响。图1－5展示了2020年第四季度GDP环比增长率与2020年第四季度每万人新增确诊人数之间的关系，由该图可以看出，两者并无显著的相关关系，说明在疫情防控常态化阶段，疫情并不会对GDP产生较大的影响，只有短期的疫情冲击才会造成GDP的短期较大幅度变动。因此可以初步判断，短期内，疫情并不会直接改变现有区域经济格局。

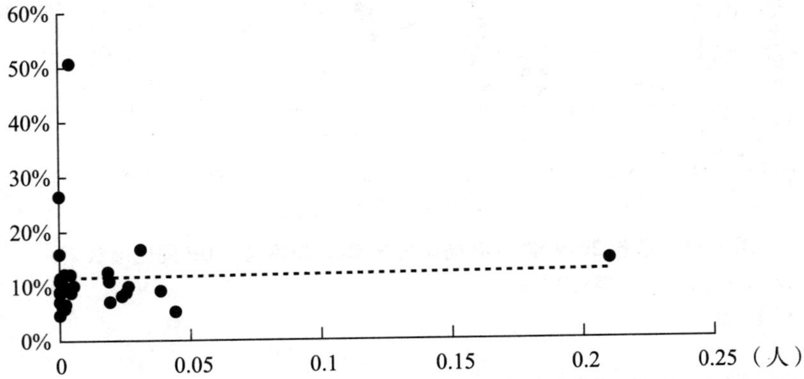

图1－5　2020年第四季度各省份每万人新冠肺炎新增确诊人数和GDP环比增长率

数据来源：Wind统计数据库，国家统计局。

注：图中不包含湖北。

实际上，各地区经济增长状况受到原有经济规模、产业结构、制度环境、技术变迁、国际环境等多方面的影响，决定一个地区经济增长的因素并不会在短期内发展显著改变。相关研究也表明，区域经济格局的变动是一个相对长期的过程。图1－6展示了各省份2020年GDP同比增长率与2019年GDP同比增长率之间的关系，如图所示，两者具有显著的正向关系，即使在疫情冲击状态下，之前GDP增长率也能够决定31%左右的当前GDP增长率，之前GDP增长较快的省份，在疫情冲击下经济下滑幅度更小，而之前GDP增长较慢的省份，在疫情冲击之下会呈现更大幅度的下滑。这进一步说明，当前各省份经济增长格局相对较为稳定。为了进一步分析疫情对区域经济格局的影响，本部分按照四大板块对区域进行划分，分析各区域GDP占比变动情况。

整体来看，中部地区GDP占比略有下降，西部地区GDP占比略有上升，东部地区和东北地区GDP占比变化不显著。如表1－2所示，由于湖北位于中部地区，湖北GDP的大幅下降必然会影响中部地区GDP总量。2020年，中部地区GDP总量为19.62万亿元，占全国GDP比重为23.67%，相比去年同期减少0.28个百分点；东北地区经济抵御外部冲击能力较弱，恢复速度较慢，2020年GDP总量为5.11万亿元，占全国GDP比重为5.05%，相比去年同期减少0.05个百分点；西部大部分地区距离湖北较远，受疫情影响程度较小，云南、贵州等省份恢复速度较快，2020年GDP总量为17.4万亿元，占全国GDP比重为17.16%，同比增加0.24个百分点；东部地区GDP占比变动不明显，2020年GDP总量为54.79万亿元，占全国GDP比重为54.12%，同比增长0.09个百分点。从长期来看，疫情冲击下区域经济格局并未发生

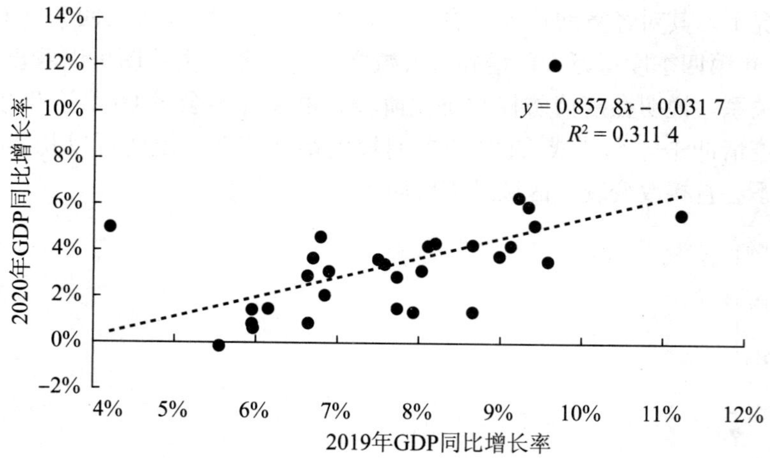

图 1－6　各省 2019 年 GDP 同比增长率和 2020 年 GDP 同比增长率

数据来源：Wind 统计数据库，国家统计局。

注：图中不包含湖北。

较大变化，2006 年至 2019 年期间，东、中、西、东北四大板块 GDP 总量占全国 GDP 比重变动均在 2～3 个百分点，年变化在 0.5 个百分点左右。[2] 因此，目前的区域经济占比变化处于正常范围之内，疫情并未显著改变当前区域经济格局。

3. 新冠肺炎疫情冲击下经济发展格局变动

剔除湖北的影响之后，疫情对区域经济格局的影响更小。表 1－2 最后 3 行展示了在剔除湖北之后，2020 年 GDP 占比情况。在剔除湖北的影响之后，各地区占比变动在 0.2 个百分点以内，但是区域经济占比变动呈现出不同的特征，东部地区占比略微下降，中部地区占比略微上升。对于东部地区而言，在剔除湖北的影响后，GDP 占比同比减少 0.12 个百分点，并非处于增加状态，这可能是受到上海、辽宁两地经济恢复较慢的影响；中部地区占比几乎没有变化，同比增加 0.01 个百分点，湖北经济总量较大，对中部地区整体经济规模的影响也较大，中部地区 GDP 占比的稳定性说明其具有较好的经济韧性；西部地区占比变动仍为正，同比增加 0.19 个百分点，近年来西部地区呈现快速增长态势，疫情对其产生的影响较小；东北地区占比变动仍为负，同比下降 0.07 个百分点，下降幅度比剔除湖北之前更大。

表 1－2　2020 年各区域 GDP 占比及同比变化情况

	时期	东部地区	中部地区	西部地区	东北地区
全国整体	2020 年	54.12%	23.67%	17.16%	5.05%
	2019 年	54.03%	23.95%	16.92%	5.10%
	占比变动	0.09%	−0.28%	0.24%	−0.05%
全国（剔除湖北）	2020 年	56.55%	20.24%	17.93%	5.28%
	2019 年	56.67%	20.24%	17.75%	5.35%
	占比变动	−0.12%	0.01%	0.19%	−0.07%

数据来源：国家统计局。

整体而言，不论是否考虑湖北经济变动的影响，区域经济格局并未发生较大变化，各板块占 GDP 的比重变动幅度均在 0.3 个百分点之内，西部地区占比略有增加，东北地区占比略有下降，东部地区和中部地区受比较基准的影响表现不确定，但是变动幅度不大。

（二）疫情防控常态化下区域经济发展新要求

疫情防控常态化背景下，我国面临的国内国际形势愈加复杂。一方面，疫情国际化蔓延进一步加重了全球经济衰退趋势，对经济全球化带来了较大冲击，我国适时提出构建国内国际“双循环”新发展格局，给区域经济发展带来了新的机遇。另一方面，本次疫情暴露出了我国公共服务存在的短板以及现有城市发展模式的不足。整体来看，疫情防控常态化下的新机遇、新挑战对未来区域经济发展提出了以下新要求。

1. 以区域协调发展融入国内国际“双循环”新发展格局

疫情的全球化蔓延带来了全球供应链危机，全球供应链出现断裂，国家化生产呈现区域化、本地化趋势，严重冲击了经济全球化进程。在疫情常态化和全球经济持续衰退背景下，以往较为注重国际市场的模式不符合当前国内国际环境，同时我国经济发展质量不高、发展不平衡问题突出，亟须进行发展战略转型。2020 年 5 月 14 日，中共中央政治局常委会会议首次提出“深化供给侧结构性改革，充分发挥我国超大规模市场优势和内需潜力，构建国内国际双循环相互促进的新发展格局”。党的十九届五中全会通过《中共中央关于制定国民经济和社会发展第十四个五年规划和二〇三五年远景目标的建议》，将“加快构建以国内大循环为主体、国内国际双循环相互促进的新发展格局”纳入其中。“双循环”新发展格局的构建需要以国内需求为出发点和落脚点，畅通我国内部生产、分配、交换、消费等经济运行的各个环节，包括要素循环、产业循环、区域循环、城乡循环等多个循环体系。

长期以来，我国区域发展面临不平衡、不充分的问题。改革开放之后，东部地区凭借良好的区域位置和政策支持，积极对接国际市场，走在各区域发展前列，经济发展水平较高，而中西部地区发展相对缓慢，近年来，东北地区更是面临经济衰退困境。不仅如此，随着经济发展进入新常态，南北发展差距逐步凸显，进一步加重了区域经济分化态势。区域经济的不平衡发展导致各区域之间人才、资金、产业流动不畅通，中西部地区人口大量流向东南沿海地区，部分城市面临城市收缩困境，经济发展缺乏人才支撑，劳动力供给不足；东部地区产业升级转型推动传统产业转移至中西部地区，尽管在一定程度上带动了中西部地区的发展，但是并未改变原有东部地区发展模式，中西部地区产业发展将始终落后于东部地区。

区域协调发展是构建国内国际“双循环”新发展格局的重要实现路径。一些学者充分认识到区域经济平衡发展对于推动构建国内国际“双循环”新发展格局的重要意义。贾根良（2020）认为中西部大开发是国内“大循环”的三大引擎之一[3]，郭晴（2020）认为区域经济发展差距阻碍了地区之间人流、物流的交换，应该通过调整区域经济布局来促进内循环协调发展[4]。区域协调发展有助于充分发挥各地区比较优势，积极参与国内国际价值分工体系，形成适合各地区的发展模式，充分调动国内各地区要素资源，从而促进各地区经济高质量发展，提高人民生活水平，满足人民对美好生活的向往，不断扩大国内市场需求，培育完整的国内需求市场支撑体系，增强经济内生动力，促进国内循环畅通运行。中西部地区要紧抓国内国际“双循环”带来的发展机遇，完善当地基础设施建设，促进交通体系互联互通，推进公共服务均等化，促进区域间要素自由流动，积极培育新业态，助力新旧动能转换，推进区域高质量发展。

2. 加快推进区域公共服务均等化，提高区域抗风险能力

促进区域公共服务均等化是新时代区域协调发展新机制的重要内容，同时也是提高区域抗风险能力的重要手段。此次新冠肺炎疫情的暴发充分反映了我国在公共卫生服务领域的短板，在疫情防控过程中出现的应急物资短缺问题也反映出在应急管理能力方面的不足。习近平总书记在《求是》上发表文章《全面提高依法防控依法治理能力，健全国家公共卫生应急管理体系》提出，要完善重大疫情防控体制机制，健全国家公共卫生应急管理体系。

公共服务对于满足人民生活基本需求、保障社会正常运转、促进社会公平和发展等方面具有重要意义。通过公共服务资源的有效释放，以均等化、普惠化、便捷化的公共服务提高和改善民生水平，促进社会公平正义，增强人民的共建共享的获得感，是满足人民对美好生活的向往，推动和促进区域协调发展的重要抓手。实际上，我国不仅在公共卫生服务体系存在短板，在教育、医疗、养老、公共文化等方面也存在不同程度的短板，且各区域之间公共服务水平不均等。均等的公共服务有利于扩展人的发展能力，提高区域人力资源素质，从而促进区域经济发展。因此各区域公共服务水平不均等将会对区域协调发展进程造成一定障碍。此外，提供基本公共服务是现代城市的基本职能之一，任一环节、任一领域公共服务的缺失或短板都会影响到区域整体的公共服务水平，从而可能影响到整个区域的经济运转。完备而良好的公共服务体系有助于提升减小外部冲击对区域的影响，提高危机应对能力，增强经济恢复能力。

3. 提高中心城市和城市群承载能力，适当限制特大城市规模

此次新冠肺炎疫情也反映出了一些当前城市发展及规划模式存在的问题，一些学者对此进行了研究探讨。师博（2020）认为城市过度依赖物理空间进行集聚的模式为疫情的大规模蔓延提供了传播媒介，在“后疫情”时代，城市传统集聚经济的形态特征、土地利用模式等面临巨大挑战，要充分发挥知识外溢效应，推动形成现代化聚集经济模式。[5]段进军（2020）认为需要突破传统的“中心-外围”空间形态，城市发展过程中不应该过度追求城市规模的扩张，要促进形成网络化和多中心的空间格局。[6]李学锋（2020）认为大城市经济要素较为活跃，经济较为多元化，创新能力较强，在疫情冲击下能够展现出较强的经济韧性。[7]

整体来看，不论是大城市还是小城市为主的发展模式，都应当注意提升中心城市和城市群的承载能力。中央财经委员会第五次会议明确指出，要增强中心城市和城市群等经济发展优势区域的经济和人口承载能力。中心城市和城市群是目前我国经济发

展的主引擎，其对经济资源、人口的吸引力较强，但同时也存在着土地资源紧张、空间规划不合理、资源环境约束紧张、城市病等问题。尤其是部分城市内部空间规划不完善，局部地区人口密度过大，而其他地区人口密度相对较小，城市形态不利于人口通勤流动，土地资源利用效率低，造成局部性人口过于集聚、资源环境压力较大的问题。此次新冠肺炎疫情的暴发也集中反映了这些问题，人口密度过大、通勤时间过长、大范围人口流动提高了城市内部疫情扩散速度。因此，要注重通过空间重新规划、行政区划调整、加强城市协调等方式提高中心城市、城市群的承载能力。与此同时，要注意限制特大城市的规模，加快特大城市非核心功能向周边城市疏解，充分发挥中心城市的辐射带动能力，促进大中小城市协调发展。

二、数字经济助力培育区域经济发展新动能

随着信息通信技术的不断完善，“互联网＋”新业态不断成熟，数字经济发展浪潮兴起。物联网、云计算、大数据、人工智能、5G、区块链等数字经济技术迅猛发展，新业态、新模式不断涌现。尤其是在2020年疫情期间，数字经济在疫情防控中发挥了重要的作用，线上办公、线上教育、线上医疗等需求凸显，进一步扩大了数字经济的应用范围，数字经济以创造性的解决方式，展现出了强大的经济韧性。不仅如此，数字经济与产业发展结合更加紧密，在不断加强数字基础设施建设、提高数据运营计算能力的背景下，产业数字化前景广阔。《人民日报》在2020年7月8日发表社论指出，数字经济将引领新一轮经济周期，成为经济发展的新引擎。数字经济的蓬勃发展势必会对未来区域经济的发展格局产生深刻影响，那么究竟什么是数字经济？数字经济发展现状如何？数字经济将会对区域经济发展产生怎样的影响？下文将对这些问题进行分析探讨。

（一）数字经济的概念及发展现状

早在20世纪90年代，OECD就率先提出了数字经济的概念。随着互联网技术的不断成熟和应用场景的不断拓展，数字经济的概念愈加广泛。2016年G20杭州峰会发布的《二十国集团数字经济发展与合作倡议》对数字经济的概念进行了界定：数字经济是指以使用数字化的知识和信息为关键生产要素，以现代信息网络为重要载体，以信息通信技术（Information and Communications Technology，ICT）的有效使用为效率提升和经济结构优化的重要推动力的一系列经济活动。因此，数字经济并非一个单独的产业，而是由多种产业融合而成的交互的产业体系。其不仅包括为数字经济的发展提供支撑作用的5G、大数据、云计算、人工智能、物联网等信息科技、通信设施行业，也包括对其他产业的数字化改造和升级，涉及高科技产业、传统制造业等各个领域，改变了这些产业的企业组织模式、生产方式、交易方式，对传统价值链进行重构。总结而言，数字经济不仅包括数字化产业，而且包括原有产业的数字化，涉及企业生产、经济生活的方方面面。

世界各国政府纷纷出台相应的政策加快布局数字经济发展。英国政府于2018年发布了《数字经济宪章》，为本国数字经济的发展壮大创造了良好的条件；同年，法国出

台了《利用数字经济促进工业转型的方案》《5G发展路线图》等一系列有关数字经济的政策文件；美国先后发布了《数据科学战略计划》《美国先进制造业领导力战略》等政策，明确提出要优先发展“智能与数字制造”；德国于2018年发布了《高技术战略2025》规划，大力推进人工智能应用。近年来，我国政府也出台了多项政策推动数字经济的发展。2020年，国家发改委、工信部、中央网信办等多部门共出台6份相关政策文件（见表1-3），明确将数字资源作为一种生产要素，提出要加快推进产业数字化转型，培育数字经济新业态，壮大实体经济新动能。“十四五”规划中也明确提出要发展数字经济，推动数字经济与实体经济的深度融合，并在数据资源保护、国际规则制定、全国统一共享开放平台等方面进行了一系列规划。

表1-3　2020年我国出台的有关数字经济的相关政策文件

序号	文件名称	发文部门	主要内容
1	《国民经济和社会发展第十四个五年规划和二〇三五年远景目标》	国务院	发展数字经济，推进数字产业化和产业数字化，推动数字经济和实体经济深度融合，打造具有国际竞争力的数字产业集群；加强数字社会、数字政府建设，提升公共服务、社会治理等数字化智能化水平。
2	《关于推动工业互联网加快发展的通知》	工信部	提出包含新型基础设施建设、融合创新应用、安全保障体系、创新发展动能、产业生态布局、产业政策支持等6大领域共20项举措。
3	《中小企业数字化赋能专项行动方案》	工信部	助推中小企业通过数字化网络化智能化赋能实现复工复产，增添发展后劲，提高发展质量。
4	《关于构建更加完善的要素市场化配置体制机制的意见》	国务院	加快培育数据要素市场，推进政府数据开放共享，提升社会数据资源价值，加强数据资源整合和安全保护。
5	《关于推进“上云用数赋智”行动 培育新经济发展实施方案》	国家发改委、中央网信办	大力培育数字经济新业态，深入推进企业数字化转型，打造数据供应链，形成产业链上下游和跨行业融合的数字化生态体系，构建设备数字化-生产线数字化-车间数字化-工厂数字化-企业数字化-产业链数字化-数字化生态的典型范式。
6	《关于支持新业态新模式健康发展 激活消费市场带动扩大就业的意见》	国家发改委等13个部门	加快推进产业数字化转型，壮大实体经济新动能，培育产业平台化发展生态，加快传统企业数字化转型步伐。

资料来源：根据网络资料整理。

我国数字经济规模仅次于美国，数字经济增长迅猛。根据中国信息通信研究院（以下简称“信通院”）的测算，2019年全球数字经济规模达31.8万亿元，同比增长5.3%，是促进世界经济增长的重要推动力。表1-4展示了数字经济规模排名前十的国家数字经济发展状况，从数字经济规模来看，2019年美国数字经济规模位居全球第一，占全球总规模的41.09%，我国位居世界第二位，数字经济规模达5.2万亿美元，与美国相比仍然有较大发展差距，其他国家数字经济规模均不足 2.5 万亿美元。从数字经济占 GDP 的比重来看，2019 年美国、德国数字经济占 GDP 比重较高，均在 60%以上，日本、法国、韩国的占比也在 40%以上，而我国数字经济占 GDP 总量的比重仅为 36.17%，与这些国家相比仍然较低，说明我国数字经济渗透能力与其他国家相比仍有不足。从数字经济增速来看，2019 年我国数字经济增速位居全球第一，数字经济增速达 16.5%，呈现出强劲的增长能力。在我国现有政策的支持下，随着产业数字化的深入发展，未来我国数字经济仍有较大提升空间。

表 1-4 数字经济规模排名前十的国家数字经济发展状况（2019）

国家	数字经济规模（亿美元）	占 GDP 比重（%）	占全球数字经济总量比重（%）
美国	130 652	60.96%	41.09%
中国	51 954	36.17%	16.34%
德国	24 380	63.39%	7.67%
日本	23 949	47.12%	7.53%
英国	17 606	62.27%	5.54%
法国	11 698	43.08%	3.68%
韩国	7 995	48.68%	2.51%
印度	5 856	20.53%	1.84%
加拿大	4 540	26.15%	1.43%
墨西哥	2 903	23.07%	0.91%
巴西	3 901	21.20%	1.23%
意大利	3 894	19.46%	1.22%

资料来源：中国信通院《全球数字经济新图景（2020 年）》和 EPS 数据平台。

（二）各地区数字经济发展状况

1. 相关政策

各省区市积极出台相关政策，为促进本地区数字经济的发展提供了强有力的政策支撑。表 1-5 梳理了近年来各省区市出台的与数字经济相关的政策文件，如该表所示，2016 年以来，各省区市先后出台了数字经济专项规划，对数字经济发展战略重点、制造业和服务业数字化转型、政府数字治理及数字经济发展保障机制等方面进行了规划。浙江和福建数字经济发展基础较好，于 2016 年出台了相关规划；西部地区中贵州率先对数字经济发展进行了布局并取得了显著的成效，贵州数字经济增速连续五年全国第一[①]，此后，广西、青海、内蒙古、西藏也纷纷出台了数字经济专项规划；其他省区市目前也在加紧研究制定“十四五”期间数字经济专项规划，以推动数字经济有序健康发展。此外，为了推进各地区数字经济创新发展，我国于 2019 年在第六届世界互联网

① 资料来源于网络，网址为 https://www.chinanews.com/gn/2019/08-09/8921787.shtml。

大会上正式启动建设河北省（雄安新区）、浙江省、福建省、广东省、重庆市、四川省等6个国家数字经济创新发展试验区，截至2020年除河北外均已出台国家数字经济创新发展试验区工作方案。然而，需要注意的是，海南、宁夏、新疆对数字经济的政策支撑不足，尚未出台具体的支持数字经济发展的政策规划文件。

表1-5　2016—2020年各地出台的有关数字经济的政策文件

序号	省区市	文件	出台时间
1	北京	《北京市促进数字经济创新发展行动纲要（2020—2022年）》	2020.9.7
2	天津	《天津市促进数字经济发展行动方案（2019—2023年）》	2019.6.3
3	河北	《关于支持数字经济加快发展的若干政策》	2020.10.1
4	山西	《山西省加快推进数字经济发展的若干政策》	2019.8.26
5		《山西省加快推进数字经济发展的实施意见》	2019.8.26
6	内蒙古	《数字内蒙古建设发展规划（2018—2025年）》（征求意见稿）	2019.1.11
7		《内蒙古自治区人民政府关于推进数字经济发展的意见》	2019.12.31
8	辽宁	《辽宁省数字经济发展规划纲要》	2020.10.18
9	吉林	《关于以数字吉林建设为引领加快新旧动能转换推动高质量发展的意见》	2018.7.17
10	黑龙江	《“数字龙江”发展规划（2019—2025年）》	2019.6.4
11	上海	《上海加快发展数字经济推动实体经济高质量发展的实施意见》	2019.10.18
12	江苏	《省政府办公厅关于深入推进数字经济发展的意见》	2020.10.8
13	浙江	《浙江省国家数字经济创新发展试验区建设工作方案》	2020.12.23
14		《浙江省数字经济五年倍增计划》	2018.9.14
15		《浙江省信息化发展“十三五”规划（“数字浙江2.0”发展规划）》	2016.11.15
16	安徽	《安徽省人民政府关于印发支持数字经济发展若干政策的通知》	2018.10.23
17		《关于加快建设“数字江淮”的指导意见》	2018.9.12
18	福建	《国家数字经济创新发展试验区（福建）实施方案》	2020.2.14
19		《关于加快全省工业数字经济创新发展的意见》	2018.2.6
20		《福建省“十三五”数字福建专项规划》	2016.5.17
21	江西	《江西省实施数字经济发展战略的意见》	2019.2.18
22		《数字经济发展三年行动计划（2020—2022年）》	2020.4.16
23	山东	《山东省支持数字经济发展的意见》	2019.7.12
24		《数字山东发展规划（2018—2022年）》	2019.2.27
25	河南	《2020年河南省数字经济发展工作方案》	2020.5.31
26		《河南省加快数字经济发展实施方案》	2019.6.27
27		《河南省智能制造和工业互联网发展三年行动计划（2018—2020年）》	20018.4.18

续前表

序号	省区市	文件	出台时间
28	湖北	《加快发展数字经济培育新的经济增长点的若干措施》	2020.6.17
29	湖南	《湖南省数字经济发展规划（2020—2025年）》	2020.1.18
30	广东	《广东省建设国家数字经济创新发展试验区工作方案》	2020.11.28
31		《广东省数字经济促进条例（征求意见稿）》	2020.11.4
32		《广东省培育数字经济产业集群行动计划（2019—2025年）》	2020.5.6
33		《加快打造数字经济创新引领型城市的若干措施》	2020.3.30
34		《广东省数字经济发展规划（2018—2015年）》	2018.4.10
35	广西	《加快广西数字经济发展的若干措施》	2020.10.15
36		《广西数字经济发展规划（2018—2025）》	2018.9.17
37		《广西数字经济发展三年行动计划（2018—2020年）》	2018.8.30
38		《关于加快数字广西建设的若干措施》	2018.8.29
39	重庆	《重庆建设国家数字经济创新发展试验区工作方案》	2020.6.22
40	四川	《国家数字经济创新发展试验区（四川）建设工作方案》	2020.10.22
41		《四川省人民政府关于加快推进四川省数字经济与实体经济深度融合发展的实施意见》	2018.11.16
42		《四川省人民政府关于加快推进数字经济发展的指导意见》	2019.8.6
43	贵州	《省人民政府关于促进大数据云计算人工智能创新发展加快建设数字贵州的意见》	2018.6.21
44		《省人民政府关于印发贵州省实施“万企融合”大行动打好“数字经济”攻坚战方案的通知》	2018.2.11
45		《中共贵州省委贵州省人民政府关于推动数字经济加快发展的意见》	2017.3.21
46		《贵州省数字经济发展规划（2017—2020年）》	2017.2.7
47	云南	《“数字云南”三年行动计划（2019—2021年）》（征求意见稿）	2019.7.10
48		《云南省发展数字经济推进工业转型升级三年行动计划》	2018.11.22
49	西藏	《西藏自治区数字经济发展规划（2020—2025年）》	2020.5.21
50	陕西	《陕西省2020年数字经济工作要点》	2020.7.2
51	甘肃	《甘肃省数据信息产业发展专项行动计划》	2018.6.11
52	青海	《青海省加快推进数字经济发展的实施意见》	2019
53		《青海省数字经济发展规划（2019—2025年）》	2019

资料来源：根据网络资料整理。

注：青海省两个政策文件未找到具体发布日期。

2. 发展状况

为了进一步分析各省份的数字经济发展状况，我们对各省份的数字经济发展状况进行了测算。现有文献中对数字经济发展水平进行测度的研究较少，我们参考赵涛等（2020）和刘军等（2020）的方法，将数字经济指数分解为信息化发展水平、互联网发展水平、数字交易发展水平共三个维度，并选取 13 个指标进行测算[8,9]。所有指标均进行线性标准化处理，最大值、最小值以基期 2017 年的数据为标准，以此反映各地区数字经济发展水平的差异，并可进行跨时期的比较。在指标权重选取上，现有研究主要采用主成分分析方法，该方法适合于平行指标之间权重的确定，考虑到指标体系的层次性，我们采用分级平均加权的方法确定权重，即每级指标权重＝1/该级指标的个数。具体指标选取及权重确定如表 1－6 所示。其中，光缆密度、移动电话基站密度、互联网接入端口密度分别使用各指标的绝对数量除以各省份的面积。

表 1－6 数字经济评价指标体系

<table>
<tr><th>一级指标</th><th>权重</th><th>二级指标</th><th>权重</th><th>测度指标</th><th>权重</th></tr>
<tr><td rowspan="4">信息化发展指标</td><td rowspan="4">0.333 3</td><td rowspan="3">信息化基础</td><td rowspan="3">0.166 7</td><td>光缆密度</td><td>0.055 6</td></tr>
<tr><td>移动电话基站密度</td><td>0.055 6</td></tr>
<tr><td>信息化从业人员占比</td><td>0.055 6</td></tr>
<tr><td>信息化影响</td><td>0.166 7</td><td>电信业务总量</td><td>0.055 6</td></tr>
<tr><td rowspan="4">互联网发展指标</td><td rowspan="4">0.333 3</td><td>固定端互联网基础</td><td>0.083 4</td><td>互联网接入端口密度</td><td>0.083 4</td></tr>
<tr><td>移动端互联网基础</td><td>0.083 4</td><td>移动电话普及率</td><td>0.083 4</td></tr>
<tr><td>固定端互联网影响</td><td>0.083 4</td><td>宽带互联网用户人数占比</td><td>0.083 4</td></tr>
<tr><td>移动端互联网影响</td><td>0.083 4</td><td>移动互联网用户人数占比</td><td>0.083 4</td></tr>
<tr><td rowspan="5">数字交易发展指标</td><td rowspan="5">0.333 3</td><td rowspan="3">数字交易基础</td><td rowspan="3">0.166 7</td><td>企业网站占比</td><td>0.055 6</td></tr>
<tr><td>企业使用计算机数占比</td><td>0.055 6</td></tr>
<tr><td>电子商务占比</td><td>0.055 6</td></tr>
<tr><td rowspan="2">数字交易影响</td><td rowspan="2">0.166 7</td><td>电子商务销售额</td><td>0.083 4</td></tr>
<tr><td>网上零售额</td><td>0.083 4</td></tr>
</table>

注：指标体系设定参考刘军（2020）。

数字经济发展呈现三大梯队，各省份均保持显著增长态势。图 1－7 为按照 2019 年数字经济指数进行降序排列的结果，整体来看，我国 31 个省区市数字经济发展水平存在两个明显的不连续点，大致可以划分为三大梯队。第一梯队为广东，广东数字经济发展水平遥遥领先，数字经济发展指数为 1.09，比第二名高 0.27。第二梯队包括上海、北京、浙江和江苏，这 4 个地区数字经济指数相差不大，在 0.74 至 0.81 之间，发展水平较为均衡。第三梯队为其他所有省区市，这些地区数字经济发展指数呈连续下降趋势，并未出现明显差距，第三梯队中位居首位的是山东，比第二梯队中的末位江苏低 0.19，差距较为明显。第三梯队内部可进行进一步划分，其中山东、四川、河南、河北、福建、安徽数字经济发展指数在 0.4 至 0.6 之间，青海和西藏数字经济发展水平较低，不足 0.2，其他 18 个省区市均在 0.2 至 0.4 之间。由此可看出，各省区市之间发展差距较大，当前我国数字经济发展面临"数字鸿沟"问题。从各地区数字经济发展指数变动情况来看，广东数字经济增长最为显著，2018—2019 年间增加 0.5，增长近一倍；处于第二梯队的省区市中，江苏、浙江分别增长 0.33 和 0.29，保持了较为快速的增长；处于第三梯队的省区市中，河南、山东、四川三省也保持了快速的增长，增长量在 0.25 至 0.26 之间；黑龙江、吉林、宁夏、青海、海南、西藏增长相对较为缓慢，增加量不足 0.1。尽管各个地区均呈现显著的增长态势，但是增长量存在较大差别，尤其是本身发展水平较高的地区增长得更快，而发展水平较低的地区增长较为缓慢，进一步扩大了"数字鸿沟"。因此，必须注意数字经济蓬勃发展背景下所存在的两极分化现象，数字经济发展基础较为薄弱的地区亟须加快发展，发展水平处于中等的地区需要突破原有发展模式，实现跨越式发展，才能逐步打破这种两极分化现象，平衡各地区数字经济发展差距。

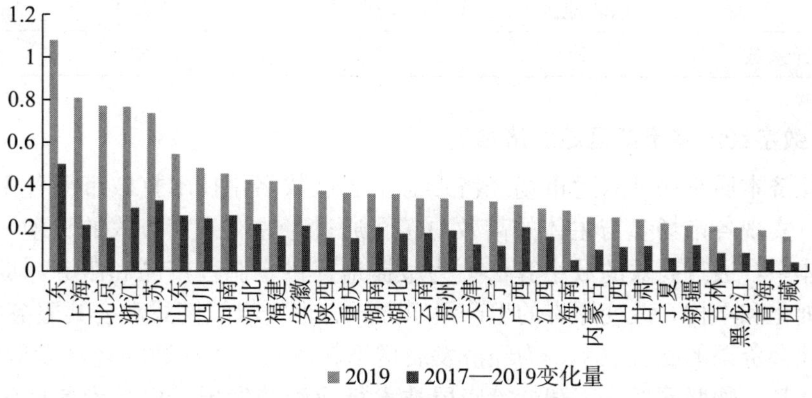

图 1-7　2019 年各省区市数字经济指数及 2017—2019 年变动情况

资料来源：EPS 数据平台。

四大板块数字经济发展不平衡，东部地区内部发展差距显著。由上文的分析中可以看出，数字经济发展位居前五的地区均在东部地区，中西部地区发展相对较为滞后。为了进一步考察四大板块之间的发展差距，以及各板块内部的发展差距，我们计算了各板块内部的变异系数，取各板块数字经济发展指数平均值代表该板块数字经济发展水平，计算各板块之间的变异系数，结果如表 1-7 所示。数字经济发展水平从高到低分别为东部地区、中部地区、西部地区和东北地区，东部地区与其他地区之间的差距较为显著，中部地区、西部地区和东北地区在 2017 年发展水平较为接近，此后中部地区与其他两大板块发展差距呈逐渐拉大趋势。值得注意的是，尽管从绝对数值来看，数字经济发展水平越高的地区每年绝对增长量更大，但是东部地区增长幅度却低于中部地区，因此四大板块的组间变异系数呈逐渐缩小态势。从各板块内部发展差距来看，东部地区内部发展差距最大，其次为西部地区，中部地区内部发展差距最小，东部地区组内变异系数甚至接近于组间变异系数，且中西部地区组间变异系数呈逐年略微增加的态势。因此，尽管各板块之间的发展差距略微缩小，各板块内部的发展差距仍在扩大，数字经济地区发展差异仍然较为显著，要注意平衡各地区之间的发展差距，促进数字经济的均衡发展。

表 1-7　四大板块数字经济发展水平及变异系数

指标	地区	2017 年	2018 年	2019 年
平均值	东部地区	0.387 7	0.501 0	0.619 4
	中部地区	0.166 0	0.262 6	0.353 9
	西部地区	0.154 9	0.227 1	0.290 7
	东北地区	0.149 3	0.200 7	0.245 7
组内变异系数	东部地区	0.443 2	0.416 4	0.415 9
	中部地区	0.170 2	0.198 3	0.207 8
	西部地区	0.295 4	0.299 8	0.318 0
	东北地区	0.269 4	0.222 4	0.227 1
组间变异系数	—	0.499 6	0.431 0	0.413 5

（三）数字经济将重塑区域经济格局

数字经济本质是一种双边市场经济形态，通过数字化技术打破市场各主体之间的空间限制，实现各市场参与主体的高效对接，通过对原有生产方式的重塑，塑造全新的价值链体系，通过高效的数字算法更为敏捷地提供定制性产品和服务，促进社会分工体系的细化和重构，改变原有的生产组织方式、市场组织模式和公共服务提供方式，从而提高社会资源的配置效率，为经济发展增添新动力。支撑数字经济发展的 5G、大数据、云计算、物联网、人工智能等底层技术行业亟待发展，更是为各地区数字产业的发展提供了广阔的空间。在数字经济时代，数据成为新的生产要素，智能算法成为新的生产方式，数字经济对经济生产、社会发展的影响是全方位、多角度、高渗透的，数字经济成为新的经济增长动力，对区域经济发展格局和区域空间结构也将产生重要影响。

如上文所述，当前各地区数字经济发展差距在逐渐拉大，面临巨大的“数字鸿沟”问题。倘若继续保持当前的发展态势，随着数字经济引领的新一轮产业革命的发展，数字经济将会进一步扩大区域发展差距。原有数字经济基础较好的地区可能呈现非线性的飞速发展，在原有比较优势的基础上获得更大的发展优势，而发展基础较弱的地区发展速度可能较慢，会使得区域发展不平衡的状况进一步加剧。然而，“数字鸿沟”问题并非是不可突破的，欠发达地区如果拥有独特的优势，仍有可能抓住发展机遇实现数字经济的飞速发展，从而突破原有地理区位、资源环境的制约，以数字经济为抓手实现跨越式发展，从而改变原有区域经济发展格局，促进地区均衡发展。

一方面，欠发达地区拥有成本更低的土地、劳动力资源，加之更为宽松的政策支持，容错空间较大，提供了更适合新产品、新服务、新模式的发展环境。以西部地区为例进行分析，数字经济的快速发展需要大量的服务器作为支撑，服务器运行需要稳定高质的电力保障，西部地区土地成本较低，有利于满足大型服务器散热要求，且电力资源较为丰富（西北地区风电资源丰富，西南地区水电资源丰富），电力供应较为稳定，可以通过减少远距离电力输送从而降低电力价格，为大数据服务中心的运营提供可靠的电力保障，从而促进西部地区参与数字经济建设。

另一方面，数字经济有助于促进公共服务均等化，打破地区公共服务不平衡的现状，通过线上教育、线上医疗等方式帮助欠发达地区如果人口获得高质量的教育、医疗等公共服务，缓解由于人口密度较低、规模效益不足、资金缺乏带来的公共服务供给不足问题，满足人民日益增长的对美好生活的需要。公共服务供给模式的改变或将改变人口流动模式，减少中西部地区的人才外流现状，培育本地创新型人才，丰富本地劳动力池，为发展高科技产业提供高素质的人力资源，从而为当地经济发展助力。

不仅如此，数字经济将赋能传统产业，重塑传统产业生产方式，推进传统产业数字化转型。直接对接消费市场，有利于促进消费推动的产品与服务变革，提供更加契合市场需求的产品，改变以往生命周期发展路径，从而帮助产业不断升级转型。以东北地区为例，数字经济的发展有利于促进传统产业升级改造，推动新旧动能转换，实现传统制造业的网络化、智能化、柔性化发展和转型[10]，为经济发展带来新活力。除此之外，数字经济还将推动电子政务、智慧城市建设，提升城市治理能力，改善地区营商环境，降低企业发展的制度成本，为企业发展减负，提升经济运行效率。

最后，数字经济还将推动区域一体化进程，促进区域一体化发展。理论方面，已有学者的研究表明数字经济有利于推动区域经济一体化，范恒山（2020）认为数字经济为建立全要素的区际利益平衡机制创造了有利条件[11]；王庆喜等（2020）利用2011—2018年长三角区域41个城市的面板数据，研究了数字经济对长三角区域经济一体化的影响，结果表明，数字经济的发展有利于推动长三角一体化的发展[12]；在城乡融合发展方面，何宗樾等（2019）的研究表明，数字经济有助于推动普惠金融发展，从而促进经济包容性增长，缩小城乡发展差距[13]。实践方面，《长江三角洲区域一体化发展规划纲要》明确提出，要共同打造数字长三角，协同建设新一代信息基础设施，数字经济成为推进长三角一体化建设的新抓手；成渝地区双城经济圈建设上升为国家战略以来，重庆两江新区和四川天府新区共同举办双城经济圈产业服务峰会，达成由数字经济推动区域经济一体化的共识。

三、区域经济发展新政策

近年来，党中央高度重视区域经济均衡发展，先后提出了京津冀协同发展、长江经济带发展、粤港澳大湾区建设等重大战略举措，推动建设更加有效的区域协调发展新机制。2020 年，新冠肺炎疫情冲击下，国内国际形势发生较大变化，面对复杂的外部环境，我国政府提出建设成渝地区双城经济圈的战略举措，并出台相关规划文件，进一步指明了促进黄河流域生态保护和高质量发展、西部大开发和新型城镇化建设的战略方向。

（一）促进黄河流域生态保护和高质量发展

黄河流域是我国重要的生态屏障，是连接青藏高原、黄土高原、华北平原的生态廊道，具有重要的战略地位。同时，其也是我国重要的经济地带，煤炭、石油、天然气和有色金属资源丰富，煤炭储量占全国一半以上，是我国重要的能源、化工、原材料和基础工业基地。2019 年 9 月 18 日，习近平总书记在河南考察时宣布将黄河流域生态保护与高质量发展上升为国家战略，提出黄河流域生态保护和高质量发展的主要目标任务是加强生态环境保护、保障黄河长治久安、推进水资源节约集约利用推动黄河流域高质量发展和保护、传承、弘扬黄河文化。2019 年 12 月 16 日，习近平总书记在发表于《求是》的重要文章《推动形成优势互补高质量发展的区域经济布局》中特别指出，要研究黄河流域生态保护和高质量发展问题。2020 年 8 月 31 日，中共中央政治局召开会议，审议《黄河流域生态保护和高质量发展规划纲要》，这一纲领性文件将推动黄河流域生态保护和高质量发展进入新阶段。

（二）建设成渝地区双城经济圈

成渝地区地处四川盆地，位于长江上游，毗邻陕西、甘肃、云南、贵州、青海、西藏、湖南和湖北等多个省区，具有承东启西、贯通南北的区位优势；自然禀赋较好，综合承载力较强，经济发展水平较高，腹地空间广阔，具有较大的经济增长潜力。早在 2016 年，国家发改委已经批复《成渝城市群发展规划》，提出要构建“一轴两带、双核三区”的空间格局，打造成渝发展主轴、培育沿江城市带、优化成德绵乐城市带，提升重庆、成都核心功能。2020 年 1 月 3 日召开的中央财经委员会第六次会议明确提出推动成渝地区双城经济圈建设问题，习近平总书记在会上发表重要讲话强调，要推动成渝地区双城经济圈建设，在西部形成高质量发展的重要增长极，进一步提高成渝双城经济圈的战略地位。2020 年 10 月 16 日，中共中央政治局召开会议，审议《成渝地区双城经济圈建设规划纲要》，会议指出成渝地区双城经济圈建设有利于形成优势互补、高质量发展的区域经济布局，促进形成以国内“大循环”为主体、国内国际“双循环”相互促进的新发展格局。

（三）推进西部大开发形成新格局

2019 年是国家实施西部大开发战略二十周年，2020 年是进入西部大开发战略实施的第三个十年，经过前二十年的发展，西部地区发展取得了显著成效，但发展不平衡不充分问题依然突出。面对当前复杂的国内国际环境，有必要进一步强化举措促进西部大开发战略的落实。2020 年 5 月 17 日，《中共中央国务院关于新时代推进西部大开发形成新格局的指导意见》发布，提出要形成大保护、大开放、高质量发展的新格局，推动经济发展质量变革、效率变革、动力变革的总体要求，并在此基础上提出了新时代西部大开发的具体目标：到2020年，与全国一道全面建成小康社会；到2035年，西部地区基本实现社会主义现代化，基本公共服务、基础设施通达程度、人民生活水平与东部地区大体相当，努力实现不同类型地区互补发展、东西双向开放协同并进、民族边疆地区繁荣安全稳固、人与自然和谐共生。

（四）推进以人为核心的新型城镇化建设

城镇化是现代化的必由之路，是解决农业、农村、农民问题的重要途径，也是解决新时代我国社会主要矛盾、推动经济高质量发展的强大引擎。2020年，习近平总书记在《求是》杂志发表的《国家中长期经济社会发展战略若干重大问题》中指出，要更好推进以人为核心的城镇化，使城市更健康、更安全、更宜居，成为人民群众高品质生活的空间。党的十九届五中全会明确提出，要构建国土空间开发保护新格局，推动区域协调发展，推进以人为核心的新型城镇化，进一步明确了“十四五”时期我国城镇化的方向和目标。

参考文献

[1] 孙久文，孙翔宇. 区域经济韧性研究进展和在中国应用的探索 [J]. 经济地理，2017，37（10）：1-9.

[2] 孙久文. 新冠肺炎疫情对中国区域经济发展的影响初探 [J]. 区域经济评论，2020（02）：8-11.

[3] 贾根良. 国内大循环为主体的双循环与中西部大开发 [J]. 广西师范大学学报（哲学社会科学版），2020，56（06）：103-13.

[4] 郭晴. “双循环”新发展格局的现实逻辑与实现路径 [J]. 求索，2020（06）：100-107.

[5] 师博. 后疫情时代我国城市经济的恢复性转型发展 [J]. 学习与探索，2020（09）：105-111.

[6] 段进军. “后疫情”时代城市发展与治理应实现四个突破 [J]. 国家治理，2020（Z4）：40-43.

[7] 李学锋. 疫情防控常态化与区域经济新格局 [J]. 银行家，2020（10）：72-75.

[8] 赵涛，张智，梁上坤. 数字经济、创业活跃度与高质量发展：来自中国城市的经验证据 [J]. 管理世界，2020，36（10）：65-76.

[9] 刘军，杨渊鋆，张三峰. 中国数字经济测度与驱动因素研究 [J]. 上海经济研究，2020（06）：81-96.

[10] 董静媚. 加快数字东北建设，更好助力振兴发展 [J]. 中国物价，2019（12）：31-34.

[11] 范恒山. 探索建立全要素的区际利益平衡机制 [J]. 区域经济评论，2020（01）：1-3.

[12] 王庆喜，武谨，胡安. 数字经济与长三角区域一体化发展：基于空间面板模型的分析 [J]. 浙江工业大学学报（社会科学版），2020，19（01）：39-46.

[13] 何宗樾，张勋，万广华. 数字金融、数字鸿沟与多维贫困 [J]. 统计研究，2020，37（10）：79-89.

第二章　国际环境

一、中美关系及贸易战对中国区域经济的影响

（一）贸易摩擦的背景

在历史上，美国一直擅长利用贸易战的手段对于其竞争对手进行干预（薛威等，2018）。例如，二战之后苏联是美国的主要竞争对手，两国之间在贸易领域也进行了激烈的竞争，美国先后对苏联采取了战略物资禁运，针对重点领域的禁止贸易、出口配额、中止投资等措施，以及从政治、外交和军事等多个角度施加压力，这给苏联本身脆弱的经济情况造成了极大的影响。除了主要的战略竞争对手，美国与其“盟友”之间也进行过激烈的贸易战，例如二战之后随着欧洲各国经济的复苏，以及20世纪70年代滞涨的出现，美国与欧洲各国在贸易领域出现了竞争，于是先后在农产品、公共采购和钢铁等领域爆发了贸易战。另外，美国与日本之间也发生过贸易战，与中美贸易摩擦类似，美国在与日本的贸易战中主要依靠“301条款”，在长达30年的时间中，对于纺织品、彩电、钢铁、汽车和半导体等领域实施了制裁，并且贸易战的范围逐步扩展到汇率、金融等领域。美日贸易战对于日本经济产生了巨大的影响，不仅影响了日元汇率、贸易情况和经济增长情况，也促使日本采取过于宽松的货币政策，导致了房地产泡沫的出现，从而间接导致了日本经济的衰退（董德志，2018）。

可见，在美国主导的贸易体系和美元霸权体系下，美国在利用贸易战的手段打压竞争对手方面有着丰富的经验。在本轮贸易摩擦中，美国将矛头直接指向了中国，事实上特朗普在上台之前就对中国和中美贸易有着许多不切实际的指责，在上台后逐步采取实际政策不断对中国施加压力。2018年以来，美国接连进行针对中国的非常规贸易调查，1月，特朗普宣布针对太阳能电池板和洗衣机加征关税，目标直指中国；2月，美国商务部长威尔伯·罗斯发布对中国铸铁管件进口反倾销税调查的肯定性初裁；3月，特朗普宣布根据“301调查”结果，拟对中国的价值600亿美元的商品加征关税；4月，美国公布了加征关税的行业清单，并在17日对中兴实施了芯片禁售的制裁；5月，中美开始了一系列的磋商，尽管期间传出了一些缓和的消息，但是最终仍然没有取得一致；6月美国公布了总值500亿美元的商品清单，其中第一部分340亿美元的商品于7月6日开始加征关税；7月6日，美国正式实施对中国商品加征关税，并威胁进一步对于2 000亿美元来自中国的商品加征10%的关税（刘英，2018）；8月，美国白宫发表声明要把对中国2 000亿美元销往美国产品的加征关税税率由10%提高到25%，并且公布第二批对中国进口商品加征关税的清单，涉及商品价值160亿美元，将8月23日生效；9月，特朗普宣布，自9月24日起，将对2 000亿美元的中国输美产品加

征10%的关税，美国还声明自2019年1月1日起，关税将提升至25%，并威胁若中方对农产品等行业进行反制，美国将立刻实施力度更大的关税征收举措。12月1日晚，中美两国领导人在阿根廷布宜诺斯艾利斯举行会晤，双方决定停止升级关税等贸易限制措施，包括不再提高现有针对对方的关税税率，及不对其他商品出台新的加征关税措施。2019年2月24日，特朗普在推特上宣布将推迟3月1日上调中国输美商品关税的计划。就在大家都以为贸易摩擦即将告一段落时，2019年5月6日，美国政府突然宣布，自2019年5月10日起，对从中国进口的2 000亿美元清单商品加征的关税税率由10%提高到25%，第二轮贸易摩擦正式开始。

（二）文献综述

“经济韧性”一般用来描述经济对于冲击的抵御能力和恢复能力的差异（Dawley et al.，2010）。在现有研究中，经济韧性的内涵主要有以下几个方面：第一，当外部冲击发生时，经济系统抵御不良冲击的能力；第二，当发生冲击后，经济系统恢复的速度和程度；第三，经济系统在恢复过程中，整合内部资源适应环境的能力；第四，当外界条件改变时，区域自身发展路径的创造能力（Martin，2012）。总之，经济韧性的核心问题是经济对于外部冲击的抵御和恢复能力，这种能力与经济系统本身的特征密切相关，是保障经济系统可持续发展的重要属性。

2008年金融危机发生后，经济韧性的相关研究迅速增加，成为一个研究的热点。研究发现，国家中不同的区域经济对于外部冲击的抵抗能力存在很大的差异，例如：巴克曼等认为欧盟中人口密度高，高科技产业占比较大的区域经济韧性更强（Brakman et al.，2015）；卡罗的研究表明，意大利的各区域中制造业发达的区域的经济韧性较强（Caro，2014）；张岩等研究了我国各省区的经济韧性，认为北京、上海等省份经济韧性较好，而四川等地经济韧性较差（张岩，2012）。另外，也有研究进一步分析了区域在抵御冲击和危机后恢复方面的差异，芬格尔顿等认为英国不同区域在危机后的恢复能力差别不大，但是对于冲击的抵御能力存在很大差别（Fingleton et al.，2012）。

由于不同区域经济韧性存在很大差别，所以大量文献对于差别产生的原因进行了分析。一般而言，影响区域经济韧性的因素有产业结构、制度环境、文化氛围和社会网络等几个方面。第一，产业结构。现有文献普遍把产业结构视为影响区域经济韧性最重要的因素，产业结构多样性和主导产业都会影响区域经济韧性。就前者来说，产业结构多样性地区面对冲击时能体现更好的韧性，相反，结构单一区域经济韧性脆弱（Brown & Greenbaum，2017）。在主导产业种类方面，一般而言，重工业为主导产业的地区，经济韧性较差，无论是美国底特律还是我国东北地区，老工业基地普遍具有经济韧性差的问题（Davies，2011）。第二，制度环境。总的来说，政府干预较少、政策环境宽松的地区，经济韧性较强（Whitley，2000）。另外，市场发育成熟的区域经济韧性较好，其原因在于，在这些区域中，市场主体对于信息有更敏锐的把握，对于市场的波动反应更加灵活，可以更快地做出针对应的措施。第三，文化氛围。区域文化、风俗对区域经济韧性有重要的影响，更开放、多元化、富有企业家精神的社会文化环境有助于培育更好的区域经济韧性（Glaeser，2012）。第四，社会网络的构成等社会因素也会影响区域经济韧性（Adger，2003）。

（三）区域经济韧性

中美贸易摩擦对于中美市场均造成了不小的冲击。图 2-1 为贸易摩擦对于中美股市的冲击情况。如图 2-1 所示，2018 年 2 月中美贸易出现实质性的摩擦之后中美股市都大幅下跌，中美股市整体上呈现出相同方向的波动，直到 6 月美国加征关税的举动尘埃落定，中美股市出现了巨大分歧，在短期受挫后，美国股市不断上扬，而中国股市持续下跌。然而这种情况并没有持续太久，在 9 月底美国大幅度对中国输美产品增加关税后，美国股市连同中国股市共同走低，直到 12 月两国元首会面决定暂时停止升级关税等贸易限制措施后，中美股市才开始一同回暖。不过随着 2019 年 5 月美国再次对中国掀起贸易战，中美股市亦再次回落。这表明贸易摩擦对中美经济都造成了较大冲击，因此，我们应该更加审慎地进行分析，采取积极的措施来抵御贸易摩擦的冲击。

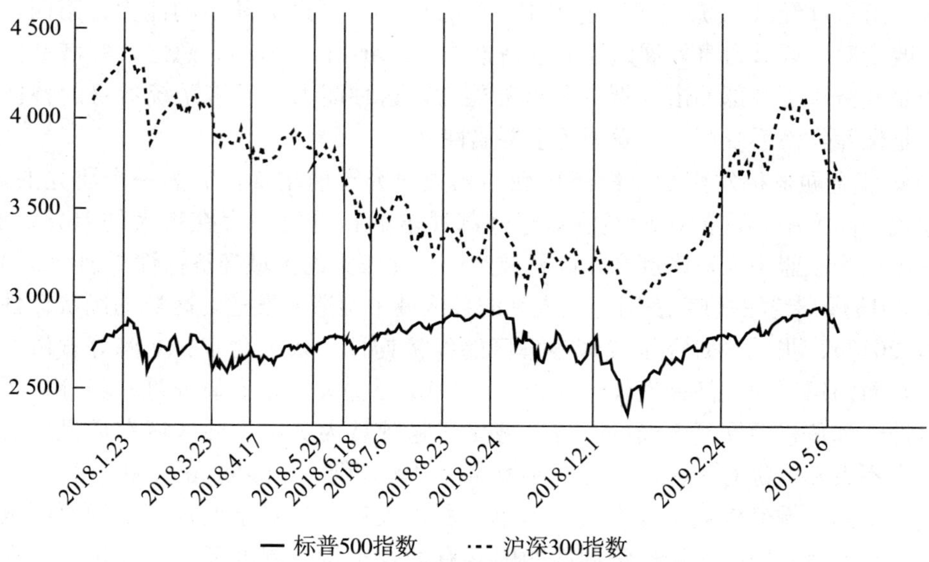

图 2-1　贸易摩擦对于中美股市的冲击情况

区域外部的冲击会对区域经济的发展造成影响，除了这种影响对于区域的直接冲击外，区域间的贸易和要素流通还会间接地影响本地区和其他地区的经济增长。随着贸易成本不断降低、市场一体化不断加强，区域间形成了专业化分工体系，在这个体系中，各个区域通过中间品的生产与贸易相互联系，从而外部冲击可以通过区域间的投入产出联系在区域间传导。由此可见，为了准确的估计区域经济韧性，我们要综合考虑外部冲击的直接和间接影响，因此本章利用动态空间面板模型控制住宏观冲击直接和间接影响，从而对区域经济韧性进行估计。

我们借鉴维嘉和埃尔霍斯特的方法，估计宏观冲击对于区域经济的影响（Vega & Elhorst，2016）。其将宏观冲击作为“公共因素”（common factor）引入动态空间面板的模型，对下面的方程进行估计。

$$y_{rt}=\beta_1*y_{rt-1}+\beta_2\sum_{j=1}^{N}w_{rj}*y_{rt}+\beta_3\sum_{j=1}^{N}w_{rj}*y_{rt-1}+\beta_4*y_{Nt}+\beta_5*y_{Nt-1}+\gamma_2*X+\varepsilon_{rt}$$

其中，解释变量 y_{rt} 为各区域经济增速；y_{Nt} 为国家层面的宏观经济情况，反映了宏观冲击的强度；y_{rt-1} 为各区域上一年的经济增速，刻画了经济增长在时间上的滞后；X 是控制变量；w_{rj} 为空间权重矩阵对应的元素；ε_{rt} 是随机扰动项。其中，$\beta_1=\alpha_1$ 刻画了区域经济增长在时间上的相关关系，$\beta_2=\alpha_2$ 是空间自回归系数，$\beta_3=\alpha_3$ 是滞后的空间自回归系数。

为了估计区域经济的韧性，我们需要对宏观冲击对于区域经济的影响程度进行进一步的计算。其计算公式为 $\gamma_{1r}=\beta_4/(1-\alpha_2)=\beta_5/(-\alpha_1-\alpha_3)$，其方差可以通过计算随机变量商的方法得到。通过使用计量的方法估计，我们避开了使用指标体系的强主观性问题，可以得到更为客观的各区域经济增速对于外部宏观经济冲击的敏感程度 γ_{1r}，其越大，代表区域经济受到宏观冲击影响越大，因此经济韧性越弱；反之 γ_{1r} 越小，代表区域经济对于宏观冲击越不敏感，经济韧性越强。结果如表 2-1 所示。

表 2-1 空间权重矩阵基本估计结果和稳健性检验

排名	省区市	估计系数	标准差	排名	省区市	估计系数	标准差
1	贵州省	−5.30	1.77	17	辽宁省	0.81	1.56
2	西藏自治区	−3.22	1.86	18	四川省	0.95	1.47
3	重庆市	−2.70	3.60	19	河北省	1.15	3.81
4	云南省	−2.18	1.27	20	江西省	1.42	1.20
5	上海市	−2.05	1.96	21	湖南省	1.46	1.20
6	山东省	−1.66	1.79	22	甘肃省	1.55	4.56
7	广东省	−1.04	1.97	23	安徽省	1.61	1.54
8	北京市	−0.88	23.51	24	青海省	2.12	1.48
9	福建省	−0.43	4.03	25	浙江省	2.19	2.05
10	河南省	−0.03	0.16	26	宁夏回族自治区	2.36	1.16
11	天津市	0.01	0.01	27	海南省	2.43	1.64
12	内蒙古自治区	0.01	0.00	28	广西壮族自治区	2.73	2.11
13	吉林省	0.17	0.69	29	黑龙江省	3.41	3.61
14	江苏省	0.25	0.66	30	新疆维吾尔自治区	4.26	2.60
15	陕西省	0.54	0.67	31	山西省	5.29	2.07
16	湖北省	0.80	1.64				

结果显示，在金融危机发生后，我国整体经济下行的背景下，我国四大板块对于宏观增速的反应有很大的差异。其中，东北地区的经济韧性最低，尤其是黑龙江受到不利冲击的影响最大，其次为中部地区，而东部地区的经济韧性较强。另外，西部地区内部的区域经济韧性也存在较大差异，一方面，贵州、云南和重庆等西南地区的省市经济韧性较强，受到宏观冲击的影响较弱；而另一方面，西北的新疆、青海和陕西以及西南的广西等省区的经济韧性较差。我们又将空间权重矩阵替换为反距离矩阵进行稳健性检验，结果支持基本回归的结论（见表 2－2）。

表 2－2　反距离矩阵基本估计结果和稳健性检验

排名	省区市	估计系数	标准差	排名	省区市	估计系数	标准差
1	贵州省	－5.10	1.55	17	湖北省	0.39	1.00
2	重庆市	－2.47	2.84	18	内蒙古自治区	0.39	0.30
3	云南省	－2.32	1.15	19	陕西省	0.41	0.52
4	西藏自治区	－1.95	1.78	20	甘肃省	0.78	28.19
5	山东省	－1.67	1.38	21	湖南省	0.86	0.87
6	上海市	－1.18	1.80	22	安徽省	1.05	1.38
7	广东省	－0.74	1.85	23	江西省	1.14	1.07
8	福建省	－0.47	2.55	24	广西壮族自治区	1.31	2.33
9	河南省	－0.41	0.72	25	浙江省	1.52	1.75
10	北京市	－0.35	1.24	26	青海省	1.57	1.41
11	天津市	－0.09	0.29	27	海南省	1.85	1.34
12	四川省	－0.05	1.41	28	宁夏回族自治区	2.25	0.99
13	江苏省	0.11	0.40	29	黑龙江省	2.41	2.58
14	河北省	0.15	0.58	30	新疆维吾尔自治区	3.62	2.32
15	吉林省	0.32	0.65	31	山西省	3.82	1.76
16	辽宁省	0.35	0.96				

在当前贸易摩擦的背景下，冲击更多来源于外贸领域，所以估计各个区域受到实际影响的强度，要在考虑区域经济韧性的同时，也考虑到不同区域对于贸易的依赖程度，即一个区域的贸易依存度越高，受到的贸易冲击就越大，反之亦然。因此，我们画出了区域经济韧性和贸易依存度的分布，并且标出了贸易依存度的均值，结果如图 2－2 所示。

在图 2－2 中，第一象限的区域，贸易依存度较高，且区域经济韧性较弱，因此受到贸易摩擦的冲击较强，且对于冲击的抵抗能力较弱，这些区域包括江苏、浙江、天津和辽宁 4 个省市，这些省市大部分位于东部地区，在贸易摩擦中也会受到最大的冲击，且江苏、浙江和天津都是我国经济发展的重镇，所以采取积极的措施稳定此区域经济增长将是贸易摩擦中的一项重要任务，另外，辽宁是东北三省中经济体量最大的

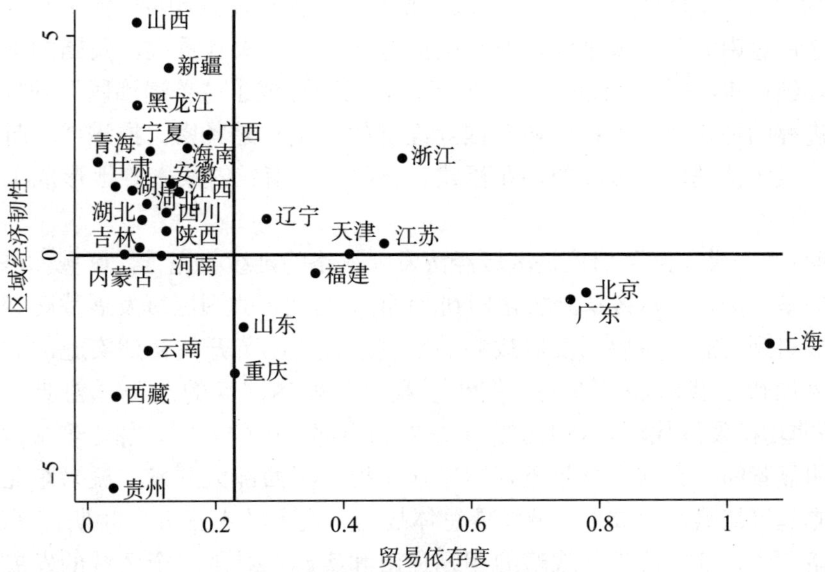

图 2-2 区域经济韧性和贸易依存度分布

一个省，这也意味着贸易摩擦将使我国东北经济的发展雪上加霜。其次，我国大部分省份处在第二象限中，其中主要包括中西部地区和东北地区的吉林和黑龙江，这些区域的贸易依存度较低，且区域经济韧性较弱。因此在贸易摩擦中可能不会受到过于剧烈的冲击，但是由于抵御冲击的能力较弱，一旦贸易摩擦对于此类区域产生强烈的冲击，那么很容易引发全国系统性的风险，因此应重点防止不良冲击向此类脆弱区域的蔓延。第三象限的区域，贸易依存度较低，且经济韧性较强，因此在贸易摩擦中受到的实际影响最小，这些区域包括重庆、贵州、云南和西藏。剩余大量东部省份分布在第四象限，这些区域贸易依存度较高，区域经济韧性也较高，故而受到贸易摩擦的冲击较大。好在这些省份从产业特征、制度环境和文化因素等角度考虑都有很不错的抵御冲击的能力，其对贸易摩擦冲击的抵御情况将直接影响贸易摩擦对我国的最终影响。

二、"一带一路"倡议对各地区的影响

(一)"一带一路"倡议的背景

当前，"一带一路"倡议已经进入积极推进的阶段，旨在"促进经济要素有序自由流动、资源高效配置和市场深度融合，推动沿线各国实现经济政策协调，开展更大范围、更高水平、更深层次的区域合作，共同打造开放、包容、均衡、普惠的区域经济合作架构"，这些目标正在逐步实现。从《推动共建丝绸之路经济带和 21 世纪海上丝绸之路的愿景与行动》的规划中我们看到，"丝绸之路经济带"包括经中亚、俄罗斯至欧洲波罗的海区域的西线和经中亚、西亚至波斯湾、地中海的西南线以及中国至东南亚、南亚、印度洋的南线。从国内区域来看，该规划的重点是影响西北和西南各省份

的发展。“21世纪海上丝绸之路”是从我国沿海港口过南海到印度洋延伸至欧洲，及从我国沿海港口过南海到南太平洋，对我国沿海省份影响极其重大。我国的国土开发和区域发展，经过1999年以来的区域开发行动，已经形成了“普遍沸腾”的局面，特别是市场化进程的加快使我国各区域与国际经济的联系日趋紧密。推进“一带一路”倡议的国内区域经济基础是坚实的，在福建、新疆、云南、内蒙古等地形成了核心区或“桥头堡”。

一方面，“一带一路”倡议是区域经济发展战略的延续与完善。区域发展不平衡一直是我国的基本国情。从改革开放初期到21世纪初期，我国区域发展战略经历了从非均衡发展战略到实施区域协调发展战略的转变过程。改革开放初期实施的非均衡发展战略，大大加快了我国经济发展，缩小了我国与发达国家的差距，创造了“中国奇迹”，但是非均衡发展战略客观上扩大了东部和西部地区的差距，加之金融危机，造成我国外需明显紧缩。在这个背景下，国家陆续提出了西部大开发、振兴东北老工业基地、中部崛起等战略，形成了区域发展总体战略。进入“十三五”时期，“京津冀协同发展”战略和“长江经济带”战略的相继提出和实施，对这两个区域的发展起到了巨大作用。“一带一路”倡议的实施，是在前期各个发展战略基础上的延续，是对前面所有发展战略的区域层面的完善，因而具有引领性的作用。

另一方面，“一带一路”倡议是应对经济新常态和新挑战的重要部署。进入21世纪第三个十年，西部地区已经站在新的历史起点上，进入了新的发展阶段。随着西部大开发战略、中部崛起战略的实施，近年来中部、西部和东部地区的相对差距有所减小，但是绝对差距还是呈扩大趋势。中西部与东部地区在教育、医疗、基础设施等方面的差距十分明显，表明区域发展质量差异较大。解决区域发展差距是我们面临的历史性任务。与此同时，中国经济正在逐步适应新常态。经济增长从高速向中高速转变，产业结构不断优化升级，经济发展过程累积的潜在风险正在逐步显化，随着国际经济形势趋紧和国内经济增速放缓，部分行业产能过剩、地方债务问题、财政可持续发展、通货紧缩等风险需要着重关注。“一带一路”倡议是我们应对这些区域问题的重要抓手。

（二）“一带一路”倡议对东部地区的影响

东部地区在我国经济格局中有着重要的地位，又是我国制造业、外贸业发展的主力军，“一带一路”倡议将通过产业效应、成本效应、就业效应，使得东部地区的经济实力得到进一步强化。

1. 产业效应

东部地区利用“一带一路”倡议的实施进行产业的转型升级会带来两部分的产业效应：（1）“一带一路”倡议的实施会带来更为低廉的交通运输成本以及更为广阔的国外市场，这为劳动密集型产业的转移提供了有利条件。同时，“一带一路”倡议沿途共65个国家，在为我国低端制造业产业提供了更为广阔的转移基地的同时，为我国其他产业提供了巨大的发展市场。（2）“一带一路”倡议的实施使得东部地区低端制造业部门更顺利地转移出去，这给新兴的产业提供了巨大的发展资源的同时，留出了巨大的市场空间。“一带一路”倡议的实施使得东部地区劳动密集型产业顺利地转移出去，这会带来巨大的劳动力、土地资源和其他资本的剩余，为资本密集型产业部门提供了良好的发展基础，使得新兴的替代产业能够渡过开始阶段的脆弱期，顺利完成东部地区的产业转型升级。

2. 成本效应

“一带一路”倡议的实施不仅使得我国与世界各国之间的交流更加频繁，同时大量基础交通设施的建设也大大降低了我国与世界各国进行交流互通的生产、贸易、沟通的成本。(1)“一带一路”倡议的实施会大大降低国际跨国公司的经营成本，增加我国跨国企业的国际竞争力。(2) 我国是进出口大国，“一带一路”倡议的实施大大降低了我国进出口成本，有利于提高我国居民整体的生活水平。(3)“一带一路”倡议的实施，增强了我国与沿线国家的沟通便利程度，降低了我国与沿线国家沟通的成本。

3. 就业效应

(1)“一带一路”倡议的实施会导致产业转移，但母公司在国内，由此会产生更多的管理职能的非生产性就业；(2) 由于子公司在国外，会产生更多的母国法律、工程咨询和公关等方面的岗位需求；(3)“一带一路”倡议的实施会导致沿途国家与我国沟通的增加，这会给我国带来巨大的国外市场，必然会使得相关产业迅速发展，创造更多的就业岗位；(4)“一带一路”倡议实施使得东部地区附加值低的低端制造业转移出去，为东部地区产业结构升级创造条件，由此会带来相关的高新技术产业就业率的增加，大大提高我国高素质人才的就业率。

(三)“一带一路”倡议对西部地区的影响

西部地区作为我国最贴近中亚和欧洲的地区，在“一带一路”倡议中扮演着重要的角色，将在该倡议的影响下成为我国对外开放的新前沿，从而转变对外开放理念、开展制度创新、形成新的战略定位。

1. 对外开放的新前沿

西部地区本身就具有向西面欧亚大陆开放的天然优势，如西北的西藏、甘肃、青海、宁夏和新疆与俄罗斯、蒙古国、中亚五国、印度、巴基斯坦和尼泊尔等国家接壤，历史上就存在边境贸易，在自然资源和经济发展方面也具有差异性和互补性。再比如西南的广西、重庆、四川、贵州和云南也具有与东盟国家合作的区位优势。“丝绸之路经济带”建设使很多西部内陆省份成为国际物流通道的节点，从末梢到节点的区位转变，为内陆省份创造了新的竞争优势。2016 年 9 月国家批准了四川、重庆和陕西 3 个西部省市新设自由贸易试验区（以下简称自贸区），填补了此前西部地区没有自贸区的空白。陕西通过改革试验，积极打造西部地区内陆型改革开放新高地，将探索内陆地区改革开放新路径；四川将打造内陆开放型经济高地，实现内陆与沿海沿边沿江协同开放；重庆市自贸区则肩负起带动西部大开发战略深入实施的重任；而甘肃、宁夏和内蒙古等西部省区，凭借其日益增强的综合实力和丰富的自然资源，成为西部地区对外开放的重要支撑。西部地区在“一带一路”倡议和国家对外开放中正扮演越来越重要的角色，成为国家向西开放的“桥头堡”和“排头兵”，已由“内陆腹地”变为向西开放的新前沿。

2. 对外开放理念呈现新变化

（1）由沿海开放带动变为主动开放。长期以来，西部地区对外开放都是东部地区带动下的被动开放。“十二五”以来，西部地区经济总量不断增加，国内生产总值年均增长157%，全社会固定资产投资年均增长208%，西部地区经济发展的基本模式、产业业态以及增长动力都已经发生重大变化。在“一带一路”倡议下，西部地区对外开放是为了实现经济结构不断优化升级和创新驱动而进行的主动开放，西部地区对外开放步伐正日益加快。

（2）由单一开放向双向交互开放转变。“十二五”以来，西部地区进出口规模年均增长294%，贸易进出口逐步从“大进大出”转向“优进优出”，出口与进口的双向平衡格局正逐步形成。“一带一路”建设注重基础设施、制度规章、人员交流三位一体，改变了以往单纯的资金、技术、管理经验和人才等要素单向引入的态势。更加强调与“一带一路”沿线国家之间的人文交流和经贸合作，注重推进医疗、教育、金融等服务业扩大对外开放。

（3）由获取当前利益向互利共赢发展。“一带一路”建设联通了亚太和欧洲两大经济圈，更加注重加强各国之间发展联动、机遇共享、命运与共的利益交融关系，这就构成了西部地区与沿线国家实现合作共赢、共同发展的现实基础。目前西部地区在能源、产业、技术、资金和市场上具备比较优势，可以与沿线国家在多领域开展深度共赢合作，共同打造沿线区域合作的贸易流、产业带、联通网、人文圈。

3. 制度创新

“一带一路”倡议正成为西部地区聚合各类资源、提升区位优势的现实推动力。西部各地政府都对“一带一路”建设释放的发展红利有较高期待。然而，“一带一路”建设作为我国新一轮对外开放的重大战略，在新的形势下，其内涵、特征、支撑体系和政策工具选用与我国对外开放初期的政策体系相比已经发生了较大变化。“一带一路”倡议下的对外开放更加注重构建公平竞争的内外资发展环境，以前传统的土地、税收、要素价格、资金补贴等优惠形式，运用空间受到越来越多的限制。在当前深化改革政策体系作用下，“一带一路”建设会带来地区制度层面和经济发展模式的改变，将倒逼西部各省区市政府摆脱传统路径依赖，在对接“一带一路”建设中形成更为理性的政策预期，把对外开放的重心放在的转变政府职能、创新制度、营造环境、提供服务、培育需求上。加快构建开放型经济体制，创新对外开放的体制机制，突破阻碍“五通”的体制机制束缚，形成与国际通行规则相衔接的制度体系和监管模式，不断推进要素流动便利化，使市场在资源配置中起决定性作用，且更好发挥政府作用。

4. 对外开放新的战略定位

我国西部大部分地区位于“一带一路”倡议的国内段核心区，“一带一路”倡议在对西部地区发展提供有利契机的同时，也赋予西部各省区市新的定位。陕西定位为打造成“丝绸之路”经济带的“新起点和桥头堡”；新疆作为建设丝绸之路经济带主力军，定位为“丝绸之路”经济带上的核心区；甘肃凭借区位优势、特色产业优势承担起了“丝绸之路”经济带黄金段建设；宁夏和青海作为西部内陆少数民族聚集区，成为“一带一路”倡议支点和战略基地；内蒙古发挥联通俄蒙的区位优势，成为“一带一路”向北开放的重要窗口。西南地区各省市作为“新丝绸之路经济带”和长江经济带交叉点，成为“一带一路”倡议中承南接北、通东达西的经济和文化中心。如四川依托其现有的国家级战略平台，正着力打造全域开放新格局；重庆则利用“渝新欧”国际大通道、保税港区和自贸区打造西部内陆地区对外开放新高地；云南也正着力打造“一带一路”南亚、东南亚经济文化交流合作重要平台和窗口。西部各省区市在“一带一路”倡议对外开放中重新定位，将推动西部地区充分发挥各自的比较优势，全面提升开放型经济水平，重塑对外开放新格局。

（四）“一带一路”倡议对东北地区的影响

东北地区是我国的老工业区，“一带一路”倡议的沿线发展交流给予东北地区新的发展机遇。

1. 扩大了东北地区合作的覆盖面

随着“一带一路”建设的推进，东北地区与沿线国家或地区的合作与交流更为深入，区域合作的覆盖面也日益扩大。数据显示，截至2018年，黑龙江省已经与35个国家的地方政府和城市建立了93对友好合作关系，与俄罗斯5个州区建立了定期互访机制，与俄罗斯、日本、韩国等多个国家的地方工商会建立了友好商会关系，区域合作的覆盖面持续扩大，朋友圈不断深化；吉林省已经与83个国家的地方政府以及382个跨国公司建立了友好合作关系；辽宁省与沿线27个国家的地方政府和城市结成了17对友好省州和69对友好城市，促成了一大批项目合作，区域合作交流日益深化。

2. 深化了东北地区对外贸易

数据显示，2017年，东北地区与“一带一路”倡议，沿线国家的进出口贸易额达到616.9亿美元，与2016年相比增加22个百分点，占中国与“一带一路”国家进出口贸易总额的4.3%。其中，对“一带一路”国家出口额达到247.9亿美元，较之2016年增加7.7个百分点，占中国对“一带一路”国家出口总额的3.2%；自“一带一路”国家进口总额为369亿美元，较之2016年增加33.9个百分点，占中国自“一带一路”国家进口总额的5.5%。进出口贸易出现复苏回暖现象，扭转了2015年和2016年连续两年下降的趋势。从东北三省与“一带一路”国家进出口贸易情况看，辽宁省进出口总额达到429亿美元，较之2016年增加29.6个百分点，占东北地区对“一带一路”国家进出口总额的69.5%，占比最大且增速最快。这些数据也直接或间接表明，随着“一带一路”建设的推进，东北地区与沿线国家地区的贸易合作不断深化，进出口贸易格局不断优化。

3. 打通了东北地区对外开放大通道

“一带一路”建设的重点在于“五通”建设，而基础设施互联互通是重中之重。从黑龙江省"带一路"建设情况看，2018 年，黑龙江省设施联通实现新突破：中俄双方同江铁路大桥工程基本完工并实现合龙，黑河公路大桥建设项目即将开通，黑瞎子岛公路口岸开放已获国务院批复，中俄双方对接规划工作已经启动，中俄天然气管道项目建设持续推进，东宁界河公路桥前期工作不断加快，这些项目的实施加快了黑龙江省与沿线国家或地区的互联互通。同时，全省口岸货运量实现 4 142.3 万吨，较之 2017 年增加 37.1 个百分点，哈欧、哈俄班列累计开行 800 列，"哈绥俄亚"陆海联运累计开行 144 列，对俄航线累计开通 13 条。上述数据表明，"一带一路"建设的推进，加快了黑龙江省与沿线国家或地区的互联互通，也打通了黑龙江省对外开放的经济大通道。从辽宁省"一带一路"建设情况看，辽宁省全域参与了"一带一路"开放建设，2018 年 6 月，"辽海欧"国际运输大通道开辟了第二条北极航线，同年 12 月，吉林省和辽宁省提出合力建设长白通（丹）大通道和沿图们江鸭绿江开发开放经济带，"辽满欧""辽蒙欧""辽海欧"三条国际跨境运输大通道逐步构建，大连港、营口港不断整合完善，5 条支线机场航空节点能力持续提升，截至 2018 年，辽宁省累计开通中欧班列 394 列，运量达到 3.2 万标准箱，沈阳港规划建设新的中欧班列节点，这些对提升辽宁省对外开放水平发挥了重要作用。从吉林省"一带一路"建设情况来看，"长满欧"班列的开通加快了吉林省深度融入"一带一路"建设，2015 年至今，"长满欧"铁路运输货物量超 4.3 万标准箱，货值超过 138 亿元，已经成为连接俄罗斯境内近百个站点、欧洲境内 10 个国家 30 个站点的物流网络，也由此加快了吉林省与沿线国家或地区的互联互通。可见"一带一路"建设对打通东北地区对外开放大通道发挥了重要作用。

4. 为东北地区发展提供了政策支持

"一带一路"建设为东北地区发展提供了政策支持。随着"一带一路"建设的不断推进，2018 年，辽宁省出台了《辽宁"一带一路"综合试验区建设总体方案》，为辽宁省经贸投资、互联互通、开放平台、金融服务等领域与"一带一路"沿线国家的深层次合作交流提供了政策支持，同时出台的 40 多项开放政策也为辽宁省一般制造业、电信、能源汽车等领域参与"一带一路"建设提供了政策平台。黑龙江省积极与俄罗斯等国家的区域开放规划对接，相继出台了一系列政策规划，如 2015 年出台《"中蒙俄经济走廊"黑龙江陆海丝绸之路经济带建设规划》，2016 年出台《关于建设"龙江丝路带"加快形成对外开放新格局的若干意见》《黑龙江省关于落实推进"一带一路"建设科技创新合作专项规划的实施方案》，2017 年出台《支持黑龙江绥芬河—东宁重点开发开放试验区若干政策》，2018 年出台《黑龙江绥芬河—东宁重点开发开放试验区建设总体规划》《黑龙江省面向欧亚物流枢纽区建设规划》等，这些规划文件的提出和实施进一步加快了黑龙江省与沿线国家或地区的合作交流。吉林省也积极主动融入"一带一路"建设，制定和实施了一系列政策，包括《沿中蒙俄开发开放经济带发展规划（2018—2025 年）》等，这些政策为加快吉林省与沿线国家或地区合作交流、优化吉林省发展环境提供了政策支持。

（五）"一带一路"倡议对中部地区的影响

中部地区作为我国内陆中心地区，过去并未很好地融入国际贸易、打通国际市场，产品“走出去”主要依赖于东部地区的外贸实力，“一带一路”将改变这种尴尬的局面。

1. 打造内陆开放型经济高地的机遇

要打造内陆开放型经济高地，中部地区5个省会城市——郑州、武汉、长沙、南昌、合肥，需积极地融入“一带一路”倡议。2017年6月14日，习近平主席在北京会见卢森堡首相格扎维埃·贝泰尔时强调，要深化双方在“一带一路”建设框架内金融和产能等合作，中方支持建设郑州—卢森堡“空中丝绸之路”。在“不靠海、不靠边，对外开放靠蓝天”的河南，通过跨境电子商务网络平台和跨境电子商务产业交易链的建设，实现各国的跨境自由贸易。武汉、长沙也积极对接“一带一路”倡议。南昌积极向“一带一路”地区拓展，向西部、中南和西南拓展。合肥港开通“合肥—芜湖—上海”“合肥—南京—上海”两条集装箱支线班轮航线。

2. 打造“中欧班列”品牌带来的机遇

《推进共建丝绸之路经济带和21世纪海上丝绸之路的愿景与行动》提出：“建立中欧通道铁路运输、口岸通关协调机制，打造中欧班列品牌，建设沟通境内外、连接东中西的运输通道。”中部地区几个省会都开通了班列。目前全国中欧班列开了很多，但是效果不太好，重要原因是有货运输到欧洲去，却没有从欧洲运回来多少货物，而武汉回程货是全国最多的。因为武汉的“汉新欧”国际铁路（简称“汉欧国际”）货运大通道给中小企业开了公共班列，给大企业开了订制班列，给小微电商企业做了拼箱业务。汉欧国际把欧洲的原料特别是俄罗斯的木材都运回武汉，通过长江和海运到达东北、东南地区，如大连、烟台、厦门、上海等城市。汉欧国际在俄罗斯及欧洲其他国家形成了资源网，中部地区特别是长江中游地区可以携手合作，融合资源，共同做强“中欧班列”品牌。

3. 扩大国际产能合作带来的机遇

2015年国务院发布的《关于推进国际产能和装备制造合作的指导意见》指出：“将与我国装备和产能契合度高、合作愿望强烈、合作条件和基础好的发展中国家作为重点国别，并积极开拓发达国家市场，以点带面，逐步扩展。将钢铁、有色、建材、铁路、电力、化工、轻纺、汽车、通信、工程机械、航空航天、船舶和海洋工程等作为重点行业，分类实施，有序推进。”这些所提到的产业都是中部地区的传统优势产业，近年来这些产业正在加快“走出去”的步伐。目前，中部六省已有战略性新兴产业类境外企业数百家，其中湖南就有156家。湖北在国内外同步推进北斗产业，泰国是北斗导航系统的首个海外用户。

4. 长江经济带与“一带一路”建设衔接互动的机遇

中部六省中安徽、江西、湖北、湖南四省位于长江经济带，长江经济带与“一带一路”建设可以在以下3个方面加强衔接互动。

（1）加强基础设施建设。中部地区应积极构建空中、地面、水上以及地下管道全面贯通的立体交通体系，推进长江经济带建设，以基础设施互联互通为突破口，加强长江上、中、下游地区综合交通通道建设，向东融入“21世纪海上丝绸之路”，向西融入“丝绸之路”经济带。除加强中部地区自身基础设施建设外，还要积极参与“一带一路”沿线国家基础设施建设。中部地区特别是湖北、湖南在基础设施建设发展方面不仅经验丰富，而且有竞争力较强的配套产业。通过参与国外基础设施建设，带动建筑、工程机械等相关企业“走出去”。抓住“一带一路”倡议实施、亚投行建立等机遇，扩大国际产能合作，做到优势互补、互利共赢，既发挥产业竞争优势，又可以促进当地工业化和城镇化发展。

（2）推进沿江产业转型升级。国务院发布的《关于依托黄金水道推动长江经济带发展的指导意见》明确提出“培育世界级产业集群”。中部四省要想在长江经济带建设中走在前列，加快打造世界级产业集群无疑是重要抓手。国务院提出长江经济带要重点发展的电子信息、高端装备、汽车等产业，与湖北、湖南、安徽、江西的产业关联度和契合度非常高。以湖北为例，过千亿元的产业集群已达到40个，这为打造世界级产业集群创造了良好的基础条件。中部沿江地区有必要依托现有的产业资源和发展环境，深刻把握未来产业发展的趋势，经过5～10年的努力，形成若干个世界级产业集群。

（3）打造开放合作走廊。长江经济带要建设成为横贯东中西、连接南北方的开放合作走廊，可以依托长江黄金水道。以重点经贸产业园区和重点港口为合作平台，加强与“一带一路”沿线地区经贸合作，以商贸互通带动投资互动，特别是加强与欧盟国家在高端技术、高新装备、新能源、新材料等领域的合作，为长江经济带创新驱动产业转型升级提供有力支撑。湖北需发挥“武汉—东盟”“武汉—日韩”航运通道功能，提升汉新欧班列国际运输功能。武（汉）西（安）高铁建成后将成为连通长江经济带与“丝绸之路”经济带的又一条重要通道；同时继续向东延伸，经江西至福建，形成与“21世纪海上丝绸之路”核心区连接的快速通道。

三、技术限制对中国高新产业的影响

（一）技术封锁的背景

2018年起，中美贸易战火蔓延至高科技领域。中兴遭遇技术禁运、华为5G技术推广受阻，暴露出我国高技术产业正面临“卡脖子”的战略风险。长期以来，美国政府指定商务部工业与安全局（Bureau of Industry and Security，BIS）建立各类商品和技术出口管制工具防止核心关键技术对华出口；同时借助《瓦森纳协定》打造欧美利益共同体，限制欧洲高技术对华转移。不仅如此，美国还出台了《2019财年国防授权法案》《外国投资风险评估现代化法案》《2018年出口管制改革法案》。

《2019财年国防授权法案》（以下简称“法案”）建议制定“全面政府战略”应对中国崛起。法案明确将中国视为最主要的战略竞争国之一，建议制定“全面政府战略”应对中国崛起，除了在军事方面加大在“印太地区”对中国的围堵，在经济上也加大对中国企业的限制力度。一是限制美国官方在通信和视频监视领域采购中国的设备和服务。法案第 889 条规定，禁止美政府行政单位与华为、中兴新签、扩大或续签合同，禁止使用由两家公司生产的产品、设备、服务或关键技术。另外，法案借口保护公共和国家安全，禁止使用海能达、海康威视、大华科技等公司生产的视频监控和通信设备。由此可见，美国的目标不仅是个别中国企业，而是瞄准整个中国通信制造业乃至高速发展的高科技产业。二是禁止美国军方从中国、朝鲜、俄罗斯和伊朗进口敏感材料，包括主要应用于航空、武器系统、超级计算机、卫星等国防科技领域军事制造的铬钴磁铁、钕铁硼磁铁、钨粉以及钨重合金等材料。据美国地质勘探局（USGS）统计，2017 年美国稀土产品进口有 78%来自中国，对中国依赖度较大。法案通过禁止国防部购买敏感材料，进一步降低对中国战略供应链的依赖，这成为美国稀土行业发展的转折点。2017 年我国对美国出口稀土永磁材料 3 350.85 吨，仅占我国总出口的 11.2%。此举虽对我国稀土产业影响不大，但美军方主动禁止从我国进口稀土磁铁，使我方在中美经贸谈判中失去一个重要筹码。

《外国投资风险评估现代化法案》（FIRRMA）旨在阻止中国企业购买美国关键技术。2018 年 8 月 23 日，特朗普就《外国投资风险评估现代化法案》举行圆桌会议，多名国会议员明确指出该法案旨在应对来自中国的威胁。FIRMA 的主要内容包括：

一是扩大美国外资投资委员会（CFIUS）的审查范围，从原来的“外国人为获得对美国商业实体的控制权而进行的兼并和收购”，扩展到“特定房地产投资”（位于美国境内、位于美国空港或海港内、靠近美国军事设施或其他敏感政府场所）、“对位于关键基础设施内企业、拥有关键技术的企业以及拥有美国公民敏感数据的企业的直接或间接投资且这些投资能够使外国人获得重要非公开信息，或者使外国人能够参与到美国企业的重大决策”“转移知识产权或关键技术给外国投资者的特定合资项目”等。这意味着，CFIUS 审查范围从传统的并购投资已扩展至特定的绿地投资和合资项目。此外，FIRRMA 对“关键技术”的定义进行了全新整合，包括：《国际武器贸易条例》中有关美国军需物品清单中所涉及的防御物品或防御服务；《出口管理条例》（EAR）的商业管制清单中所涉及的物品；化学品和生物武器、核设备和设施、部分药剂和毒素等；《出口管制改革法案》（ECRA）最新加入的“新兴和基础技术”。这使得“关键技术”的定义大大突破了军事范畴，可以较随意地拓展到新兴和前沿技术领域。

二是新增“国家安全”考虑因素。FIRRMA 仍然缺乏对“国家安全”的清晰定义，但将 CFIUS 需要考量的因素在原来的 12 项的基础上新增“特别国家关注”（指该国家已展现出或已对外宣誓具有获取“关键技术”或“关键基础设施”的战略目标，且这些类型的“关键技术”或“关键基础设施”将影响美国在国家安全领域的领先位置），这条内容暗指中国的意味非常明显，其中“关键技术的累积”“控制公民敏感信息”“国家网络安全”等多项内容对中国的针对性极强。这将给予 CFIUS 更多国家安全审查的借口和依据，自由裁量权进一步增强。

三是专门规定有关中国投资的详细报告，要求商务部长每两年向国会和 CFIUS 提交关于中国投资的报告，内容包括投资类型、政府投资和非政府投资的比例，以及这些投资在多大程度上符合中国“中国制造 2025”中规定的目标。尽管没有明确对中国投资采取歧视待遇，但实际操作中多半会戴着“有色眼镜”看待中国所有投资。

四是延长审查时限，提升CFIUS审查效率。进一步简化案件申请程序，延长审查时限，引入强制申报制度，授权总统采取额外行动应对国家安全威胁等，进一步提升CFIUS的审查能力和效率。

《2018年出口管制改革法案》(ECRA)“量身定制”限制对华技术出口。2018年8月1日，美国商务部工业与安全局（BIS）修订《出口管理条例》(EAR)，新增对外出口管制机构和企业共44家，全部是中国企业。其中，17家被认定为“非法使用采购商品和技术用于未经授权的军事终端”，27家被认定为“有较大风险将从美采购的商品用于军事终端”。美国认为这些企业实施或参与了与美国国家安全或外交政策利益相抵触的活动，因而将对与这些企业开展贸易的美国企业的出口产品和技术进行严格审核。此次增列名单集中在军工研究机构，从行业分布看，主要产品聚焦核心电子元器件、通信设备、LED、光伏等我国信息技术重点领域，大部分为国内细分领域龙头企业。2018年10月30日，美国商务部又将福建晋华公司加入《出口管理条例》实体名单中，使得纳入限制清单的中国企业数量上升到219家，数量上仅次于俄罗斯（335家）。而《2018年出口管制改革法案》(ECRA）则是对目前美国众多联邦机构分别管理和执行的出口管制的规定和实践（包括前述《出口管理条例》）进行系统化和法典化，并为现行军民两用物项出口管制规则提供永久的立法基础。ECRA的主要特点体现在：一是扩大美国出口管制法的适用范围，增加对美国“新兴和基础性技术”(emerging and foundational technologies）的出口控制。ECRA提出由总统领导并组织一个跨部门委员会，该委员会需不断识别一些“新兴和基础性技术”，其判断标准尤其模糊，所有对美国国家安全至关重要的技术都可能被认定，人工智能、生物医药、智能制造、新一代信息技术等都将涵盖其中。在识别出“新兴和基础性技术”后，ECRA要求商务部长对该类技术的出口施加“商业出口控制”。“新兴和基础性技术”的出口、再出口或在美国国内转移给被美国列为武器禁运的国家必须获得商务部的特别许可，这使得中国想要通过商业途径购买先进技术变得更加困难。二是ECRA加强对禁售武器国家的许可审查。目前在美国禁售武器名单上的国家主要包括中国、白俄罗斯、缅甸、伊朗、古巴、朝鲜、叙利亚和委内瑞拉，只有中国是美国的主要贸易伙伴，因此该规定被认为是为中国“量身定制”的出口管制要求。

（二）实际影响

目前，中国企业赴美投资更加艰难，甚至已经影响全球业务。据美国数据，2016年中国对美新增投资达到历史峰值274.3亿美元，其中以并购方式对美国企业投资额高达264.9亿美元，占比96.6%。但随着美国对中国投资的严加限制，2017年中国对美新增投资约139.7亿美元，仅为2016年的50.9%，2018年上半年，中国企业对美国直接投资仅为18亿美元，同比下滑超过90%。随着美国全面加严出口管制、外商投资和政府采购，中国企业赴美投资意愿将进一步下滑，利用投资途径获取美国企业的先进技术、新兴技术的渠道可能被堵死，中国企业的技术学习成本将显著增加。

更具体地来看，如图2-3所示，从2014年起我国高新产业用于引进国外技术的经费支出逐年增高，在 2016 年达到 475.4 亿元，然而在 2017 年却直接跌回 2012 年左右的水平，尽管在之后有所回升，但截至 2019 年也仅仅只是与 2016 年持平。虽说来自美国的技术封锁较为官方的文件是在 2018 年出现的，但事实上，西方国家的保护主义及其衍生的技术封锁在民间已经较早显现。

结合国际贸易来看，如图 2－4 所示，我国高技术产品进出口的变化趋势基本一致，出口总额长期高于进口总额，并且在 2012—2016 年基本保持一致。而在 2016 年之后，进入了一个整体快速增长的状况，反映出在技术封锁下，我国高技术产业迅速调整贸易策略，在国际伙伴中寻找替代，主动突破封锁，并实现转危为机、化被动为主动。但显然，国际上新的合作并没有改变技术进口的事实，我国高新技术产业要实现突破式、跨越式发展，仍需建立在自主创新之上。观察图 2－5 可以发现，我国高新产业在 2012—2017 年用于在国内购买技术的经费基本不变，而从 2017 年起，该指标开始进入快速增长的状态，迄今已经翻了两倍多，反映出国内技术逐步成为国际技术的有力竞争者和替代者，更说明我国自主创新正在进入蓬勃发展的阶段。

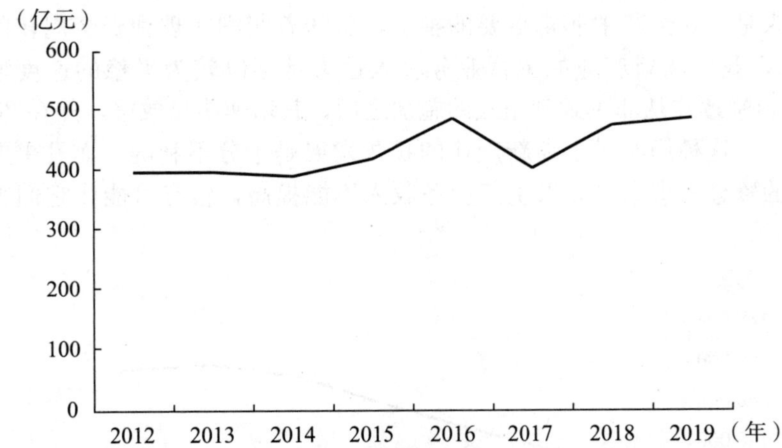

图 2－3　2012—2019 年高新产业引进国外技术经费支出

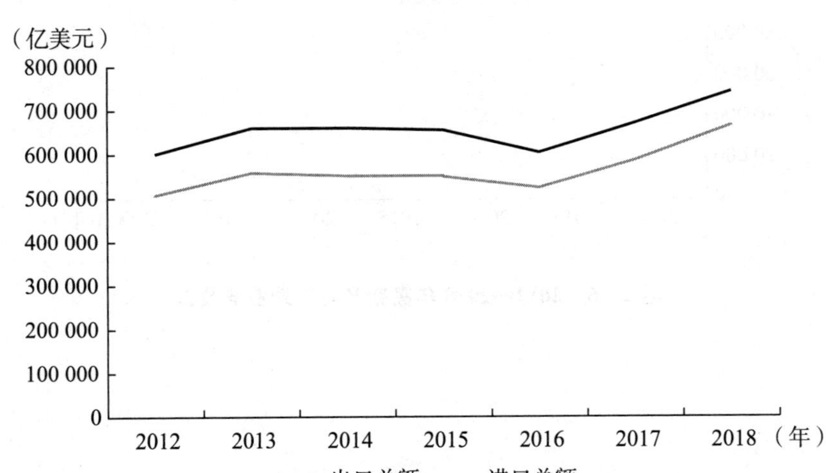

图 2－4　2012—2018 年高技术产品进出口额

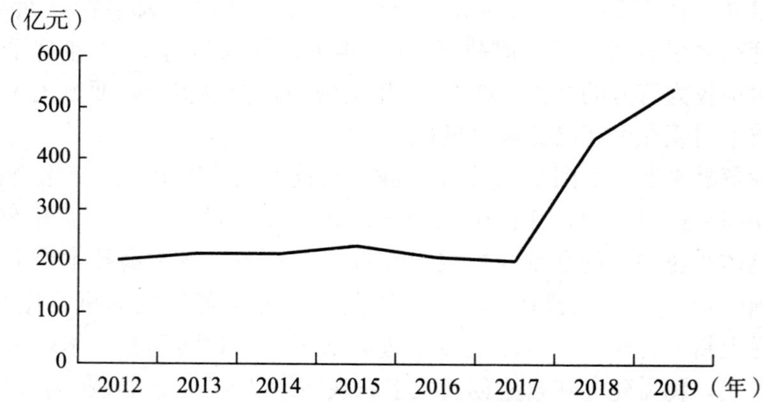

图 2-5　2012—2019 年高新产业购买国内技术经费支出

虽然技术有了替代，进出口并未受太多影响，但这并不意味着技术封锁完全没有给我国高新产业带来难题，从我国高新产业的主营业务收入就可以发现其中的不利。主营业务收入是企业经营中非常重要的指标，意味着利润实现和资金周转的情况。如图 2-6 所示，我国高新产业的主营业务收入过去常年以较为平稳的速度增长，而在 2016 年技术封锁逐步从非正式到正式的施加之后，其增速明显放缓，并在 2018 年表现出停滞的态势，这种局面对于高新产业的长久发展是十分不利的。而且更要看到，许多高新产业的资金需求高，如果主营业务收入不能提高，很有可能让它们丧生于技术封锁的寒冬。

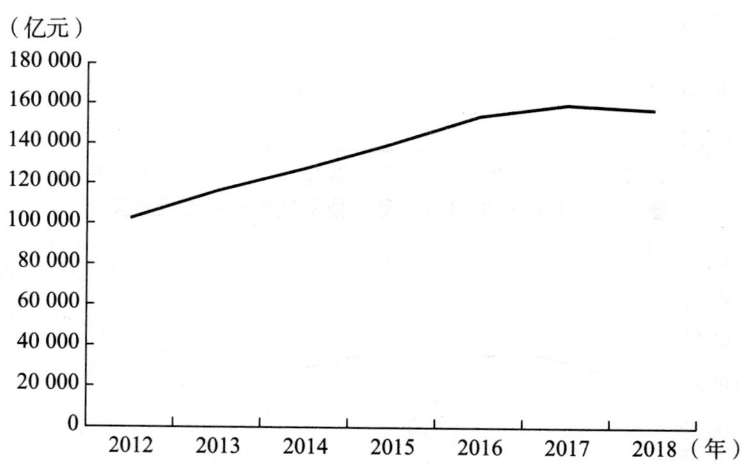

图 2-6　2012—2018 年高新产业主营业务收入

第二部分　区域经济发展新动力

第三章　黄河生态保护与高质量发展带发展战略

一、背景

黄河是我国第二大河，发源于青藏高原巴颜喀拉山北麓海拔 4 500 米的约古宗列盆地，最终在山东东营市注入渤海，干流全长 5 464 千米，多年平均天然径流量 580 亿立方米。黄河流域地处我国中北部，位于东经 95°53′～19°05′、北纬 32°10′～41°50′，东西长 1 900 千米，南北宽 1 100 千米，总流域面积 79.5 万平方千米。黄河从西向东，依次流经青海、四川、甘肃、宁夏、内蒙古、陕西、山西、河南和山东 9 个省区，涵盖 58 个地市（州、盟）362 个县（市、区、旗）。除河南、山东和四川外，其余 6 个省区的省会或自治区首府均在黄河流域内。河南、山东两省省会虽然不在流域内，但均处于黄河之滨。

在黄河流域各省区中，青海、甘肃、内蒙古、陕西等省区均具有较大流域面积，具体如表 3－1 所示。其中，青海的黄河流域面积最大，山东的黄河流域面积最小。宁夏的黄河流域面积占宁夏回族自治区总面积的 77.4%，为途经各省区流域面积占比最大的省区，所以黄河流域的发展和治理对宁夏具有重要意义。

表 3－1　黄河流经各省区流域面积

省区	青海	四川	甘肃	宁夏	内蒙古	陕西	山西	河南	山东
各省区流域面积（平方千米）	152 250	16 960	143 240	51 393	150 962	133 300	97 138	36 164	13 633
占各省区面积比例（%）	21.08	3.49	33.64	77.40	12.76	64.85	61.99	21.66	8.63

数据来源：黄河网。

黄河流域的黄淮海平原、汾渭平原、河套灌区是农产品主产区，为全国的粮食和肉类供应提供重要保障。历史上黄河流域工业基础相对薄弱，新中国成立以来建立了一批能源工业、基础工业基地和新兴城市，为进一步发展流域经济奠定了基础。黄河流域能源工业包括上游的水能、中游的煤炭、下游的石油和天然气资源等。其中，黄河流域的原煤产量占全国产量的一半以上，石油产量约占全国的 1/4，被誉为中国的“能源流域”。而且黄河流域矿产资源分布较为集中且有利于开发，包括稀土、石膏、玻璃硅质原料、煤、铝土矿、铝、耐火黏土等。

黄河流域地势西高东低，西部海拔较高，常年积雪；中部为黄土地貌，水土流失问题比较突出；东部海拔较低，多为冲积平原，容易受到洪水威胁。大气环流和季风环流导致黄河流域降水不均，多数地区降水量不是很高，流域内人均水资源拥有量不足全国人均总量的30%。

黄河下游河床高于两岸地面，是淮河流域和海河流域的分水岭。在发展引黄灌溉的同时，黄河下游还向郑州、开封、新乡等沿河重要城市和中原、胜利油田及其他工矿企业提供水源。下游和中游向流域外供水和计划供水的地区还有：天津市及河北省部分地区、青岛市及沿途区域、山西能源基地、山东“南四湖”（即南阳湖、独山湖、昭阳湖、微山湖）地区。

黄河是西北和华北地区最重要的水源，黄河占全国水资源总量的2%，承担着对全国12%的人口、15%的耕地的供水任务。除了担负本流域的供水任务外，还要担负邻近流域缺水地区工农业和城市生活的供水任务。黄河多年平均输沙量较高，水质污染严重，水功能区水质达标率仅为60%。黄河流域开发利用率却较高，水资源短缺形势很严峻。

表3-2为2019年黄河流域各省区生态状况。2019年，黄河流域9个省区中，森林覆盖率最高的是陕西省，为43.06%；其次为四川省，为39.60%；青海省森林覆盖率最低，为7.26%。人均水资源拥有量最多的是青海省，为15 182.49立方米/人；人均水资源拥有量最少的是河南省，为175.21立方米/人。市辖区绿地面积最多的是山东省，为252 338.37公顷。

表3-2　2019年黄河流域各省区生态状况

省区＼项目	地级市数（个）	森林覆盖率（%）	市辖区绿地面积（公顷）	人均水资源量（立方米/人）
山西省	11	22.8	51 445.59	261.31
内蒙古自治区	9	—	69 069.06	1 765.47
山东省	16	17.95	252 338.37	194.06
河南省	17	24.94	115 269.26	175.21
四川省	18	39.60	124 157.92	3 288.94
陕西省	10	43.06	59 615.67	1 279.84
甘肃省	12	—	29 186.1	1 233.54
青海省	2	7.26	7 309.06	15 182.49
宁夏回族自治区	5	—	26 215.91	182.21

黄河连接起了青藏高原、黄土高原、华北平原地区，流经黄土高原水土流失区、五大沙漠沙地生态脆弱地区。黄河流经的大部分生态功能区都是国家主体功能区中的生态脆弱区。其中，黄土高原地区水土流失严重，生态系统与经济基础薄弱，黄河下游防洪任务艰巨，水资源不足等，均是黄河流域面临的重要生态问题。

高质量发展是指一个地区经济社会发展到一定阶段，为提高全要素生产率和建设现代化经济体系而采取的转变发展方式、优化经济结构、转换增长动力等重大举措，以实现更高质量、更有效率、更加公平、更可持续的发展。黄河流域整体生态环境脆弱，下游具有洪水风险，黄河流域地区人地矛盾十分尖锐。因此，黄河流域区域发展必须协调处理好生态保护与高质量发展的关系。一方面，黄河流域生态保护是高质量发展的基础和前提；另一方面，高质量发展又可促进生态环境的进一步好转，进而推动全流域的可持续发展。

2019 年 9 月 18 日，中共中央总书记、国家主席、中央军委主席习近平在郑州主持召开黄河流域生态保护和高质量发展座谈会并发表重要讲话。他强调着力加强黄河流域生态保护治理，促进全流域高质量发展，提高人民生活水平，让黄河造福人类。

中共中央政治局于 2020 年 8 月 31 日召开会议，审议《黄河流域生态保护和高质量发展规划纲要》和《关于十九届中央第五轮巡视情况的综合报告》，会议指出要改善黄河流域生态环境，优化水资源配置，促进全流域高质量发展，把水资源作为最大的刚性约束，采取有效举措推动黄河流域高质量发展，加快新旧动能转换，建设特色优势现代产业体系，优化城市发展格局。

二、黄河流域空间关联与空间相互作用：黄河“几”字弯都市圈

（一）黄河“几”字弯都市圈

都市圈是一种空间组织形态。法国地理学家戈特曼 1957 年首次提出了“大城市连绵区（Megalopolis）”的概念。都市圈往往以一个或多个大城市或特大城市为核心，在一定地域范围内和周围中小城市组成参与共同分工和合作的圈层空间形态，以 1 小时通勤圈为基本范围，是城市群的核心区域。都市圈主要特征包括：一是有一个或者多个经济较发达的中心城市；二是中心城市与周边城市之间有密切的经济联系和社会联系；三是都市圈具有圈层式地域结构；四是都市圈具有经济一体化趋势。都市圈和城市群不同，虽然二者均为城市空间结构变化的不同阶段表现形态，但在体量和层级上，都市圈要低于城市群，都市圈是城市群的核心区域。根据《国家发展改革委关于培育发展现代化都市圈的指导意见》，都市圈是指围绕某一个中心城市（即超大或特大城市）的城镇化形态。城市群是由若干个都市圈构成的广域城镇化形态，其内部应该包含若干个中心城市。

对于中心城市的选择和确定，根据 2014 年《国务院关于调整城市规模划分标准的通知》，大城市圈（中心城市城区人口 300 万以上，至少 200 万以上）才是都市圈。参考李瑞鹏（2019）提出的中心城市应符合的两个基本条件：一是中心城市城区常住人口规模必须在 300 万人以上；二是中心城市在区域内承载着直辖市、省会（自治区首府）城市及副省级城市等重要角色。

黄河“几”字弯区域，是指黄河经由甘肃、宁夏、内蒙古、陕西、山西 5 个省（区）接壤地带。黄河“几”字弯都市圈包括太原、呼和浩特、银川 3 个省会（自治区首府）城市，还有宁夏吴忠、中卫，内蒙古乌海、巴彦淖尔、包头、鄂尔多斯，陕西

榆林，山西朔州、忻州、吕梁等主要城市。在这个区域内，很多城市经济发展良好，但是相互之间的交流合作并不理想。通过黄河“几”字弯都市圈的构建，可以加强城市之间联系，促进区域经济协调发展。为此，本章对黄河“几”字弯都市圈城市空间相互作用强度进行测度。

（二）数据来源

地级及以上城市市辖区总人口及各城市 GDP 数据来源于 2009—2018 年《中国城市统计年鉴》和《中国经济社会发展统计数据库》。城市公路里程数据来源于高速公路查询网。

空间相互作用具体是指区域之间所发生的商品、人口与劳动力、资金、技术、信息等的相互传输过程，它对区域之间经济关系的建立和变化有着很大的影响。一方面，空间相互作用能够使相关区域加强联系，互通有无，拓展发展的空间，获得更多的发展机会。另一方面，空间相互作用又会引起区域之间对资源、要素、发展机会等的竞争，并有可能对有的区域造成损害。

空间相互作用理论认为，各种地域实体之间的空间相互作用有赖于它们的互补性、可达性和干扰性，并且作用力度随着距离而衰减。除了距离的影响外，城市人口规模和经济规模也会对空间相互作用强度产生很大影响。测度城市空间相互作用强度应用最为广泛的是引力模型，我们可以综合考虑地理变量（邻接性、几何距离、可达性）和经济变量（人口规模、经济规模）对城市空间相互作用强度的影响，对引力模型加以修正。城市空间相互作用强度计算公式如下：

$$F_{xy}=\frac{\sqrt{P_xV_xP_yV_y}}{d_{xy}^{a_{xy}}}$$

式中：F_{xy}为两城市的空间相互作用强度、P_x、P_y 为两城市的人口规模，地级及以上城市以市辖区总人口表示；V_x、V_y 为两城市经济规模，以 GDP 表示；d 为两城市之间的距离，以公路里程计；a_{xy}为d 的摩擦系数，主要考虑各城市之间可达性的差异，取值一般在 0.5～3。根据相关文献[5-7]和研究经验，为便于操作，本文对 a 的取值做如下规定：若两城市相邻且有高等级公路（国道或高速公路）或铁路连接，则 a 取 2.25；若两城市相邻但无高等级公路（国道或高速公路）和铁路连接，则 a 取 2.5；若两城市不相邻，但有高等级公路（国道或高速公路）或铁路连接，则 a 取 2.75；若两城市不相邻，且无高等级公路（国道或高速公路）和铁路连接，则 a 取 3。所以，山西境内，太原到忻州、太原到吕梁、太原到朔州分别取 2.25、2.25、2.75。内蒙古境内，呼和浩特到鄂尔多斯、呼和浩特到包头、呼和浩特到巴彦淖尔、呼和浩特到乌海市分别取 2.25、2.25、2.75、2.75。宁夏境内，银川到吴忠、银川到中卫分别取 2.25、2.75。

另外研究省际的引力，由于太原、呼和浩特和银川分别是 3 个省份的中心城市，所以省际距离就以省会间公路距离来表示。由于 3 个省会城市（自治区首府）和榆林不相邻，所以 a 取 2.75。省间经济总量以都市圈省内城市经济总量来进行核算。“几”

字弯都市圈内山西省内城市包括太原、忻州、朔州、吕梁 4 个城市；宁夏境内城市包括银川、吴忠、中卫 3 个城市；内蒙古境内城市包括呼和浩特、乌海、巴彦淖尔、包头、鄂尔多斯 5 个城市；陕西省内城市只包括榆林市。

（三）黄河流域“几”字弯都市圈省域间空间相互作用强度

2009—2018 年，黄河流域“几”字弯都市圈省域空间相互作用显著增强，如表 3-3、图 3-1 所示。从任意两个省域之间的相互作用强度来看，每一个方向上的相互作用强度均有不同程度的增加；其中，以山西与内蒙古的相互作用强度增长量最大，内蒙古与陕西之间相互作用强度次之；山西与内蒙古的相互作用强度增速最快，内蒙古与陕西相互作用强度增速次之。

表 3-3　黄河流域“几”字弯都市圈省域间空间相互作用强度

区域＼年份	2009 年	2010 年	2011 年	2012 年	2013 年	2014 年	2015 年	2016 年	2017 年	2018 年
山西-内蒙古	0.035 5	0.040 7	0.049 4	0.056 0	0.059 8	0.062 7	0.064 7	0.068 7	0.064 5	0.072 5
山西-陕西	0.006 8	0.008 6	0.010 8	0.012 9	0.014 1	0.015 2	0.016 1	0.016 8	0.026 2	0.029 6
山西-宁夏	0.004 3	0.004 9	0.005 9	0.006 9	0.007 5	0.008 0	0.008 4	0.009 2	0.010 5	0.012 1
内蒙古-陕西	0.023 1	0.027 2	0.033 4	0.038 9	0.043 5	0.046 7	0.049 8	0.053 9	0.051 3	0.056 9
内蒙古-宁夏	0.005 4	0.006 3	0.007 8	0.009 0	0.010 1	0.010 9	0.011 6	0.012 5	0.011 9	0.013 2
陕西-宁夏	0.002 1	0.002 7	0.003 4	0.004 2	0.004 9	0.005 4	0.005 8	0.006 3	0.007 6	0.011 1

数据来源：EPS 数据平台。

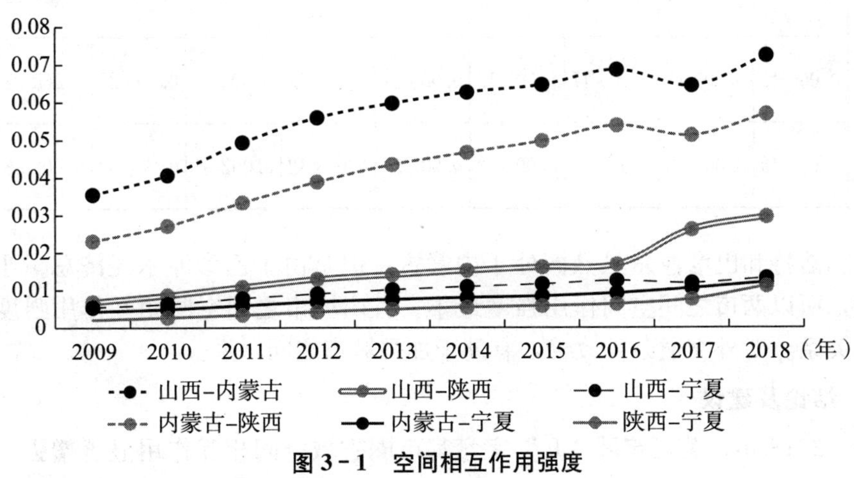

图 3-1　空间相互作用强度

数据来源：EPS 数据平台（中国区域经济数据库）。

在 2017 年，山西与内蒙古、内蒙古与陕西相互作用强度均有所下降。而宁夏由于其处于“几”字弯内的几个城市经济总量偏小，且与其他地区距离较远，所以和省外其他区域的空间作用强度均较小。而山西由于所选城市经济较好，内蒙古处于“几”

字弯内城市较多，山西和内蒙古省会之间距离相对较近，所以山西和内蒙古之间的空间作用强度最大，“几”字弯内两个省份的城市联系紧密相互有较大影响。因为山西省会和榆林之间距离较远，所以在空间作用强度上不是很强。由于黄河不具备通江达海的航运功能，主要通过公路等进行联系，距离对城市间空间作用强度有较大影响。

（四）黄河流域“几”字弯都市圈省内城市间空间相互作用强度

从单个黄河“几”字弯都市圈省内城市之间相互作用强度来看，山西、内蒙古、宁夏三个省内的省会均处于该都市圈内，作为都市圈内的核心城市。如表 3－4 所示，2009—2018 年，省会与省内其他城市间的相互作用总强度均有所增加；其中，太原与忻州相互作用强度相对较大，银川与中卫、呼和浩特与鄂尔多斯相互作用强度依次排列为第二、三。

表 3－4　黄河流域“几”字弯都市圈省内城市间空间相互作用强度

区域＼年份	2009 年	2010 年	2011 年	2012 年	2013 年	2014 年	2015 年	2016 年	2017 年	2018 年
太原-朔州	0.000 38	0.000 41	0.000 51	0.000 59	0.000 60	0.000 61	0.000 55	0.000 58	0.000 63	0.000 72
太原-忻州	0.016 98	0.019 91	0.023 42	0.026 44	0.028 40	0.029 05	0.030 15	0.032 51	0.037 23	0.044 30
太原-吕梁	0.001 84	0.002 29	0.002 90	0.003 09	0.003 07	0.002 85	0.002 93	0.003 11	0.003 57	0.004 37
银川-中卫	0.007 72	0.009 33	0.011 48	0.013 54	0.015 53	0.016 41	0.017 62	0.019 44	0.022 02	0.025 28
呼和浩特-鄂尔多斯	0.003 29	0.003 79	0.004 76	0.005 33	0.005 92	0.006 49	0.006 97	0.007 47	0.006 29	0.006 70
呼和浩特-巴彦淖尔	0.000 01	0.000 01	0.000 01	0.000 01	0.000 02	0.000 02	0.000 02	0.000 02	0.000 02	0.000 02
呼和浩特-包头	0.000 12	0.000 13	0.000 17	0.000 19	0.000 21	0.000 23	0.000 26	0.000 27	0.000 22	0.000 23
呼和浩特-乌海	0.001 49	0.001 78	0.002 29	0.002 63	0.002 88	0.003 12	0.002 81	0.002 89	0.002 38	0.002 70

而呼和浩特和巴彦淖尔虽然同处于内蒙古，但是由于巴彦淖尔经济总量小，且交通不发达，所以两市之间空间作用强度最小。省内城市之间空间相互作用强度和距离有很重要关系。对外交通条件改善，有助于加强城市之间联系。

（五）结论及建议

2009—2018 年，黄河流域“几”字弯都市圈省域空间相互作用显著增强。从任意两个省域之间的相互作用强度来看，每一个方向上的相互作用强度均有不同程度的增加；其中，以山西与内蒙古的相互作用强度增长量最大，内蒙古与陕西之间相互作用强度次之；山西与内蒙古的相互作用强度增速最快、内蒙古与陕西相互作用强度增速次之。从单个黄河“几”字弯都市圈省内城市之间相互作用强度来看，山西、内蒙古、宁夏 3 个省份的省会（自治区首府）均处于该都市圈内，作为都市圈内的核心城市。

2009—2018年，省会（自治区首府）与省内其他城市间的相互作用强度均有所增加；其中，太原与忻州相互作用强度相对较大，银川与中卫、呼和浩特与鄂尔多斯相互作用强度依次排列为第二、三。由于黄河流域“几”字弯内，陕西省只有榆林市，经济体量有限，所以在研究和其他省份相互作用力时，其作用强度不是很大。

黄河流域作为一个整体需要从整体布局未来发展，需要加强核心城市同周围中小城市之间的联系，提升周围中小城市的发展水平；加强都市圈内产业分工和合作，加快快速交通网络和现代信息网络的建设，从而加强经济联系，实现经济协调发展。具体而言：(1) 消除除各省区之间、城市之间要素流动壁垒；(2) 加强重大基础设施建设，尤其是加强交通联系，实现通达性；(3) 破除各省区之间、城市之间的行政壁垒；(4) 充分发挥市场资源配置作用。

2020年，面对复杂严峻的国内外环境以及为应对新冠肺炎疫情冲击，黄河流域“几”字弯都市圈内城市全面统筹经济发展和疫情防控，各项政策成效显著，大部分地区经济实现增长。下一阶段，黄河流域“几”字弯都市圈内城市应继续推进“双循环”经济战略，加强城市间经济联系，多措并举推进经济社会稳定向好发展。

三、黄河流域高质量发展

（一）高质量发展内涵

高质量发展表现在经济、社会、生态、环境等方面均要高质量发展，是一个系统的、多维度、长期的发展过程，是以创新为发展动力，实现兼顾环境生态平衡的绿色高效率发展。高质量发展要求经济增长要稳定，经济结构要协调，区域发展要均衡，环境发展要可持续，社会发展要以人为本兼顾公平性。

黄河流域由于资源和环境制约，长期以来生态系统处于比较脆弱的水平。在发展经济的同时，必须坚持以生态保护为生命底线。只有生态和环境得到保护，经济稳定持续发展才会成为可能，否则会为以后经济和社会发展埋下隐患。同时黄河流域也是我国脱贫攻坚的重要区域，在坚持生态和环境保护的前提下，经济高质量发展，人民生活水平得以提高也是流域各省份发展的重要任务。

黄河流域的高质量发展应注重保护和治理的系统性、整体性、协同性，以环境保护和生态优先的发展理念，坚持以市场对资源配置起决定性作用，加强创新，在提高中心城市的集聚水平同时，加强城市之间的联系，最终实现区域协调发展。对于黄河流域高质量发展的内涵可以具体集中在生态保护、环境保护、经济发展、创新驱动、社会发展5个维度去考察分析。

（二）研究方法及指标

1. 研究方法

为客观评价黄河流域的高质量发展水平，我们借助熵权法来对2011—2019年黄河流域九省区的高质量发展水平进行测度。数据来源于《中国城市统计年鉴》和《中国经济社会发展统计数据库》。各省区的各项指标来源于各省区统计局。对原始数据进行整理，设有 m 个评价对象，n 个评价指标，本章中 $m=9$。具体评价步骤如下：

（1）由于各指标的量纲、数量级均存在差异，所以需要对各指标进行标准化处理；

（2）计算第 i 个评价对象的第 j 项指标 x_{ij} 占该指标比重 y_{ij}：

$$y_{ij}=\frac{x_{ij}}{\sum_{i=1}^{m}x_{ij}}$$

（3）计算第 j 项指标的信息熵 e_j：

$$e_j=-K\sum_{i=1}^{m}y_{ij}\ln y_{ij}$$

式中，$K=1/lnm$ 为非负常数，$0\leqslant e_j\leqslant 1$；

（4）计算第 j 项的差异系数 d_j：

$$d_j=1-e_j$$

（5）计算第 j 项指标权重 w_j：

$$w_j=\frac{d_j}{\sum_{j=1}^{n}d_j}=\frac{1-e_j}{n-\sum_{j=1}^{n}e_j}$$

（6）计算第 i 个评价对象的高质量发展指数 U_i：

$$U_i=\sum_{j=1}^{n}y_{ij}w_j \quad (i=1, 2, 3, \cdots, m; j=1, 2, 3, \cdots, n)$$

2. 黄河流域高质量发展评价指标体系

根据黄河流域生态优先的特殊性，基于对黄河流域高质量发展内涵的理解，为了能够评价在生态和环境约束下黄河流域高质量发展水平，在指标体系中相对较多地关注了环境和生态的指标，从经济发展、创新驱动、社会发展、环境保护和生态保护 5 个维度构建了包含 5 个二级指标、17 个三级指标的黄河流域高质量发展评价指标体系。

经济发展：采用人均地区生产总值（万元/人）反映地区经济发展水平，第二产业增加值占地区生产总值比重（%）、第三产业增加值占地区生产总值比重（%）反映产业结构状况，外商投资额占地区生产总值比重（%）反映经济的对外开放程度。

创新驱动：采用公有经济（国有）企事业单位专业技术人员数（人）反映科技创新投入，专利授权数（件）和技术市场成交额（万元）反映科技创新产出。

社会发展：采用城镇登记失业率（%）、养老保险参保人数（万人）、社会保障和就业（万元），从社会生活几个维度体现社会发展水平。

环境保护：分别用废水排放总量（万吨）、二氧化硫排放量（万吨）、工业固体废物产生量（万吨）来反映各省区环境污染情况。

生态保护：选取建成区绿化覆盖率（%）、人均公园绿地面积（平方米）、造林总面积（公顷）、自然保护区占辖区面积比重（%）来反映生态状况。

从5个维度具体分析，不同区域的不同发展水平、资源浪费、环境不友好、产业结构的问题均对黄河流域发展造成一定制约。

如表3-5所示，黄河流域九省区整体高质量发展水平在2011—2019年期间呈现小幅波动态势。除青海、甘肃整体水平较高，山东水平较低外，其余六省区高质量发展水平差距不是很大。通过考察2011—2019年间黄河流域九省区高质量发展的经济发展、创新驱动、社会发展、环境保护、生态保护5个维度的变化后发现，由于本指标体系中更侧重环境生态等维度变化，除了经济发展状况指数较其他维度较低外，其他4个维度指标体系大体呈现均衡态势。

表3-5　黄河流域高质量发展综合发展指数

年度 省区	2011年	2012年	2013年	2014年	2015年	2016年	2017年	2018年	2019年
山西省	0.180 0	0.178 0	0.170 8	0.153 7	0.165 6	0.147 4	0.151 1	0.150 0	0.130 2
内蒙古自治区	0.156 0	0.161 8	0.149 1	0.135 3	0.125 0	0.121 9	0.123 7	0.126 3	0.123 6
山东省	0.232 6	0.259 9	0.242 5	0.232 4	0.219 4	0.222 7	0.226 6	0.235 2	0.236 6
河南省	0.203 0	0.225 8	0.205 3	0.174 6	0.180 9	0.189 3	0.233 2	0.221 8	0.209 5
四川省	0.193 3	0.245 9	0.225 7	0.244 1	0.229 3	0.239 3	0.191 7	0.235 5	0.249 4
陕西省	0.164 6	0.183 0	0.172 3	0.140 5	0.138 4	0.128 0	0.173 6	0.183 8	0.162 2
甘肃省	0.187 3	0.163 2	0.162 2	0.113 1	0.136 8	0.109 7	0.185 9	0.179 7	0.147 5
青海省	0.146 2	0.131 2	0.129 3	0.091 4	0.116 5	0.106 8	0.164 1	0.157 6	0.138 0
宁夏回族自治区	0.105 1	0.093 8	0.098 8	0.118 0	0.113 4	0.104 4	0.162 1	0.112 4	0.112 1

（三）黄河流域高质量发展空间格局及演化

2011—2019年，从黄河流域九省区的高质量发展水平来看，2019年四川省高质量发展水平超越山东省，升至黄河流域九省区中最高水平。四川省地区各方面建设均在推进，各项指标发展较为均衡，高质量发展综合水平高。山东省高质量发展水平次高是因为，本指标体系中山东省经济发展指标水平最高，拉动山东省高质量发展水平的整体提升，山东省是黄河流域九省区中经济高质量发展水平最高的省份。河南省高质量发展水平较高，这是由于河南省社会发展、创新驱动、环境保护、生态保护指数均处于较高水平。在九省区中山东省和河南省人口分别排列为第一、二，虽然山东省和河南省地区生产总值、专利授权数在九省区中也分别排列为第一和第二，地区生产总值排名也是一、二，但是平均到每人上和其他省区差距就不大了。此外，山东省、河南省“三废”排放也排列靠前，生态保护区面积等较少，如果偏重考察生态和环境高质量发展的话，生态和环境会对山东省和河南省高质量发展形成一定制约。内蒙古自治区、山西省、陕西省、甘肃省地区高质量发展水平差别不大，均处于波动状态。青海省和宁夏回族自治区的高质量发展水平较低，由于这些地区经济发展没能强力拉动整个地区发展，并且社会保障等方面仍需提高，对地区的高质量发展带来一定影响。但是就生态和环境高质量发展而言，青海省和宁夏回族自治区发展良好。尤其青海省，由于人口较少，环境生态压力较小，环境状况良好，生态状况指数较高。截至2020年底，青海省“三废”排放量在九省区中处于低位，生态状况等指标在九省区中处于高位。

1. 黄河流域各省区高质量发展水平时序演变

从时间维度来考察黄河流域九省区的高质量发展水平的差异，测算各省区2011—2019年的高质量发展水平，结果显示：2011—2019年各省区高质量发展水平呈现小幅波动，但总体呈现分阶段持续上升趋势。

2013年除青海、宁夏、内蒙古之外，其余省区高质量发展水平均有所下降；2017年除四川之外，其余省区高质量发展水平均有所上升，与国家“十三五”规划提出后各省区积极提升高质量发展水平有关。

青海、甘肃二省，由于环境污染相对不是很严重，生态保护良好，高质量发展水平较高，2011—2019年高质量发展水平波动上升，其中2017年有较大增幅；四川省高质量发展水平2011—2014年波动上升，2015—2017年波动下降；宁夏回族自治区高质量发展水平总体呈现波动上升，2015年有所下降，2017年有较大幅度上升，2018年有所回落。内蒙古自治区高质量发展水平在2014年有所下降，后逐年上升，到2018年又有所回落；陕西省高质量发展水平在2014年短暂下降，2014年后基本保持持续增长；河南省高质量发展水平基本保持平稳，2012—2014年有所下降，后持续上升至2017年，2018年小幅回落；山西省高质量发展水平2011—2019年基本保持平稳，在总体呈小幅上升趋势；山东省高质量发展水平总体呈现上升趋势，2013年小幅回落，2017年有较大增加，2018年、2019年有所回落。2019年，除山东省和四川省外，黄河流域其余省份高质量发展指数均有所下降。

2. 黄河流域经济高质量发展整体及各省情况

图3-2为黄河流域各省区高质量发展水平，表3-6为黄河流域各省区经济发展指数。在经济发展方面，黄河流域九省区经济发展水平从2011年开始呈波动状态，整体发展趋势有升有降。影响各省区经济发展水平的原因可能是2008年的全球金融危机影响减弱，经济趋稳回暖；同时2011年，国家“十二五”规划实施对黄河流域各省区的经济结构调整和发展方式转变产生影响。其中，山东经济高质量发展水平在九省区中最高，依托于港口优势，山东外商投资额占地区生产总值比重在九省区中最高。山东对外出口主要目的地包括：东盟、欧盟、韩国、美国、日本。河南经济发展指数偏低，由于在九省区中河南人口排列为第二，虽然河南地区生产总值在九省区中也排列靠前，但是平均到每人上和其他省份差距就不大了。另外和山东相比，由于河南地处中部，对外经济不及山东活跃，经济发展指数与山东差距较大。青海、甘肃经济发展水平均处于较低水平，2019年青海、甘肃经济发展水平在九省区中排列靠后，地区经济活力不足，第二产业增加值、第三产业增加值和其他地区相比偏低，仍需要重点关注经济

发展。2020 年黄河流域九省区全面统筹疫情防控和经济发展，稳步回升态势，保持经济社会平稳运行。

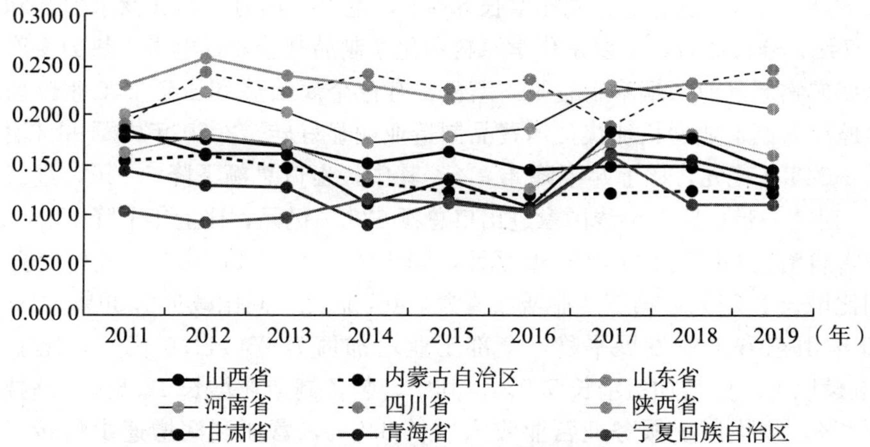

图 3－2　黄河流域各省区高质量发展水平

表 3－6　黄河流域各省区经济发展指数

省区＼年度	2011 年	2012 年	2013 年	2014 年	2015 年	2016 年	2017 年	2018 年	2019 年
山西省	0.040 6	0.044 9	0.043 1	0.055 2	0.062 7	0.051 3	0.028 9	0.028 5	0.023 7
内蒙古自治区	0.041 6	0.040 0	0.038 8	0.042 1	0.030 5	0.033 6	0.025 9	0.022 0	0.021 0
山东省	0.052 2	0.061 5	0.059 2	0.065 6	0.049 3	0.044 3	0.043 3	0.038 9	0.045 4
河南省	0.017 1	0.017 4	0.016 9	0.016 2	0.014 4	0.015 9	0.012 4	0.014 3	0.013 7
四川省	0.028 8	0.035 7	0.033 2	0.029 5	0.028 1	0.029 3	0.022 3	0.020 4	0.032 2
陕西省	0.024 3	0.034 9	0.035 0	0.029 0	0.024 6	0.024 0	0.029 5	0.035 6	0.025 8
甘肃省	0.010 5	0.011 1	0.014 6	0.029 2	0.034 4	0.028 1	0.016 4	0.015 4	0.014 3
青海省	0.024 6	0.020 4	0.020 0	0.016 2	0.024 9	0.022 4	0.020 1	0.017 6	0.014 6
宁夏回族自治区	0.032 3	0.024 6	0.030 4	0.044 9	0.036 3	0.029 9	0.086 8	0.035 5	0.035 4

表 3－7 展示了黄河流域各省区部分经济指标。以下做详细分析。

2020 年山西省工业受到疫情影响仍大体保持运行平稳，规模以上工业企业实现利润总额 963.8 亿元，同比下降 20.2%。其中，采矿业比上年下降 33.2%，制造业比上年下降 2.3%，电力、热力、燃气及水生产和供应比上年增长 7.7%。分五大行业看，各行业利润同比有升有降：能源工业、材料与化学工业、消费品工业利润下降；其他工业同比增亏；装备制造业实现利润总额增长。2020 年，山西省 GDP 为17 651.93亿元，同比增长 4.07%；第二产业增加值为 7 675.44 亿元，同比增长 2.80%；第三产业增加值为 9 029.81 亿元，同比增长 4.15%；进出口总额为 1 505.8 亿元，同比增长 4.0%，经济运行加快恢复，投资增势持续向好，工业投资是山西省投资快速增长的主要动力。

2020 年内蒙古自治区规模以上工业增加值同比增长 0.7%。分门类看，采矿业增加值同比下降 7.1%，制造业比同比增长 8.4%，电力、热力、燃气及水生产和供应同比增长 3.7%。分行业看，主要是化学原料和化学制品制造业，电力、热力生产和供应业，非金属矿物制品业，烟草制品业，黑色、有色金属冶炼和压延加工业拉动地区经济增长，原材料制造业增长加快，消费品制造业明显好转。2020 年内蒙古自治区进出口总额为 1 043.3 亿元，比上年下降 4.9%。其中，出口总额下降 7.4%，进口总额下降 3.7%。对“一带一路”沿线国家进出口总额 628.7 亿元，比上年下降 12.0%。2020 年，内蒙古自治区 GDP 为 17 359.82 亿元，同比增长 0.86%；第二产业增加值为6 868 亿元，同比增长 1.55%；第三产业增加值为 8 467 亿元，同比减少 1.39%。

2020 年山东省工业发展平稳，全部工业增加值为 23 111.0 亿元，比上年增长 3.6%。规模以上工业增加值增长 5.0%，其中，装备制造业增长 12.6%，高技术制造业增长 9.8%。规模以上服务业营业收入增长 3.5%，营业利润增速由负转正，增长 0.7%。按行业分，山东省规模以上工业增加值构成中，主要是采矿业、煤炭开采和洗选业及石油天然气开采业、制造业等。2020 年规模以上工业主要产品产量及增长速度，包括原煤、焦炭、天然气、原油、机制纸及纸板、水泥、平板玻璃等，增长率分别为 −8.6%、−32.0%、15.9%、−0.3%、9.2%、4.1%、1.6%，其中焦炭产量有大幅下降。对外经济方面，2020 年货物进出口的主要国家和地区有东盟、美国、欧盟、韩国、日本；货物进出口总额比上年增长 7.5%。其中，出口增长 17.3%；进口下降 4.1%。对“一带一路”沿线国家和地区进出口总额为 6 608.2 亿元，同比增长 9.1%。2020 年，山东省 GDP 为 73 129 亿元，同比增长 3.67%；第二产业增加值为 28 612.19 亿元，同比增长 1.56%；第三产业增加值为 39 153.05 亿元，同比增长 5.10%。

2020 年河南省全年全省规模以上工业增加值比上年增长 0.4%。在规模以上工业中，采矿业，制造业，电力、热力、燃气及水的生产和供应业增长分别为 4.2%、−0.3%、4.8%。从产品产量看，2020 年河南省智能制造、电子信息、新能源等知识密集型、高附加值的新产品快速增长，规模以上工业企业的光电子器件、传感器、发动机、锂离子电池产量分别增长 89.2%、73.3%、40.3%、32.7%。2020 年，河南省 GDP 为 54 997.07 亿元，同比增长 2.38%；第二产业增加值为 22 875.33 亿元，同比减少 0.70%；第三产业增加值为 26 768.01 亿元，同比增长 2.77%。

2020 年四川省规模以上工业企业实现利润总额 3 197.7 亿元，比上年增长 13.4%；规模以上工业企业实现营业收入 45 250.1 亿元，比上年增长 5.5%。在规模以上工业中，采矿业，制造业，电力、热力、燃气及水的生产和供应业增长分别为 22.5%、12.4%、14.5%。分行业看，石油和天然气开采业，黑色金属冶炼和压延加工业，酒、饮料和精制茶制造业，计算机、通信和其他电子设备制造业，医药制造业增加值分别同比增长 31.8%、55.2%、19.4%、43.1%、7.5%。2019 年四川省外商投资实际到位资金 92.3 亿美元，同比增长 2.3%。截至 2019 年底，四川省落户世界 500 强累计达 352 家，其中，境外世界 500 强累计达 247 家。2020 年，四川省 GDP 为48 598.76亿元，同比增长 4.82%；第二产业增加值为 17 571.1 亿元，同比增长 2.23%；第三产业增加值为 25 471.1 亿元，同比增长 4.53%。

2019 年陕西省规模以上工业增加值增长 5.7%。分门类看，采矿业增长 5.2%，制造业增长 4.7%，电力、热力、燃气及水生产和供应业增长 9.5%。2020 年 1—11 月陕西省规模以上工业增加值同比增长 1%。2019 年陕西省新批外商投资项目 323 个；实际利用外商直接投资金额 77.29 亿美元，同比增长 12.9%；签订外商直接投资合同金额 29.81 亿美元，同比下降 44.6%。2020 年 1—11 月陕西省进出口总额同比增长 1.8%。2020 年，陕西省 GDP 为 26 181.86 亿元，同比增长 1.51%；第二产业增加值为 11 362.58 亿元，同比减少 3.54%；第三产业增加值为 12 551.74 亿元，同比增长 4.40%。

2020 年甘肃省规模以上工业增加值同比增长 6.5%，其中采矿业同比增长 3.3%，制造业同比增长 6.0%，电力、热力、燃气及水生产和供应业同比增长 12.5%。2020 年全年规模以上工业战略性新兴产业、高技术产业、装备制造业增加值分别比上年增长 14.9%、22.0%和 22.0%。2019 年甘肃省签订外商直接投资合同项目 17 个，实际使用外商直接投资金额 8 205 万美元，同比增长 62.8%。对外承包工程完成营业额 35 169万美元，同比增长 33.0%。对“一带一路”沿线国家进出口总额为 200.9 亿元，同比增长 2.8%。2020 年甘肃省进出口总额为 372.8 亿元，比上年下降 2.0%。2020 年，甘肃省 GDP 为 9 016.7 亿元，同比增长 3.42%；第二产业增加值为 2 852 亿元，同比减少 0.36%；第三产业增加值为 4 966.5 亿元，同比增长 3.54%。

2020 年青海省全部工业增加值同比下降 0.2%。按门类分，电力热力生产和供应业、有色金属冶炼和压延加工业、煤炭开采和洗选业、石油和天然气开采业、有色金属矿采选业增加值分别增长 11.1%、14.1%、4.5%、1.5%、10.1%，以上 5 个行业占全省规模以上工业增加值的比重为 57.3%。对“一带一路”沿线国家进出口总额为 6.7 亿元，同比下降 54.5%。海关进出口总额为 22.8 亿元，同比下降 39.2 个百分点，受疫情影响，进出口总额大幅下降。2020 年，青海省 GDP 为 3 005.92 亿元，同比增长 2.20%；第二产业增加值为 1 143.55 亿元，同比减少 0.90%；第三产业增加值为 1 528.07 亿元，同比增长 2.88%。

2020 年宁夏回族自治区全年全区全部工业利润总额为 203.9 亿元，同比下降 9.0%。分行业看，主要行业利润中采矿业同比盈转亏 39.0 亿元，同比增长 16.9%，电力、热力、燃气及水生产和供应业下降 5.3%。全区规模以上工业中石油、煤炭及其他燃料加工业下降 23.4%，电力、热力生产和供应业下降 10.5%，煤炭开采和洗选业盈转亏 39.9 亿元，黑色金属冶炼和压延加工业盈转亏 31.3 亿元。在全区 36 个工业大类行业中，24 个行业利润总额同比增加（或减亏），12 个行业利润总额同比减少（或增亏）。2020 年，货物贸易进出口总额为 123.17 亿元，比上年下降 48.8%，受疫情影响下降幅度很大。2020 年，宁夏回族自治区 GDP 为 3 920.55 亿元，同比增长 4.59%；第二产业增加值为 1 608.96 亿元，同比增长 1.38%；第三产业增加值为 1 973.58 亿元，同比增加 4.90%。

表 3-7　黄河流域各省区部分经济发展指标

项目 / 年份 / 省区	GDP（亿元）		第二产业增加值（亿元）		第三产业增加值（亿元）	
	2019 年	2020 年	2019 年	2020 年	2019 年	2020 年
山西省	16 961.6	17 651.93	7 466.3	7 675.44	8 670	9 029.81
内蒙古自治区	17 212.53	17 359.82	6 763.1	6 868	8 586.1	8 467
山东省	70 540.5	73 129	28 171.8	28 612.19	37 251.7	39 153.05
河南省	53 717.8	54 997.07	23 035.6	22 875.33	26 046.5	26 768.01
四川省	46 363.8	48 598.76	17 187.9	17 571.1	24 368.3	25 471.1
陕西省	25 793.17	26 181.86	11 779.5	11 362.58	12 022.6	12 551.74
甘肃省	8 718.3	9 016.7	2 862.42	2 852	4 796.6	4 966.5
青海省	2 941.1	3 005.92	1 153.9	1 143.55	1 485.3	1 528.07
宁夏回族自治区	3 748.48	3 920.55	1 587.1	1 608.96	1 881.4	1 973.58

数据来源：中经网统计数据库。

3. 黄河流域创新驱动高质量发展整体及各省区情况

在创新驱动方面，黄河流域九省区创新驱动的指标显示，各省区专利授权数（件）2011 年以来均大幅提高。各省区除内蒙古外技术市场成交额（万元）2011 年以来均大幅提高，说明 2011 年以来黄河流域大部分省区的创新能力都有很大的提升。（国有）企事业单位专业技术人员数（人）除内蒙古及山东外，其余省份均有所增加。因为在山东，技术人才可能会存在向外资、民营等其他所有制企业流动的可能；内蒙古地区对创新人才吸引力不足，另外参考该地区技术市场成交额（万元）2011 以来呈下降趋势，所以内蒙古地区创新驱动能力有待提高。2020 年，面对新冠病毒公共卫生事件的冲击，黄河流域九省区在全力防控疫情基础上，采取多项措施稳定经济促发展，仍没有放松对科技创新水平的提升。

2019 年山西专利申请量为 31 705 件，增长 17%。其中，发明专利申请量为 8 424 件，专利授权量为 16 598 件。2020 年山西高技术制造业投资快速增长，全省高技术制造业投资增长 37.0%。2020 年底，山西-大湾区创新中心在深圳启动，与 20 家资源平台以及多家创投机构达成合作意向，共对接相关项目 50 多个。2020 年山西科技经费投入力度进一步加大，研究与试验发展（R&D）经费投入保持较快增长，财政科技支出持续增加。

2020 年内蒙古地区专利授权量为 17 985 件，同比增长 62.6%；每万人口发明专利拥有量为 2.7 件，同比增加 0.4 件；合同成交金额为 254.5 亿元，其中，区内成交技术金额为 32.6 亿元，增长 92.6%；有 8 个产品质量检验机构，其中国家检测中心 5 个。2020 年，内蒙古地区规模以上研究和试验发展业营业收入比上年增长 17.2%。2020 年内蒙古地区高技术制造业投资增速实现由负转正，加大 5G 网络、数据中心建设，一批新基建项目落地。

2020 年山东有发明专利申请量 8.7 万件，发明专利授权量 2.7 万件；国家企业技术中心 198 家，新增 9 家；国家科技型中小企业 18 203 家，增长 91.3%；科技企业孵化器 225 家，其中国家级 98 家，省级 127 家。2020 年山东建成省级“政产学研金服用”创新创业共同体 30 家。

2019 年河南共有省级重点实验室 206 个，国家级重点实验室 16 个，启动实施 35 个省重大科技专项。2019 年申请专利 144 010 件，授权专利 86 247 件。截至 2019 年底，有效发明专利量为 37 311 件，每万人口拥有发明专利量为 3.88 件，技术合同成交金额为 234.07 亿元。2020 年河南省高技术制造业投资增长 24.3%，高技术制造业增加值增长 8.9%。

疫情对四川企业研发活动带来一定冲击，但影响尚在可以控制范围内。2020 年，在疫情对企业研发产出有较大影响背景下，四川以新技术为引领，规模以上高技术制造业增加值增长 11.7%，高于规模以上工业增加值 7.2 个百分点，计算机、通信和其他电子设备制造业成为拉动经济的重要力量。

2020 年陕西认定有效期内高技术企业 6 198 家。全年共签订各类技术合同49 928 项，合同成交金额为 1 533.68 亿元，其中，技术开发合同 16 234 项，技术转让合同 556 项，技术咨询合同 3 951 项，技术服务合同 29 187 项。

2019 年甘肃有专利申请量 27 637 件，专利授权量 14 894 件，其中发明专利授权量 1 154件；有效发明专利 7 432 件，每万人口发明专利拥有量 2.82 件；共签订技术合同 5 921 项，技术合同成交金额为 196.42 亿元；共有国家工程技术研究中心 5 个，国家级企业技术中心 25 家。全年登记省级科技成果 1 479 项。2020 年甘肃规模以上工业战略性新兴产业、高技术产业、装备制造业增加值分别比上年增长 14.9%、22.0% 和 22.0%。

2020 年青海省取得省部级以上科技成果 580 项，比上年增加 35 项，其中，基础理论成果、应用技术成果、软科学成果分别为 149 项、415 项、16 项。申请专利 7 227 件，比上年增加 2 217 件，其中申请发明专利 1 742 件。授权专利 4 693 件，比上年增加 1 650 件；其中授权发明专利 333 件，成交金额 10.56 亿元，比上年增长 16.0%。

2019 年宁夏拥有国家级工程技术研究中心 3 个，自治区级工程技术研究中心 50 个；国家级重点实验室 3 个，自治区级重点实验室 32 个（含省部共建国家重点实验室培育基地 2 个）。2019 年宁夏登记自治区级科技成果 233 项，全年专利申请量为 9 268 件，其中，发明专利为 2 524 件，共签订技术合同 1 930 项，技术合同成交金额为 16.74 亿元。2020 年，宁夏加大高技术制造业投资，同比增长 60.4%，工业机器人、数控机床、变压器等技术含量较高的产品产量有所增长。

4. 黄河流域社会高质量发展整体及各省情况

在社会发展水平方面，黄河流域各省区不断注重改善民生，在就业、社会保障等方面不断加大投入力度，具体如表 3 - 8 所示。山东、四川、河南社会发展水平排名靠前，宁夏社会发展水平最低。2011 年起黄河流域九省区民生保障持续改善。2011—2019 年，9 个省区城镇登记失业率虽然有所波动但是总体呈下降趋势，参加基本养老保险人数持续增加，社会保障和就业支出不断增加，高等学校平均在校生人数不断增加。黄河流域的9个省区大多位于我国的中西部地区，经济发展水平相对落后，也是贫困人口相对集中的区域。为实现全面奔小康目标，黄河流域在稳就业保民生、脱贫攻坚等方面的工作也都在扎实推进。各省区政府都注重在民生领域的财政支出，提升各区域基本公共服务水平。

表3-8　黄河流域各省区部分社会发展指标

项目 / 年份 / 省区	城镇登记失业率（%）		城市居民最低生活保障人数（万人）		失业保险基金支出（亿元）	
	2018年	2019年	2018年	2019年	2018年	2019年
山西省	3.26	2.71	35.8	28.04	11.77	14.39
内蒙古自治区	3.58	3.70	38.8	33.89	9.91	12.28
山东省	3.35	3.29	15.9	13.28	64.46	77.69
河南省	3.02	3.17	50.09	44.07	20.72	48.48
四川省	3.47	3.31	93.7	76.84	80.78	102.87
陕西省	3.21	3.23	25.9	21.57	14.18	42.14
甘肃省	2.78	3.00	49.67	39.67	5.65	8.04
青海省	2.97	2.24	7.66	6.47	3.56	5.04
宁夏回族自治区	3.89	3.74	9.7	9.32	3.02	4.8

数据来源：中经网统计数据库。

2018年，山西省城镇登记失业率为3.26%，比上年降低0.17个百分点；社会保障和就业支出为67.16亿元，同比增加3.72%；参加基本养老保险人数为837.6万人，比上年增长4.87%。2019年，山西省城镇登记失业率为2.17%，比上年降低0.55个百分点。2020年，山西省应对疫情的同时，实现收入就业基本稳定，社会保障和就业支出同比增长13.8%；城镇新增就业48.8万人，全省农村劳动力转移就业37.7万人，均超过全年目标；12月末，城镇登记失业率为3.1%，控制在4.5%的目标以内，持续保障和改善民生。

2018年，内蒙古自治区城镇登记失业率为3.58%，比上年降低0.05个百分点；社会保障和就业支出为707.20亿元，同比增加0.43%；参加基本养老保险人数为733.53万人，比上年增长5.35%；养老金社会化发放率为100%。2019年，内蒙古自治区城镇登记失业率为3.70%，比上年提高0.15个百分点。2020年，内蒙古自治区在全面做好疫情防控的同时，民生保障有力有序推进，全力推动就业工作。2020年前三季度，按常住地分，城镇居民人均可支配收入增速已经实现由负转正。2020年城镇新增就业23.2万人，比上年少增3.1万人；年末城镇登记失业率为3.8%，同比增加0.1个百分点。

2018年，山东省城镇登记失业率为3.35%，比上年降低0.05个百分点；社会保障和就业支出为 1 253.99 亿元，同比增加 9.73%；参加参加基本养老保险人数为 2 762.67 万人，比上年增长 3.68%。2019 年，山东省城镇登记失业率为 3.29%，比上年降低 0.06 个百分点。2020 年前三季度镇登记失业率为 3.1%，同比下降 0.22 个百分点。2020 年，居民人均可支配收入为 32 886 元，比上年增长 4.1%。山东省加大民生社会领域投入，在食品制造业、医药制造业、卫生和社会工作等方面投资均有增长。

2018 年，河南省城镇登记失业率为 3.02%，比上年提高 0.26 个百分点；社会保障和就业支出为 1 298.45 亿元，同比增加 10.64%；参加参加基本养老保险人数为 2 006.54 万人，比上年增长 5.43%。2019 年，河南省城镇登记失业率为 3.17%，比上年提高 0.15 个百分点。2020 年，为实施乡村振兴战略，稳定就业大局，作为人口大省和农村劳动力大省，河南省重点推动返乡创业，以创业带动就业。

2018 年，四川省城镇登记失业率为 3.47%，比上年降低 0.54 个百分点；社会保障和就业支出为 1 644.17 亿元，同比增加 8.69%；参加基本养老保险人数为 2 543.71 万人，比上年增长 8.20%。2019 年，四川省城镇登记失业率为 3.31%，比上年降低 0.16 个百分点。2020 年四川社会发展方面，在不断完善社会保障体系同时基本完成脱贫攻坚任务。

2018 年，陕西省城镇登记失业率为 3.21%，比上年降低 0.07 个百分点；社会保障和就业支出为 793.86 亿元，同比增加 9.53%；参加基本养老保险人数为 991.99 万人，同比增长 30.90%。2019 年，陕西省城镇登记失业率为 3.23%，比上年提高 0.02 个百分点。2020 年城镇新增就业 43.25 万人，城镇登记失业率为 3.63%，年末参加城镇职工养老保险人数为 1 156.95 万人。

2018 年，甘肃省城镇登记失业率为 2.78%，比上年提高 0.07 个百分点；社会保障和就业支出为 504.77 亿元，同比增长 7.25%；参加基本养老保险人数为 454.71 万人，比上年增长 5.47%。2019 年末甘肃省共有各类社区养老机构和设施 7 829 个，其中社区养老照料机构和设施 955 个，社区互助型养老设施 3 631 个。2019 年输转城乡富余劳动力 518.5 万人，其中，省外输转 191.1 万人，省内输转 327.4 万人。2019 年，甘肃省城镇登记失业率为 3.00%，比上年提高 0.02 个百分点。2020 年甘肃省民生支出比上年增长 4.3%，全年城镇新增就业 35.68 万人，就业形势稳定。

2018 年，青海省城镇登记失业率为 3.89%，比上年提高 0.02 个百分点；社会保障和就业支出为 203.79 亿元，同比增长 9.20%；参加基本养老保险人数为 145.09 万人，比上年增长 4.65%。2020 年，青海省城镇登记失业率为 2.1%；城镇新增就业 6.19 万人，全年农牧区劳动力转移就业 111.58 万人次。2020 年青海省全体居民人均可支配收入增长率为 6.3%，在疫情冲击下民生仍得到改善。2020 年末养老保险参保人数为 420.47 万人，比上年末增加 6.55 万人。

2018 年，宁夏回族自治区城镇登记失业率为 3.89%，比上年提高 0.02 个百分点；社会保障和就业支出为 175.99 亿元，同比增长 7.77%；参加基本养老保险人数为 216.13 万人，比上年增长 5.05%。2019 年，宁夏回族自治区登记失业率为 3.74%，比上年降低 0.15 个百分点。2020 年，宁夏回族自治区就业水平基本稳定，城镇新增就业 7.3 万人，城镇登记失业率为 3.92%。

2020 年，黄河流域各省区在抗击新冠状病毒疫情的同时，稳中求进推动高质量发展。各省区始终把民生保障放在重点，多措并举解决就业和民生问题，2020 年各省区就业水平基本稳定，脱贫攻坚等方面工作也都在扎实推进。

5. 黄河流域环境高质量发展整体及各省情况

在环境状况方面采用指标废水排放总量、工业固体废物产生量、二氧化硫排放量来评价黄河流域九省区整体环境状况。宁夏、青海、甘肃的环境发展指数排名前三。这些区域经济发展水平较低，同时工业发展带来的环境破坏也相对较小。山东环境发展指数排名最后，因为山东省经济发展水平较高，与此同时带来“三废”排废量也较高，环境状况恶化，所以环境发展指数相对排名靠后。2011—2019 年，黄河流域九省区环境发展指数波动变化如表 3－9 所示，黄河流域大部分区域环境状况改善仍面临较大压力。由于我国大力提倡绿色发展，黄河流域各省区加大了环境污染的治理力度，各省区二氧化硫排放量（万吨）大幅降低。但 2011 年以来，废水排放总量和工业固体废物产生量呈现增长趋势，虽然各省区加大环境污染治理力度，但是伴随着各省区经济发展产生的废水和工业固体废物仍然增长，各省区仍要关注环境污染治理，经济发展同时要注意环境保护，实现高质量发展。

表 3－9 黄河流域各省区环境状况指标

省区＼年度	2011 年	2012 年	2013 年	2014 年	2015 年	2016 年	2017 年	2018 年	2019 年
山西省	0.011 3	0.010 5	0.010 9	0.011 1	0.010 7	0.010 2	0.009 0	0.010 0	0.008 7
内蒙古自治区	0.013 6	0.012 4	0.013 6	0.013 1	0.012 0	0.013 3	0.011 7	0.012 3	0.015 0
山东省	0.003 9	0.004 2	0.003 7	0.003 9	0.004 3	0.003 1	0.003 0	0.003 5	0.003 5
河南省	0.011 7	0.010 9	0.009 8	0.010 9	0.012 0	0.014 1	0.013 2	0.011 3	0.016 0
四川省	0.019 0	0.017 5	0.016 9	0.017 4	0.018 6	0.015 8	0.013 2	0.015 4	0.014 8
陕西省	0.025 3	0.023 1	0.022 4	0.023 1	0.022 3	0.022 1	0.019 2	0.020 6	0.022 4
甘肃省	0.029 5	0.026 8	0.026 6	0.027 7	0.026 8	0.026 2	0.022 9	0.024 6	0.027 4
青海省	0.031 8	0.028 9	0.029 6	0.030 6	0.028 4	0.023 2	0.023 6	0.025 5	0.025 5
宁夏回族自治区	0.033 4	0.030 2	0.029 6	0.031 2	0.030 4	0.027 7	0.024 3	0.027 0	0.028 8

2011 年以来，黄河流域九省区中，废水排放量最多的省是山东省，河南省和四川省分别位列第二和第三；青海省、宁夏回族自治区和甘肃省废水排放量位列倒数第一、二、三。山东省经济发展水平最高，工业经济发展带来工业废水排放也较多。青海省、宁夏回族自治区和甘肃省位于我国西部地区，经济发展相对落后，工业生产产生的废水相对其他省区较少。工业固体废物产生量情况，山西省产生量最多，其次是内蒙古自治区和山东省，主要是由于这些地区煤炭等矿产资源较为丰富，尤其山西省是煤炭大省，矿产在开发和利用时候会产生较多工业固体废物。二氧化硫排放量情况，山东省二氧化硫排放量在九省区最多，而且远远高于其他省区。这是山东省在工业拉动全

省经济稳中向好态势发展中带来的副产品。2015 年起，各省区二氧化硫排放量逐年下降，而且下降幅度很大，这是由于各省区响应国家号召向“绿色经济”转型，节能减排效果成效明显。截至 2019 年山东省二氧化硫排放量已经和其他省区相差不大，进步明显。

由于矿产资源的长期高强度开采，破坏地下水资源，资源、环境对经济发展的制约越来越严重。山西省高度重视环境保护，2020 年山西省节能环保支出增长 14.4%。

2019 年，内蒙古自治区新能源装机容量占总装机容量 31.3%，风力、太阳能等新能源发电量为 728 亿千瓦时。2020 年，新能源的利用，使得经济发展对环境造成的压力持续改善。2020 年，内蒙古自治区规模以上工业综合能源消费量比上年增长 4.5%。

山东省发展新能源，持续推动节能降耗减排实现经济绿色发展。2020 年前三季度，新能源发电量为 610.4 亿千瓦时，增长 10.6%，六大高耗能行业压煤占规模以上工业压煤总量的 93.8%。

2019 年河南全年规模以上工业单位增加值能耗比上年下降 14.13%，完成国家下达的万元生产总值能耗下降目标。2019 年河南省河流监测断面中，水质符合Ⅰ～Ⅲ类标准的比例为 68.1%，新发现大中型矿产地 19 处。2020 年河南省污染防治领域更全面，环境保护成效不断显现。

2019 年四川省有水质优良断面 85 个，在 87 个国家考核断面中占比 97.7%。2019 年四川省共安排省级环保专项资金 23.6 亿元，实施大气重点减排项目 285 个，纳入强制性清洁生产企业 221 家，环境治理成效显著。2019 年全省空气质量优良天数比例为 89.1%，比上年提高 0.7 个百分点。

2019 年陕西省重点耗能工业企业单位电石综合能耗下降 2.1%；近岸海域，共计 1 257个海水水质监测点，其中达到国家一、二类海水水质标准的占 76.6%；空气质量达标的城市占 46.6%，未达标的城市占 53.4%。

2019 年甘肃省规模以上工业能源消费量同比下降 2.7%。甘肃省共计 38 个地表水监测断面，达到或优于Ⅲ类断面比例为 94.7%；空气质量优良天数比率为 93.1%。

2019 年青海省全年市（州）政府所在地城镇空气质量优良天数比例为 96.1%。全省规模以上工业企业综合能源消费量比上年下降 2.6%，主要耗能工业企业吨钢综合能耗下降 10.1%。2020 年青海省规模以上工业单位增加值能耗同比下降 4.4%。

2019 年黄河干流宁夏段入境至出境均为Ⅱ类优水质，所占比例达 100%。城市环境空气质量平均优良天数为 321 天，优良天数比例为 87.9%。

不合理的产业结构会给环境带来污染，环境破坏又会对经济发展造成制约。资源的不合理开发，不仅造成资源浪费，还会破坏生态资源；粗放的经济增长，资源不合理利用，又造成新一轮污染；而污染的加剧，不仅使得传统经济增长乏力，而且抑制新兴产业的发展。在经济发展，新旧动能转化过程中，加大了产业结构调整的难度。这样导致资源、环境、产业结构、经济增长方式等一系列问题交织在一起，又会制约高质量发展。各省区仍要关注环境污染治理，经济发展的同时要注意环境保护，实现高质量发展。黄河流域要将保护生态环境放在重要的战略位置，以科技为手段，在经济发展中保护环境，在环境保护过程中实现经济增长。

6. 黄河流域生态高质量发展整体及各省情况

在生态状况方面，采用建成区绿化覆盖率、人均公园绿地面积、造林总面积、自然保护区占辖区面积比重来对黄河流域九省区生态发展水平进行评价，整体生态状况指数有波动，有的省区呈上升趋势，有的省区呈现下降趋势，具体见表3－10、表3－11。

表3－10　黄河流域各省区生态状况指标

省区＼年份	2011年	2012年	2013年	2014年	2015年	2016年	2017年	2018年	2019年
山西省	0.027 2	0.025 3	0.025 4	0.025 0	0.024 8	0.028 8	0.027 0	0.020 5	0.020 7
内蒙古自治区	0.019 3	0.015 4	0.015 1	0.009 6	0.011 1	0.012 8	0.010 1	0.012 2	0.017 9
山东省	0.010 7	0.010 1	0.011 6	0.013 4	0.014 0	0.018 3	0.017 6	0.016 4	0.018 3
河南省	0.033 8	0.032 3	0.033 0	0.031 3	0.033 5	0.037 4	0.033 3	0.029 8	0.030 3
四川省	0.023 7	0.023 9	0.026 1	0.029 5	0.023 5	0.021 4	0.019 9	0.019 2	0.019 0
陕西省	0.024 0	0.021 2	0.023 9	0.022 5	0.022 0	0.029 2	0.028 2	0.033 6	0.036 7
甘肃省	0.045 8	0.040 2	0.034 4	0.037 4	0.042 8	0.050 2	0.041 9	0.053 8	0.052 9
青海省	0.034 6	0.032 7	0.036 6	0.036 9	0.044 9	0.056 0	0.049 4	0.054 2	0.060 8
宁夏回族自治区	0.016 4	0.016 7	0.015 7	0.021 0	0.022 6	0.024 0	0.021 2	0.019 7	0.018 7

表3－11　2019年黄河流域各省区部分生态状况指标

省区＼项目	建成区绿化覆盖率（%）	造林总面积（公顷）	国家级自然保护区数量（个）
山西省	42.29	347 355	8
内蒙古自治区	40.52	720 285	29
山东省	41.8	168 297	7
河南省	41.03	196 493	13
四川省	41.85	400 370	32
陕西省	39.32	333 451	26
甘肃省	36.03	369 085	21
青海省	35.21	220 576	7
宁夏回族自治区	41.34	92 254	9

数据来源：中经网统计数据库。

2011年以来，黄河流域九省区建成区绿化覆盖率、人均公园绿地面积均持续提高，说明黄河流域绿化工作水平持续推进并且取得一定效果。在造林总面积方面，内蒙古、山东和河南造林总面积呈现小幅下降趋势，其余省区造林总面积呈持续上升趋势，持续提高的造林面积对黄河流域的水土保持具有重要意义。绿化和造林通过增加植被，解决黄土高原的水土流失问题，对保护生态环境具有重要意义。

自然保护区占辖区面积比重方面，山东、陕西、甘肃、青海、宁夏呈上升趋势，其余省区呈小幅下降趋势，说明在生态保护方面黄河流域大部分省区取得了成果。九省区中青海自然保护区占辖区面积比重排名第一，甘肃、四川、内蒙古自然保护区占辖区面积比重也较高；九省区中河南自然保护区占辖区面积比重最低，山东次之。

截至 2019 年末山西拥有森林面积 357.2 万公顷，森林覆盖率 22.8%；2019 年各类自然灾害造成直接经济损失 120.8 亿元；农作物受灾面积为 142.2 万公顷，增加 68.8%，其中，绝收面积为 28.9 万公顷，增加 53.2%。

内蒙古荒漠化和沙化土地集中，2020 年内蒙古完成营造林面积 91.5 万公顷，完成退耕还林工程造林面积 4.5 万公顷，完成天然林资源保护工程造林面积 4.6 万公顷，完成京津风沙源治理工程造林面积 7.9 万公顷；确立自然保护区 182 个，其中，国家级自然保护区 29 个，自治区级自然保护区 60 个。通过不断加大治理力度，2020 年内蒙古荒漠化和沙化土地持续改善。

2019 年山东建成区绿化覆盖率为 41.8%，造林总面积为 168 297 公顷，国家级自然保护区数量为 7。2020 年山东林地面积为 356.4 万公顷，森林覆盖率为 18.25%，生态环境持续向好，空气质量改善明显，PM2.5 等主要污染物平均浓度持续降低，地表水优良率显著提升。

2019 年河南完成造林面积 196.493 千公顷，其中人工造林面积 16.5 万公顷。2020 年河南林业生态持续建设，自然生态保护工作稳步推进。

2019 年四川拥有自然保护区 166 个，面积 8.3 万平方千米，占辖区土地面积的 17.1%；共建成国家生态文明建设示范县 9 个，“绿水青山就是金山银山”实践创新基地 3 个。

2019 年陕西省完成造林面积 33.35 万公顷，国家级自然保护区数量 26 个。2020 年陕西省完成造林面积 32.45 万公顷，国家级自然保护区数量 26 个，森林覆盖率达到 43.06%。

2019 年甘肃共有自然保护区 56 个，其中国家级自然保护区 21 个；国家地质公园 12 个，省级地质公园 24 个。农作物受灾面积为 16.14 万公顷，农作物成灾面积为 9.92 万公顷。

2019 年青海有自然保护区 11 个，面积 21.78 万平方千米，其中国家级自然保护区 7 个，面积为 20.74 万平方千米；治理水土流失面积 1 746.05 平方千米，造林面积为 28.9 万公顷。

2019 年宁夏完成造林面积 92 254 千公顷。2019 年宁夏完成人工营造林面积 43.96 万亩，森林抚育面积 45.97 万亩。宁夏全区有自然保护区 14 个，其中国家级自然保护区 9 个，自治区级自然保护区 5 个。

2020年新型冠状病毒疫情打乱了全世界社会经济运转秩序，同时也让人们对大自然产生敬畏，也更加凸显生态保护的重要性，让人们愈发认识到要不断提升生态保护治理水平。继续推动黄河流域生态保护治理，首先各省区必须深化对黄河流域生态保护重要性、严峻性的认识，以实现黄河流域生态保护治理工作的自觉推动；其次要坚持生态优先、绿色发展理念，坚持统筹推进生态保护和高质量发展各项工作，让黄河发挥造福人民功能；再次各省区要发扬抗疫精神，区域间加强合作，形成区域合作协同联动的生态保护治理机制，不断提升黄河流域生态水平。

（四）结论

2011—2019年，黄河流域9个省区的高质量发展水平中，青海的高质量发展水平最高，原因可能是青海人口较少，环境生态压力较小，环境状况和生态状况指数较高。经济高质量发展水平中，山东经济高质量发展水平在9个省区中最高，青海、甘肃、内蒙古经济发展水平均处于较低水平。在创新驱动方面，2011年以来黄河流域大部分省区的创新能力都有很大的提升。在社会发展水平方面，山东、四川、河南社会发展水平排名靠前，宁夏社会发展水平最低。2011年起黄河流域9个省区民生持续改善。在环境状况方面，青海、甘肃、宁夏3个省区的环境状况发展指数排名前三。在生态状况方面，整体生态状况指数有波动，有的省区呈上升趋势，有的省区呈现下降趋势。由于本章评价高质量发展指数的指标权重确定方法采用熵权法，在权重确定方面有一定不足。后续深入研究可以采用专家打分法并选用更全面的指标体系。

2020年黄河流域各省区在抗击新型冠状病毒疫情的同时，经济、社会、创新、环境、生态等发展基本呈现稳步回升态势，在保持经济社会平稳运行的同时，推动高质量发展的各项基础不断夯实。同时也要看到，当前外部环境依然严峻复杂，黄河流域各省区高质量发展仍面临挑战。下一步，黄河流域各省区要继续发扬抗疫精神，加强合作，形成区域协同联动的合作机制，为融入国内“大循环”和国内国际“双循环”、实现结构转型打好坚实基础。

四、构建黄河流域高质量发展新格局

黄河流经的大部分生态功能区都是国家主体功能区中的生态脆弱区，黄土高原地区水土流失严重，生态系统与经济基础薄弱，黄河下游防洪任务艰巨，水资源不足等，均是黄河流域面临的重要生态问题。2011—2019年，黄河流域9个省区的高质量发展水平呈现波动状态。2020年黄河流域各省区在抗击新型冠状病毒疫情的同时，经济、社会、创新、环境、生态等发展基本呈现稳步回升态势。黄河流域作为一个整体，需要从整体布局未来发展，需要加强中心城市同周围中小城市之间的联系，提升周围中小城市的发展水平；加强都市圈内产业分工和合作，加快快速交通网络和现代信息网络的建设，从而加强经济联系，实现经济协调发展。为提升黄河流域高质量发展水平，政府要支持各地区发挥比较优势，构建高质量发展的动力系统，以新发展理念为指引，以提高区域可持续发展能力。

（一）空间新格局

为推动黄河流域高质量发展，就要贯彻绿色发展的新理念，以创新为发展动力，构建高效集约的发展空间，实现生态与产业协调发展空间新格局。

培育区域增长极。区域增长极可以有效带动周边区域的发展，区域中心城市要集约发展，提高经济和人口承载能力。黄流域整体经济发展水平较差，要培育省会（自治区省府）及核心城市为中心的区域增长极。中原城市群、关中城市群等要注重培育城市群内增长极。

做好合理的空间规划。在水资源全流域合理分配为约束的前提下，合理规划黄河流域空间，实行主体功能区划，并合理划分自由贸易试验区、国家级新区生态功能保护区等，充分协调经济发展与生态保护，统筹上中下游发展。

推动城市圈发展。“十四五”时期，国家将大力推进黄河流域都市圈的发展。目前在黄河流域有以省会（自治区首府）为中心城市的都市圈，也有强调跨省联系的“几”字弯都市圈。不同都市圈发展水平不同，要根据自身特点，制定适合的发展方针。加强中心城市同周围中小城市之间的联系，提升周围中小城市的发展水平发挥。加强都市圈内产业分工和合作，从而加强经济联系，实现经济协调发展。

（二）经济发展新格局

黄河流域在经济高质量发展中不光要注重经济增长的速度，也要注重经济增长的质量，注重经济增长的稳定性和持续性、经济结构的合理性、经济发展的效益。黄河流域不同地区有不同的资源禀赋，有的适合发展农业，有的地下埋藏有丰富的矿产资源，这就要求各地在发展经济的时候要因地制宜，发挥比较优势。同时黄河流域要加快推动动能转换，注重培育新经济增长动能，加快技术创新，实现产业升级。在新形势下发展数字经济，以数字经济带动产业转型升级，特别是在黄河流域比较偏远的地区。黄河流域要加强区域间联系，积极参与共建“一带一路”，提高对外开放水平，充分发挥经济发展潜力。青海、甘肃、内蒙古这些地区存在经济结构不够合理、市场机制不够完善、基础设施比较落后等问题，对经济发展造成一定制约，这些地区仍需持续改善这些不足。

（三）人口发展新格局

高质量发展，要树立以人为本的发展理念，全力保障和改善民生。在推动人口向中心城市、都市圈、城市群集聚的同时，对生态敏感区域人口进行迁移，有利于黄河流域的生态修复和环境保护。而且，人口集聚也可以提高经济效率，由此带来高质量发展和生态保护双重利益。在推动人口集聚的同时，要保障和改善民生，为此要改变城乡二元结构，推进城乡协调发展；为进入城市人口提供充分的就业机会；增加教育投入，提高教育质量；完善社会保障体系，提高医疗条件；完善基础设施建设，为高质量发展提供重要保障。尤其是贫困地区更要树立以人为本的发展理念，提高基础设施和公共服务水平。

（四）统筹好生态保护和产业发展的关系

黄河流经的大部分生态功能区都是国家主体功能区中的生态脆弱区。其中，黄土高原地区水土流失严重，生态系统与经济基础薄弱，黄河下游防洪任务艰巨，水资源不足等，均是黄河流域面临的重要生态问题。这些问题制约着沿线省区的经济社会发展。黄河流域很多省区，比如山东在经济发展的同时也带来工业“三废”排放对环境造成的污染。所以，在发展产业的同时，也要注意控制污染物排放量，加强环境治理。生态环境保护工作是高质量发展的基础，保护与发展相互促进。在发展时，要有系统思维，将黄河流域看作一个整体，同时又要协调各个区域的特殊性，做到因地制宜，划分不同主体功能区及生态保护区。比如黄土高原需要关注水土流失；西部各省区要结合要素禀赋，发展特色产业，如生态旅游业等。

参考文献

[1] 安景文，李松林，梁志霞，柳霞. 产业结构视角下京津冀都市圈经济差异测度［J］. 城市问题，2018（9）：48－54.

[2] 安树伟，李瑞鹏. 黄河流域高质量发展的内涵与推进方略［J］. 改革，2020（1）：76－85.

[3] 徐辉，师诺，武玲玲，张大伟. 黄河流域高质量发展水平测度及其时空演变［J］. 资源科学，2020，42（1）：115－126.

[4] 万庆，曾菊新. 基于空间相互作用视角的城市群产业结构优化：以武汉城市群为例［J］. 经济地理，2013，33（7）：102－108.

[5] 顾朝林，庞海峰. 基于重力模型的中国城市体系空间联系与层域划分［J］. 地理研究，2008（1）：1－12.

[6] 董青，刘海珍，刘加珍，等. 基于空间相互作用的中国城市群体系空间结构研究［J］. 经济地理，2010，30（6）：926－932

[7] 段七零，毛建明. 基于引力模型与0—1规划模型的省域经济区划：以江苏省为例［J］. 经济地理，2011，31（8）：1239－1245.

[8] 李瑞鹏. 我国都市圈的识别和类型划分［J］. 城市，2019（02）：61－72.

第四章　成渝地区双城经济圈发展战略

成渝地区双城经济圈建设是在尊重我国客观发展规律和新时代区域经济发展需求背景下，推动成渝地区和西部地区经济高质量发展，形成西部大开发新格局的重要战略。其提出有助于完善现有区域协调发展战略政策体系辐射范围，强化和深度实施既有区域发展战略，为我国经济高质量发展和加强国内“大循环”提供了坚实的战略基础。

本章从成渝地区双城经济圈发展战略的提出背景出发，分析了其价值与意义、主要内容，以及成渝地区双城经济圈的发展现状和发展建议，以期提供若干启示。

一、成渝地区双城经济圈发展战略的提出背景

2020 年 1 月 3 日，习近平总书记在中央财经委员会第六次会议上提出要推动成渝地区双城经济圈建设，在西部地区形成高质量发展的重要增长极。自此，成渝地区双城经济圈发展战略提上日程，成为社会各界关注的焦点。

事实上，成渝地区双城经济圈是从成渝经济区到成渝城市群的变化中，进一步尊重客观规律和满足不平等不充分需求而提出的，是秉持实事求是的客观精神在不同阶段对成渝地区赋予了不同的使命。表 4 - 1 整理了自 2003 年以来与成渝地区双城经济圈相关的政策信息。其中，2011 年国务院批复《成渝经济区区域规划》，指出成渝经济区“是引领西部地区加快发展、提升内陆开放水平、增长国家综合实力的重要支撑，在我国经济社会发展中具有重要的战略地位”，明确其战略价值和重要地位。随后，2016 年国务院批复《成渝城市群发展规划》，提出“要遵循城市群发展规律，充分发挥地区比较优势，补齐短板、消除瓶颈，强化协同、优化格局，探索走出一条中西部地区城市群建设的新路子”。再到 2020 年，习近平总书记指出要推动成渝地区双城经济圈建设，要求“尊重客观规律、发挥比较优势、推进成渝地区统筹发展，推进产业、人口和各类生产要素合理流动和高效集聚，强化重庆和成都的中心城市带动作用，使成渝地区成为具有全国影响力的重要经济中心、科技创新中心、改革开放新高地、高品质生活宜居地，助推高质量发展”。可以说，当前成渝地区双城经济圈建设被赋予了更多的时代意义和历史使命，为推动成渝地区经济发展和腾飞创造了巨大机遇。同时，其也是在促进形成西部大开发新格局背景下的枢纽与引擎，对我国经济社会高质量发展具有重要意义。

表 4-1 与成渝地区双城经济圈相关的政策汇总

年份	名称	涉及内容	发文单位/组织单位
2003 年	《中国西部大开发重点区域规划前期研究》	第一次出现成渝经济区概念	中国科学院
2004 年	《中国西部大开发中重点经济带研究》	长江上游经济带的中心是成渝经济区	西部开发办
2005 年	"十一五"规划课题《共建繁荣：成渝经济区发展思路研究——面向未来的 7 点策略和行动计划》	第一次对成渝经济区开展专题研究	发改委
2006 年	《西部大开发"十一五"规划》	明确提出建设成渝经济区	发改委、西部开发办
2007 年	《关于推进川渝合作共建成渝经济区的协议》	提出打造中国经济增长"第四级"的目标	四川省政府
2008 年	《关于深化川渝经济合作框架协议》	进一步深化川渝合作共建成渝经济区	四川省和重庆市政府
2009 年	《汶川地震后正式重启编制成渝经济区发展规划》	确定成渝经济区的地理范围，确定建立统一的工作和协调机制等	发改委
2011 年	《成渝经济区区域规划》	成渝经济区是引领西部地区加快发展、提升内陆开放水平、增强国家综合实力的重要支撑	国务院
2014 年	《国家新型城镇化规划（2014—2020 年）》	加快培育成渝城市群	国务院
2016 年	《成渝城市群发展规划》	培育发展成渝城市群的指导性、约束性文件	发改委、住建部
2019 年	《2019 年新型城镇化建设重点任务》	跟踪评估《成渝城市群发展规划》实施情况，研究提出进一步的支持政策	发改委
2019 年	《西部陆海新通道总体规划》	发挥成渝重点区域枢纽辐射作用	发改委
2020 年	《2020 年新型城镇化建设和城乡融合发展重点任务》	编制成渝地区双城经济圈建设规划纲要	发改委
2020 年	《关于新时代推进西部大开发形成新格局的指导意见》	促进成渝城市群协调发展，稳步开展区域综合治理	国务院

数据来源：根据蒋永穆（2020）和网络公开资料整理。

首先，成渝地区双城经济圈发展战略的提出是在区域协调发展战略背景下丰富既有战略的重要组成。区域协调发展战略的主要内容是继续推动西部大开发、东北全面振兴、中部地区崛起、东部率先发展；深入推进京津冀协同发展、粤港澳大湾区建设、长三角一体化发展；推进长江经济带共抓大保护；编制黄河流域生态保护和高质量发展规划纲要；推动成渝地区双城经济圈建设。[①] 能够看出，成渝地区双城经济圈建设是第一个在西部大开发基础上加强西部地区高质量发展的重要举措，弥补了已有区域协调发展战略仅包含东中部地区的不足，从而提高了区域协调发展战略在西部地区的政策覆盖范围和倾斜力度，丰富了区域协调发展战略的理论内涵和现实意义。

其次，成渝地区双城经济圈发展战略的提出是推动西部地区开发开放背景下促进西部大开发新格局形成的重要枢纽。成渝地区是西部地区经济发展水平、人口集聚度、公共服务水平等均较高的地区，具有成都市和重庆市两个中心城市，在西部地区经济发展中占有举足轻重的位置。成渝地区双城经济圈发展战略的提出，进一步提高了成渝地区在西部地区的实际价值，将努力使其成为内陆开放战略高地，并对推动高质量发展具有重要意义。随着未来成渝地区双城经济圈建设的实际开展和深入强化，西部地区能够更好地同其他板块实现协调互动，促进地区内资源禀赋、产业结构、政策规划发挥最大价值，从而进一步盘活西部地区资源禀赋在区内的流动速度，实现西部大开发战略新格局的形成。

最后，成渝地区双城经济圈发展战略的提出是基于当前发展背景而对未来发展方向的准确把握。不同于其他城市群以一城为核心辐射周边地区并促进发展，成渝地区是成都和重庆两核独大的基本格局。面对这一地区特色，进一步发挥两地优势是促进成渝地区经济发展的最优选择，有助于吸纳更多人口为城市经济发展做出贡献。通过两地经济发展水平的不断提高，能够带动周边城市带和经济圈的快速发展，并与西安、昆明等地加快产业链等多链合作，共同成为西部地区经济发展中心，促进西部地区高质量发展与开发开放。

二、成渝地区双城经济圈发展战略的价值与意义

在 2016 年国务院发布的《成渝城市群发展规划》中，曾明确提出“成渝城市群是西部大开发的重要平台，是长江经济带的战略支撑，也是国家推进新型城镇化的重要示范区”。此后，2020 年习近平总书记提出，成渝地区双城经济圈是在更高的战略视角为成渝地区和成渝城市群谋划了新的发展方向。

从区域协调发展战略的宏观层面看，成渝地区双城经济圈是对已有区域协调发展战略的补充和完善。我国区域协调发展战略格局可以划分为四大板块和五大战略[②]，从已有政策和战略的空间布局看，涉及西部地区的只有西部大开发战略。面对西部地区需要进一步形成新格局和实现区域间协调发展的客观需求，成渝地区双城经济圈的提

---

① 此提法来源于 2020 年国务院政府工作报告。

② 五大战略主要包括京津冀协同发展、长三角一体化、长江经济带、粤港澳大湾区和黄河生态保护和高质量发展。

出并上升到战略地位，是为了能够使成渝地区更好地带动西部地区高质量发展，通过空间外溢的正外部性实现区域统筹和协调发展，一举两得。

从新时代发展背景看，成渝地区双城经济圈是在贯彻新发展理念的基础上积极探索区域发展的新理念，并对双城经济圈建设提供有益探索。目前跨省双核城市群或经济圈除成渝地区双城经济圈外，主要有以哈尔滨和长春为双核的哈长城市群、以北京和天津为双核的京津冀城市群和以兰州和西宁为双核的兰西城市群。因为双核城市群发展通常存在利益冲突、资源共享不畅通等一系列问题，所以此类城市群发展往往会存在利益分配问题而导致的不必要的资源损耗。成都和重庆两市作为中心城市，面对西部地区需要借力发展的背景下，处理好成渝地区双城经济圈内部的利益关系，能够对其他双核城市群的发展提供若干启示和示范作用[1]，有助于其他同类城市群的更好发展。

从促进西部地区形成新格局以更好开发开放看，成渝地区双城经济圈是助力西部地区实现经济高质量发展的重要引擎。[2]成渝地区双城经济圈的确立有利于西部大开发形成新格局中的“更加注重抓好大保护、更加注重抓好大开发、更加注重推动高质量发展”推进和落实。首先，成渝地区双城经济圈能够以共享共治为基础，实现绿色生产并注重环境保护，形成生态利益保护机制，从而保护好长江上游生态环境，实现生态文明；其次，成渝地区双城经济圈能够依靠地处“一带一路”沿线和长江经济带的连接点上，充分发挥区位优势，实现区域内开发开放，加强国内外贸易与交流，提高地区合作与利益共享，实现共治共享互惠的新格局；最后，成渝地区双城经济圈能够进一步提高经济圈内经济发展水平，推动产业结构优化和生产要素流动，成为西部地区经济发展重心和制高点，从而有利于带动和辐射西部其余地区的发展，形成西部地区内部基于比较优势的互惠互利新格局。

三、成渝地区双城经济圈发展战略的主要内容

习近平总书记曾在中央财经委员会第六次会议上指出，成渝地区双城经济圈建设是一项系统工程，要加强顶层设计和统筹协调，突出中心城市带动作用，强化要素市场化配置，牢固树立一体化发展理念，做到统一谋划、一体部署、相互协作、共同实施，唱好“双城记”。要加强交通基础设施建设，加快现代产业体系建设，增强协同创新发展能力，优化国土空间布局，加强生态环境保护，推进体制创新，强化公共服务共建共享。因此，成渝地区双城经济圈发展战略的基本思路、战略目标和主要任务在更高的战略高度下具有新的特征和内涵。

（一）基本思路

成渝地区双城经济圈建设需要在尊重客观规律和发展比较优势的基础上，因地制宜开展区域经济建设，发挥“两中心两地”的战略价值。一是要强化成都和重庆两地经济建设，处理好两城市间的发展关系，提高其对西部地区乃至全国的经济辐射能力和正向溢出力，努力使其成为“重要经济中心”。二是要加强科学技术投入，注重科研

人才队伍建设，强化科研机构研发实力，积极承接优势技术转移，努力成为西部地区科技创新制高点和科技创新中心。三是要大力推进地方体制机制改革，实现体制机制创新，加快开放共享力度，依靠地区禀赋加强同内陆接壤国家的贸易联系，成为引领西部地区发展的“改革开放新高地”。四是要注重生态文明建设和环境保护、努力实现基本公共服务均等化、建设智慧城市和公园城市，推力推动经济圈成为“高品质生活宜居地”。

总的来说，成渝地区双城经济圈建设的基本思路是在紧扣“以核带圈、以圈促群”的“双城记”内在发展逻辑的基础上，为成渝地区经济发展谋划可行的建设蓝图，联手打造内陆改革开放高地，共同建设高标准市场体系，营造一流营商环境，以共建“一带一路”为引领，建设好西部陆海新通道，积极参与国内国际“双循环”。同时，也要处理好双城之间和核心与外围的关系，着力提升重庆主城和成都的发展能力和综合竞争力，推动城市发展由外延扩张向内涵提升转变，以点带面、均衡发展，同周边市县形成一体化发展的都市圈。未来成渝地区发展要进一步加强统筹协调，在央地共建的基础上依托地区优势与禀赋，加快产业、创新、生态、公共服务等发展的协调优化。

（二）战略目标

成渝地区双城经济圈建设需要站在更高的战略高度，服务于西部地区高质量发展和以国内“大循环”为主体、国内国际“双循环”相互促进的新发展格局，为社会主义现代化建设贡献重要力量。要坚持供给侧结构性改革这个战略方向，扭住扩大内需这个战略基点，使生产、分配、流通、消费更多依托国内市场，提升供给体系对国内需求的适配性，形成需求牵引供给、供给创造需求的更高水平动态平衡。一方面，从供给看，要提高产品质量，灵活生产要素流动，创造和维护市场供给环境。要加强地区产业发展，加强区域内经济合作共商共享，强化产业融合质量，挖掘产业发展潜力，形成质量高、效益好、价值大的产业链和创新链，满足地区经济发展和人民生产生活需求。另一方面，从需求看，要注重需求侧改革，打通堵点，补齐短板，贯通生产、分配、流通、消费各环节，使需求能够牵引供给水平高质量提高，提高整体效能。要从基础设施、公共服务、产业等多方面实现互联互通，激发地区微观个体的发展需求，形成统筹地区需求的信息网络，以需求确定经济圈的发展方向，在不断满足生产生活的基础上实现真正的高质量发展。

（三）主要任务

成渝地区双城经济圈建设要加强交通基础设施建设，加快现代产业体系建设，增强协同创新发展能力，优化国土空间布局，加强生态环境保护，推进体制机制创新，强化公共服务共建共享。具体而言：

1. 强化成渝地区双城经济圈建设的战略价值

成渝地区地处我国西部内陆地区，虽然居于我国内陆，但其在区位上具备承接华南华中和连接西南西北的重要优势，能够汇聚多个地区的要素资源。同时，成都和重庆两市能够以长江为枢纽同大量城市协同合作，并作为“一带一路”西部开发开放重要支撑和内陆开放型经济高地，具备更高的战略意义。据此，一方面要客观认识成渝地区的“内陆区位”“内陆开放”和“内需潜力”[3]，加强双城间的经济联系，不断扩大辐射范围，使其带动云南、贵州、西藏、青海等省区中心城市发展，加强省际联动；另一方面要努力建设成为同东南亚地区交流的重要经济体和载体，面向印度、缅甸、老挝、越南、泰国等国家和地区制定有针对性的经贸策略，盘活西部地区要素资源。

2. 加强成渝地区双城经济圈交通基础设施建设

加大基础设施投入，加快要素资源流动，使成渝地区具备同对外环境联系的能力并满足相应的规划方向，是其现阶段和未来长期均需要关注的重点。成渝地区双城经济圈地处四川盆地，其内部交通基础设施开发建设的难度相对较低，因此要进一步打通交通枢纽，建立现代化综合交通体系，实现通达性和便利性的极大提高。同时，利用长江水道和交通枢纽的区位优势，在中欧班列等铁路公路线路基础上培育西部内陆地区同接壤国家的经贸通道。在经济圈外部进行交通基础设施建设要基于地形地势科学制定规划，逐渐形成以成渝地区双城经济圈为中心，非经济圈地区为外部呈圆心状扩散的现代化交通网络，提高西部地区整体的交通通达性，有利于外部资源更好地参与成渝地区双城经济圈发展和西部大开发建设新格局。

3. 加快成渝地区双城经济圈现代产业体系建设

现代化产业体系的总体目标与要求是形成实体经济、科技创新、现代金融、人力资源协同发展的产业体系，这一目标在成渝地区双城经济圈也同样适用。成渝地区要基于本地发展实力开展现代农业建设，提高装备制造业实力，发展现代服务业，优化三产比例，提高产业核心竞争力，从而满足地区高质量发展需求，迈向更好更快的经济发展道路。另外，也要加强政策规划对地区现代产业体系的引导作用，切实发挥市场在地区产业结构调整中的积极作用，基于比较优势制定相应的产业政策。结合成渝地区和临近省区基础条件，确定产业发展重点方向，促进完善区域产业分工体系，形成差异化、一体化的生产合作环节，搭建产业合作交流平台，形成具有竞争力的产业链条，提高地区产业整体实力。

4. 增强成渝地区双城经济圈协同创新发展能力

在形成成渝双城具有同等重要地位共识的基础上，打破既有行政区划限制，构建创新投入科研网络，促进科研人员流动和资源共享，形成分工协作、互通有无、开放创新的科技创新体制机制，以此持续增强成渝地区科技创新实力，成为西部地区创新制高点。同时，也要制定相应的创新发展规划，适当明确短期和长期创新任务，在适当目标下进一步激发成渝地区双城经济圈创新活力，并以市场需求和法律法规明确统一目标，积极保护创新主体的研发利益和投入产出，加强同创新水平高的国家或地区交流合作，实现技术创新、管理创新和产业创新，长久增强区域创新实力。最终在整体上促使成渝地区双城经济圈形成创新型良性发展的正向循环，以此作为核心基础带动经济圈在产业、公共服务、基础设施等多个方面不断取得突破，辐射带动周边地区发展。

5. 优化成渝地区双城经济圈国土空间布局

对标成渝地区双城经济圈的发展定位，按照人口、资源、环境三种要素均衡协调，生态、生产、生活三类空间科学布局，经济、社会、生态三个效益有机统一的原则，控制开发强度，调整空间布局结构，实现生产空间集约高效、生活空间宜居适度、生态空间山清水秀。其核心目的，就是协调好生产、生活、生态空间，守住生态保护红线、永久基本农田、城镇开发边界三条控制线，加大城市空间供给，增强人口和经济承载能力。[4]面对成渝地区未来经济和人口承载能力的不断变化，要在符合客观规律的基础上把生态和安全放在更加突出的位置，合理控制大城市规模，培育多个中心城市，强化“两核多中”结构，释放经济发展动力，提高资源利用效率和发展质量，实现因地制宜式开发，从而推进以人为核心的新型城镇化建设。

6. 加强成渝地区双城经济圈生态环境保护

成渝地区双城经济圈地处长江上游，其生产生活行为会对流域省市产生重要影响，因此要时刻注重自身经济建设行为对地区生态环境和流域省市的影响。秉持“两山理论”加强成渝地区生态环境保护，建立生态保护共建共治新机制，加强区域联动形成生态共同体，共同治理辖区内污染问题，提高区域联防联控协同能力。联合开展生态保护修复，共同研究、共同探讨、共同建设，加强嘉陵江、涪江等跨界河流的共保共治。灵活污染源处理方式，对高污染和低污染产业制定差异化的污染管理办法，构建类似碳交易的污染交易市场，缓解不同阶段不同企业的减排压力。充分提高能源利用效率，加强能源创新研发投入，促进不同产业和地区经济实现绿色发展。

7. 推进成渝地区双城经济圈体制机制创新

构建系统性、普适性、协调性和共享性的体制机制，加强顶层设计，营造和培育良好的营商环境，在发挥中心城市作用的同时培育区域型经济中心。探索建立城市群管理协同模式，实现城市群一体化发展。明确职责归属，适当进行权力下放，保障地方政府具有全力参与成渝地区双城经济圈的能力和权力，提高其综合服务能力。协调处理好政府与市场的关系，构建更加有效的本地市场机制，加强微观主体活力和参与宏观生产建设的积极性，切实保证市场在资源配置中的决定性作用，并发挥政府在推动地区经济高质量中的监管和调控作用。同时，具备国际视野，构建高标准的区域政策和法律法规，做到有效衔接以承担国家交流与生产合作，从多角度积极探索并发挥地区最大优势。

8. 强化成渝地区双城经济圈公共服务共建共享

加强成渝地区在教育、医疗卫生、体育、政务等领域开展深度合作，共建一批服务项目，实现全面覆盖，不断推动公共服务一体化，有效落实不同城市间的政策协调机制，推动跨区合作分享。教育领域，推动落实包括组建学前教育、基础教育、职业教育、高等教育等多领域教育联盟，共建西部科学城和长江教育创新带等。医疗卫生领域，建立成渝地区重大疫情和突发公共卫生事件联防联控机制，共建突发公共卫生事件应急防控指挥中心、医疗物资储备中心、演练培训中心，建立卫生应急和传染病疫情信息共享机制等。体育领域，在体育公共服务、体育赛事、体育设施、体育旅游、体育人才等方面加强合作，共同打造登山或山地马拉松积分赛以及更多户外精品赛事等。交通领域，规划统筹协调道路运输、水运港口、多式联运、行业管理协同共治等方面加强合作。政务领域，税收方面建立联席会议制度，互认纳税人基础信息、纳税人税收资质、纳税信用评价结果，以资质互认共助市场要素流动。住房公积金办理方面，建立跨区域转移接续和互认互贷机制，职工在成渝地区间转移住房公积金，由“两地跑”变为“一地办”，真正实现了“账随人走、钱随账走”。[5]

四、成渝地区双城经济圈的发展现状

虽然成渝地区双城经济圈是关于成渝地区的新提法，但从其前身——成渝城市群在2018年全国19个城市群的比较中能够发现（见表4-2），成渝城市群具有人口总量大、城镇化水平和人均收入水平中等的特点，这说明成渝城市群还有较大的发展空间，需要不断增强微观主体经济活力以探索出一条具有特色的发展道路。同时，从西部地区内部比较来看，成渝地区的经济规模和发展水平均位居首位，有潜力建设成为辐射带动周边区域发展的增长极。因此，未来成渝地区双城经济圈建设能够进一步激发区域内经济高质量发展活力，成为高品质生活宜居地。

表4-2　2018年全国19个城市群基本情况

城市群一体化层级	城市群名称	常住人口（万元）	占全国人口比重（%）	城镇化率（%）	GDP（万亿元）	占全国比重（%）	人均GDP（元）
超大城市群一体化一级区域	京津冀城市群	11 270	8.1	65.4	8.4	9.3	74 373
	长三角城市群	15 401	11.0	68.6	17.7	19.7	115 997
	珠三角城市群	6 301	4.5	85.3	8.1	9.0	128 625
	成渝城市群	10 015	7.2	53.8	5.8	6.3	57 426
特大城市群一体化二级区域	长江中游城市群	12 677	9.1	60.9	8.3	9.2	65 630
	中原城市群	6 905	4.9	49.7	3.8	4.2	54 946
	哈长城市群	4 625	3.3	58.8	2.7	3.0	59 072
	北部湾城市群	4 211	3.0	50.4	2.1	2.3	50 532
	关中平原城市群	4 038	2.9	58.5	1.8	2.0	44 577
	呼包鄂榆城市群	1 151	0.8	69.9	1.5	1.7	130 321
	兰州-西宁城市群	1 526	1.1	59.3	0.6	0.7	38 008

续前表

城市群一体化层级	城市群名称	常住人口（万元）	占全国人口比重（%）	城镇化率（%）	GDP（万亿元）	占全国比重（%）	人均 GDP（元）
大城市一体化三级区域	山东半岛城市群	10 047	7.2	56.7	7.9	8.8	78 508
	海峡两岸城市群	5 951	4.3	64.9	4.2	4.7	70 735
	辽中南城市群	3 054	2.2	58.6	2.2	2.4	72 082
	山西中部城市群	1 627	1.2	60.4	0.9	1.0	52 243
	黔中城市群	2 702	1.9	51.7	1.2	1.3	44 412
	滇中城市群	2 270	1.6	47.9	1.1	1.2	48 458
	宁夏沿黄城市群	564	0.4	61.4	0.4	0.4	62 057
	天山北坡城市群	692	0.5	50.6	0.6	0.7	82 370

注：数据来源于恒大研究院《中国城市发展潜力排名：2019》，由张志强（2020）整理。

为进一步从人口、产业、公共服务等方面了解成渝地区双城经济圈的发展情况，本章以2016年国务院发布的《成渝城市群发展规划》内对成渝城市群范围的界定为标准，按照对成渝地区的一般界定①，分析研究2009—2018年成渝地区双城经济圈在人口、经济、产业、公共服务等方面的变化情况②，着重基于比较视角，分别从成渝地区双城经济圈与西部地区和全国的比较中分析经济圈发展现状并作总结。

（一）同西部地区的比较

从地区生产总值和收入变化中（见图4-1），能够看出成渝地区双城经济圈地区生产总值占西部地区的比重不断增加，到2019年底已达到30.40%，并从当前增长趋势中能够看出未来还有进一步增加的空间。具体讲，成渝地区正逐渐成为西部地区经济增长的主体，对西部地区发展具有重要引导作用，也是决定未来西部地区能否摆脱落后局面的关键。同时，成渝地区双城经济圈人均地区生产总值和城镇居民人均可支配收入均远高于西部地区平均水平，在2019年分别是2.48和3.22倍，说明成渝地区居民生活水平较高，并反映出西部地区居民收入水平存在巨大差距。未来，需要依靠成渝地区双城经济圈在带动西部地区经济增长过程中提高所有居民生活质量和水平。

从公共服务水平变化比较中（见图4-2），能够发现成渝地区双城经济圈公共图书馆藏书量和卫生机构床位数占西部地区的比重均已超过20%，反映出公共服务质量在

① 成渝地区包括：重庆市的渝中、万州、黔江、涪陵、大渡口、江北、沙坪坝、九龙坡、南岸、北碚、綦江、大足、渝北、巴南、长寿、江津、合川、永川、南川、潼南、铜梁、荣昌、璧山、梁平、丰都、垫江、忠县等27个区（县）以及开县、云阳的部分地区，四川省的成都、自贡、泸州、德阳、绵阳（除北川县、平武县）、遂宁、内江、乐山、南充、眉山、宜宾、广安、达州（除万源市）、雅安（除天全县、宝兴县）、资阳等15个市。

② 选取年份最新只到2018年，是因为四川省公布的最新统计年鉴数据截至到2018年。

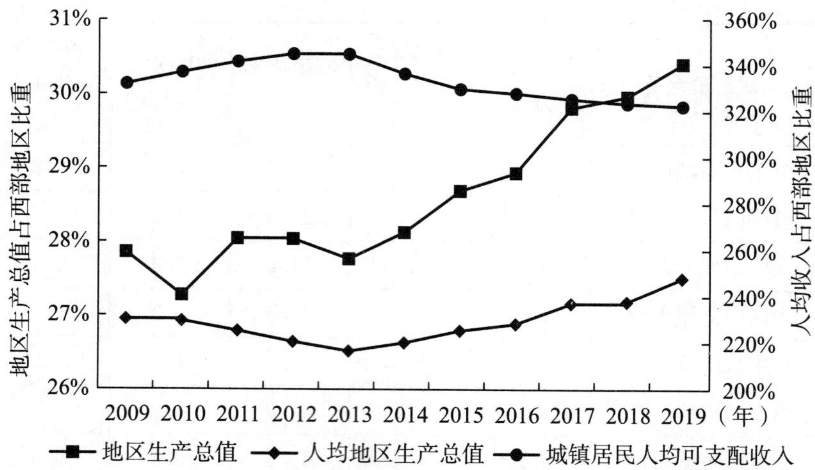

图 4-1　2009—2019 年成渝地区生产总值与收入变化（同西部地区比较）

数据来源：全国、四川省和重庆市历年统计年鉴。

西部地区中较高。特别是成渝地区双城经济圈医疗卫生水平占西部地区的比重已接近 28%，反映出医疗卫生水平在西部地区内部也存在较大差距。同时，这也说明成渝地区居民享受的公共福利更高，有助于提高城市服务质量，增强吸引力，确保地区不断有人口流入，不断创收，促进经济发展。

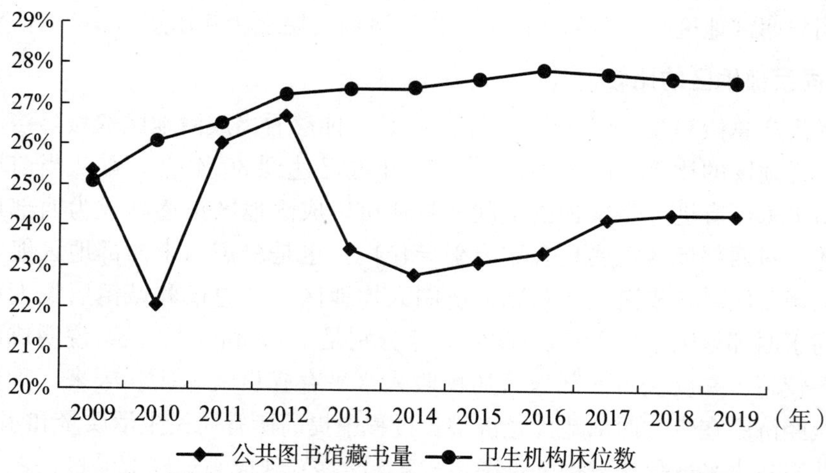

图 4-2　2009—2019 年成渝地区公共服务水平变化（同西部地区比较）

数据来源：全国、四川省和重庆市历年统计年鉴。

从人口、财政和工业水平变化上看（见图 4-3），2019 年成渝地区双城经济圈人口总量占西部地区的 26.56%左右；财政收入占比高于财政支出，但均超过 15%；工业总产值占比也超过 30%。从不同因素的比较中，仍然能够发现成渝地区双城经济圈在西部地区占有举足轻重的位置，特别是从人口和工业比重能够看到要进一步加强人口集聚、工业发展和产业结构调整，保证成渝地区具有充足的劳动力参与经济建设，并以本地产业水平带动周边地区的发展。同时，成渝地区财政占比水平较高，说明地区财力充足，有助于地区在合理利用财政的基础上为地区市政、民生、生活环境等带来极大改善。

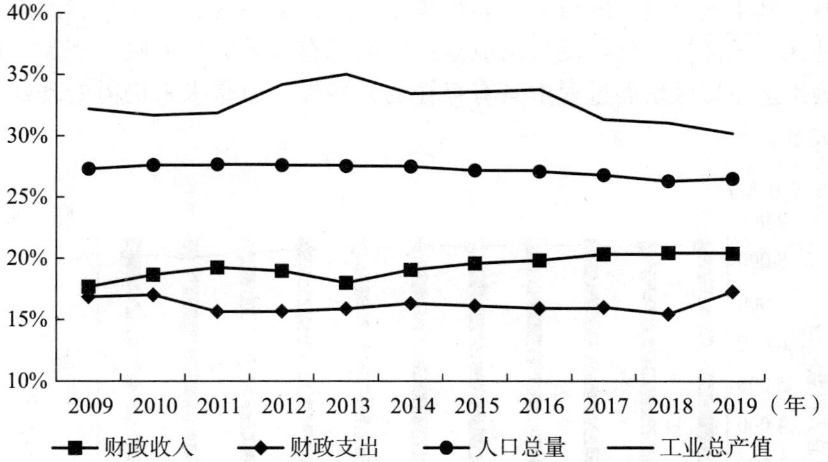

图 4-3　2009—2019 年成渝地区人口、财政和工业水平变化（同西部地区比较）

数据来源：全国、四川省和重庆市历年统计年鉴。

从投资和消费水平变化中能够看到（见图 4-4），成渝地区双城经济圈的投资和消费均在西部地区占有较高比重，特别是在 2019 年的投资占比已接近 35%，反映出地区内部不断加强经济建设，不断调整经济结构和生产力分布，为改善地区人民物质文化生活创造了基础，有助于地区现代化建设。而消费占西部地区的比重在近些年有下降趋势，2017 年后缓慢回升，到 2019 年为 25.02%，在某种程度反映出成渝地区的消费活力较为稳健，有助于从需求端制定相应的生产计划。

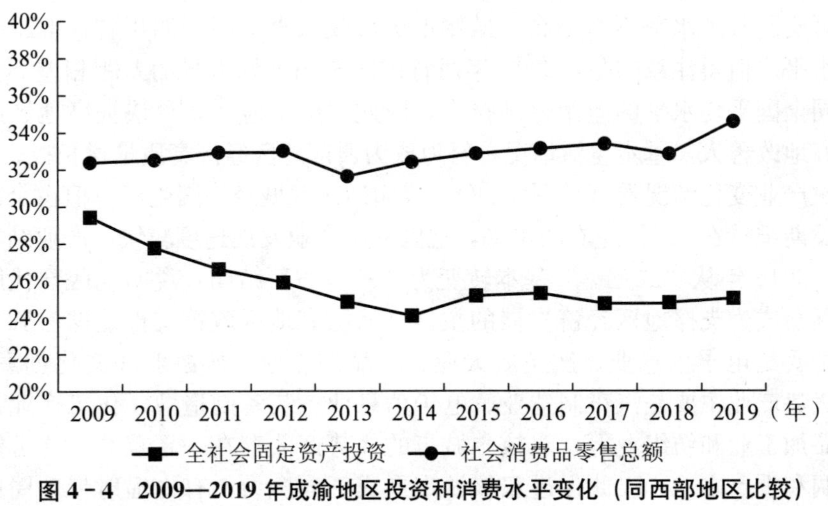

图 4-4　2009—2019 年成渝地区投资和消费水平变化（同西部地区比较）

数据来源：全国、四川省和重庆市历年统计年鉴。

（二）同全国的比较

从人口变化情况看（见图 4－5），成渝地区双城经济圈人口占全国人口的比重为 7%左右，近年来由于地区内总人口数的减少，呈现出逐年下降的微弱态势，但在 2019 年有所回升。其中人口减少的市县主要是集中在重庆梁平区、丰都县和四川达州市等距离成渝地区主城区较远处，反映出成渝地区内部存在着人口虹吸的现象。这一现象虽然在成渝地区主城区发展过程中具有存在的必然性，但是未来仍需处理好核心与边缘城市的关系。

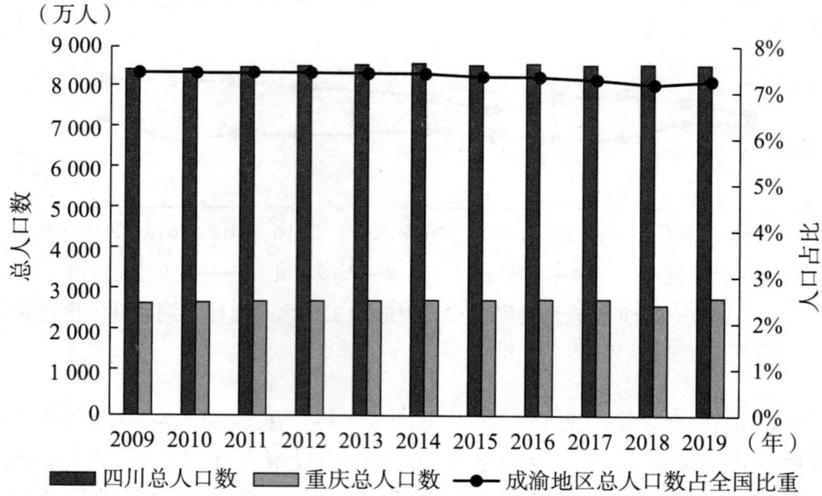

图 4－5　2009—2019 年成渝地区人口变化（同全国比较）

数据来源：全国、四川省和重庆市历年统计年鉴。图中四川和重庆两地是泛指成渝地区双城经济圈内所涉及的四川辖区和重庆辖区。

从城镇居民人均可支配收入变化看（见图 4－6），成渝地区双城经济圈内部的城镇居民人均可支配收入水平不断提高，虽然重庆市收入水平高于四川省，但二者均低于全国平均水平。值得注意的是，2009 年两省市同全国平均水平的差距相差不大，但近几年两地同全国平均水平的差距逐渐拉大，因此，成渝地区要尽快提高地区经济发展质量，更好地改善人民基本生活情况，努力成为西部地区经济高质量增长极。

从三次产业变化情况看（见图 4－7），成渝地区双城经济圈生产总值占全国生产总值的比重长期维持在 6.3%左右的水平，地区三次产业发展速度较快，产业结构不断调整，2018—2019 年从“二三一”基本转变为“三二一”结构，说明地区现代服务业发展迅速，逐渐成为支撑地区经济发展的主体。从已有地区政策文件能够看到，成都市优势产业主要是电子信息业、航空航天业、食品加工业、旅游业和文化创意产业等，而重庆市优势产业主要是汽车制造业、电子信息业、装备制造业、化工产业、材料加工业、食品加工业和纺织业等，双核心城市的优势产业存在一定重叠，这可能也是未来需要协调和重点之一，以此促进双核城市形成正向合力，有力辐射带动周边地区发展。同时，未来要进一步巩固产业结构水平，促进产业结构发展合理化和高级化，助力地区经济高质量发展。

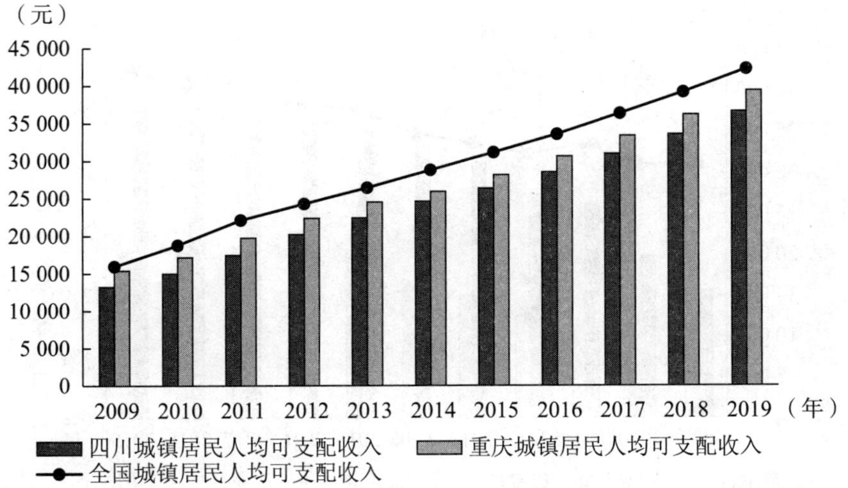

图 4-6　2009—2019 年成渝地区城镇居民人均可支配收入变化（同全国比较）

数据来源：全国、四川省和重庆市历年统计年鉴。图中四川和重庆两地是泛指成渝地区双城经济圈内所涉及的四川辖区和重庆辖区。

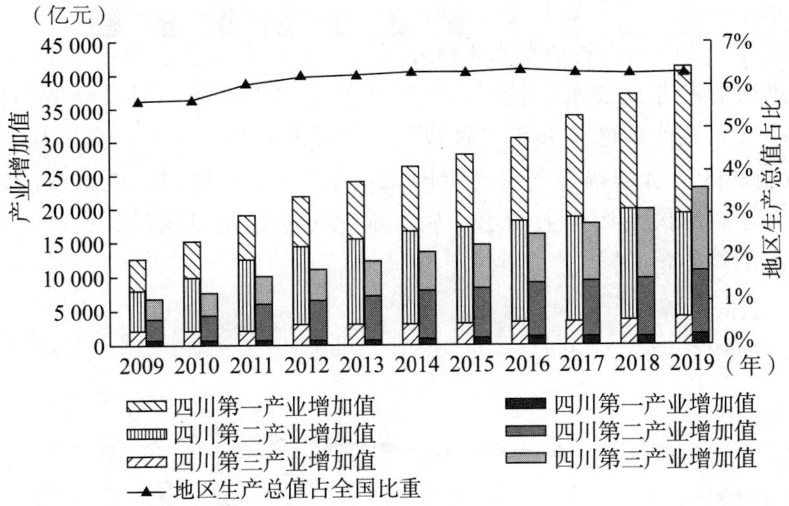

图 4-7　2009—2019 年成渝地区三次产业变化（同全国比较）

数据来源：全国、四川省和重庆市历年统计年鉴。图中四川和重庆两地是泛指成渝地区双城经济圈内所涉及的四川辖区和重庆辖区。

从工业产值变化看（见图 4-8），成渝地区双城经济圈工业产值占全国比重自 2017 年起逐年增加，2019 年占比达到 5.66%。但是，从四川重庆两地工业总产值变化看能够看出，两地工业总产值增长趋势到 2016 年停止，地区工业总产值开始减少，结合同期总产值占全国比重增加能够看出，成渝地区产值减少主要是受国内外大环境影响，地区内供给侧结构性改革和产业结构调整导致产值发生相对减少。随着未来产业结构调整与供给侧改革不断优化工业生产力，成渝地区工业水平会得到再一次发展，例如 2019 年四川省工业总产值反弹回升至 40 183.14 亿元，重庆市规模以上工业增加值比上年增长 6.2%。

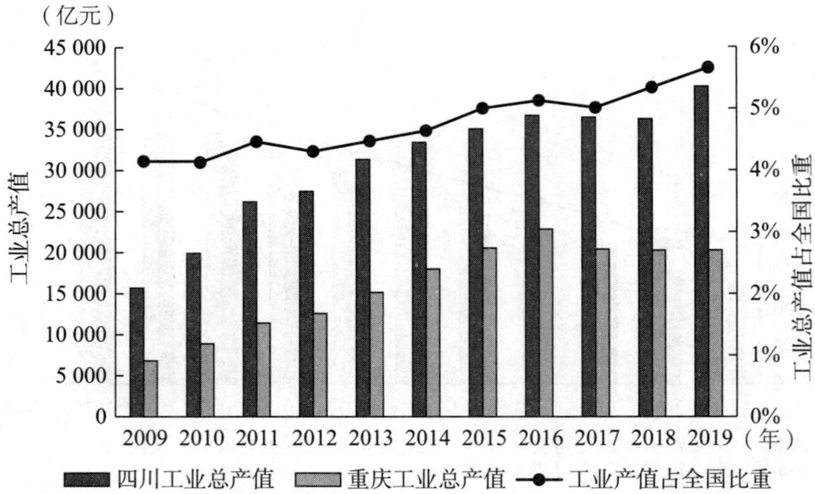

图 4－8　2009—2019 年成渝地区工业产值变化（同全国比较）

数据来源：全国、四川省和重庆市历年统计年鉴。图中四川和重庆两地是泛指成渝地区双城经济圈内所涉及的四川辖区和重庆辖区。

从消费水平变化看（见图 4－9），成渝地区双城经济圈社会消费品零售额占全国的比重在 6%左右，其中四川省消费水平逐年提高，重庆市消费水平在 2018 年有所降低，但结合成渝地区旅游业发展水平较高、城镇化发展水平迅速、网红经济和夜间经济水平高等客观事实，成渝地区未来在“双循环”背景下必将进一步提高全社会消费水平。2019 年，成渝地区消费增幅显著，占全国比重超过 7%。同时，地方政府也要注重加强民生工程，了解居民生产生活需求，从需求侧不断优化以满足居民，从而进一步激发消费水平和消费质量。

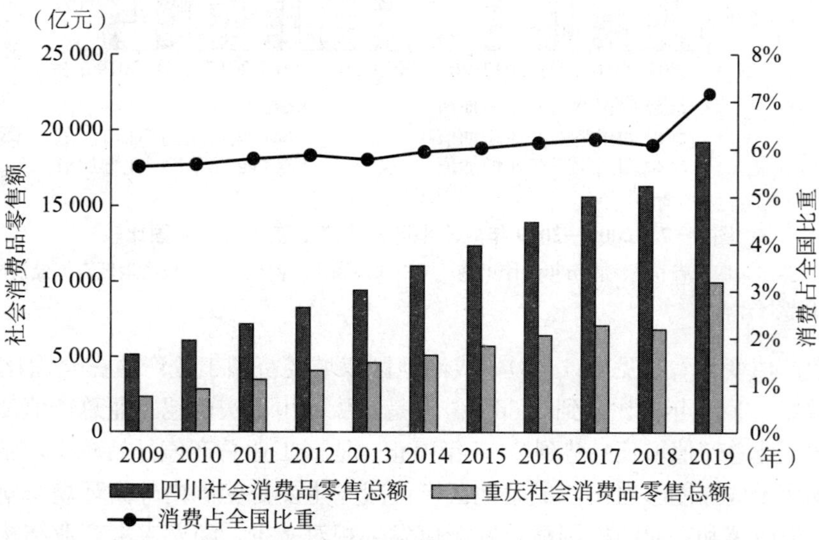

图 4－9　2009—2019 年成渝地区消费水平变化（同全国比较）

数据来源：全国、四川省和重庆市历年统计年鉴。图中四川和重庆两地是泛指成渝地区双城经济圈内所涉及的四川辖区和重庆辖区。

从投资水平变化看（见图4－10），成渝地区双城经济圈全社会固定资产投资水平占全国比重在2019年已接近9%，其中四川省投资水平不断提高，重庆市投资水平在2017年有小幅下降，而后持续增长。从两地投资水平变化趋势上能够看出，成渝地区投资环境向好，投资总量不断增加，地区不断调整经济结构和生产力分布，着力提高地区内经济发展内生环境。

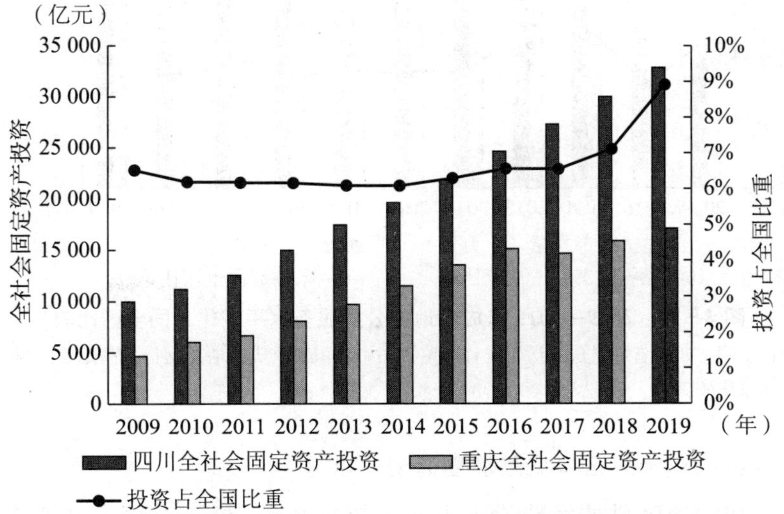

图4－10　2009—2019年成渝地区投资水平变化（同全国比较）

数据来源：全国、四川省和重庆市历年统计年鉴。图中四川和重庆两地是泛指成渝地区双城经济圈内所涉及的四川辖区和重庆辖区。

从公共服务水平变化看（见图4－11），成渝地区双城经济圈公共服务水平较高，在医疗卫生和文化教育等方面发展水平逐年提高，成渝地区需要不断注重公共服务均等化，以促进机会均等为核心，提高公共服务供给质量，从而更好更快地实现公共服务的共建共享，有助于形成促进地区高质量发展长效机制。

（三）发展总结

从上述多个方面的比较中能够看出，一是成渝地区在西部地区几乎占有绝对优势，说明将成渝地区双城经济圈上升为国家战略对成渝乃至西部地区都具有积极作用，能够促进经济圈凭借综合优势增强辐射带动能力；二是成渝地区双城经济圈在各方面发展水平占全国的比重变化较为平缓，说明地区经济发展水平较为稳定，已基本具备成为我国经济发展第四增长极和成为西部地区高地的前提条件。但是，从内部比较中能够明显看出，成渝地区双城经济圈发展战略要注重处理好辖区内成都和重庆两地的发展关系和发展差距，特别是成都和重庆两地的矛盾和机遇，充分评估和发挥两地的比较优势，确立共同富裕、共同发展的长效合作机制，切实做到实现两地之间的协调发展。同时，成渝地区双城经济圈发展也需要在创新、合作和利益等方面克服一系列问题，具体而言：

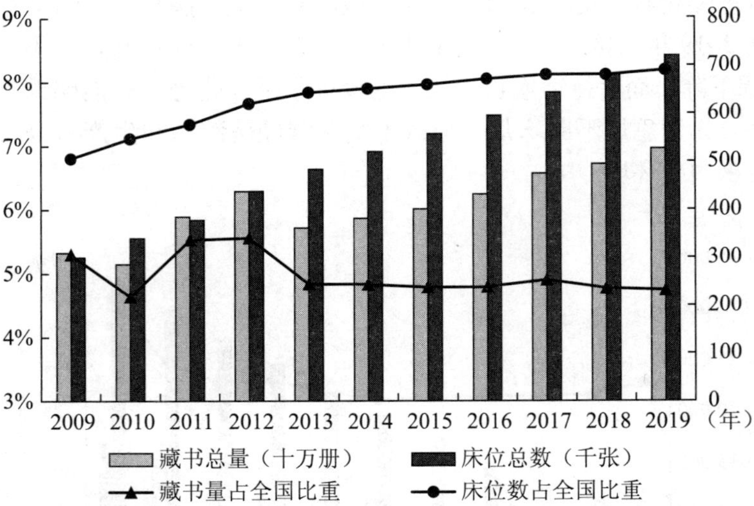

图 4-11　2009—2019 年成渝地区公共服务水平变化（同全国比较）

数据来源：全国、四川省和重庆市历年统计年鉴。图中四川和重庆两地是泛指成渝地区双城经济圈内所涉及的四川辖区和重庆辖区。

1. 进一步提高成渝地区双城经济圈的创新活力

2019 年，成渝地区科技经费投入占比未超过 2%，低于全国 2.23%的平均水平；创新产出水平中等，在全国层面不具备创新优势。在当前以经济高质量发展为核心和十九届五中全会进一步将创新上升至现代化建设核心地位的大背景下，成渝地区双城经济圈发展要不断加大创新投入，以创新驱动地区经济高质量发展，创新科技体制机制，吸引创新人才流入，营造科技创新的天然氛围，保障创新主体投入产出利益，积极承接产业技术转移，努力成为西部地区创新高地，切实提高地区竞争力，辐射带动西部其他地区的发展。同时，也要提升全社会科技创新意识，积极引进和培育高技术企业，加强人才引进力度，加大科技财政支持力度，引导县级政府制定相应的科技创新鼓励方案。

2. 加强成渝地区双城经济圈内部合力，努力实现双核协动

目前成都和重庆两个核心城市间仍存在相互竞争的情形，没有在发展目标上达成合作共识，存在各自为政的现象，亟须在体制机制上确立合作共赢的协同发展路径。同时，成渝两地的互补性仍需进一步提高，从现有两地主导产业发展中能够看到，二者在电子信息、汽车制造业等典型产业中存在一定的同质化[6]，这会导致两地在产业发展中存在一定的资源竞争，导致不必要的要素损耗。因此，要加强成渝地区内部合力，辩证地看待两核之间的同质化和差异化，通过合作交流确立各自的发展重心，以市场灵活调整两地间产业关系，实现错位发展，从而依托比较优势形成互补共生的协同体。

3. 平衡成渝地区双城经济圈核心城市与外围城市的关系

成渝地区双城经济圈建设不是实现两城独大的虹吸式发展，而是充分发挥核心城

市优势从而带动经济圈内县市发展，再进一步带动西部地区经济发展。在这一期冀下，成渝地区双城经济圈除了注重发展成都和重庆两市以外，还要加快县域经济发展，并在评估调研中有侧重地发展行政级别更低的村镇，实现城乡融合与新型城镇化发展，从而为未来非核心城市地区承接产业转移等夯实基础。同时，注重区域内的协调发展，赋予核心城市担当引领区内其他县市发展的责任和义务，制定适宜的考核指标，辐射带动外围地区的发展。

五、成渝地区双城经济圈的发展建议

成渝地区双城经济圈的确立被赋予了更高的历史使命，希望以此区域战略推动西部大开发新格局的形成。从前述分析能够看到，成渝地区虽然已具备成为我国经济增长第四级和西部地区高地的基本条件，但是成渝地区内部在产业结构、工业发展、社会消费、投资和公共服务等多个方面存在差距，仍需要进一步调和核心城市间以及地区内部不同行政单元间的关系。总的来说，成渝地区双城经济圈既要发挥中心城市的作用，也要注意培育区域型经济中心，从而在国家整体和西部局部上均起到应有作用。

（1）健全成渝地区双城经济圈一体化发展机制。成都和重庆两市要在中央主导下成立相应的领导小组，在明确两地利益诉求的基础上，制定切实可以的成渝地区双城经济圈发展体制机制、规划方案、区域政策，深入推进成渝地区成为具有全国影响力的重要经济中心、科技创新中心、改革开放新高地、高品质生活宜居地，实现一体化互利共享。打破既有传统二分观念，在一体化发展中包罗地区内部所有行政单位的发展需求，形成具有比较优势的发展环境，在公共服务、社会管理、生态环境治理、区域补偿体制等多方面探索一体化发展道路，助力各地区产业和市场经济得到全面发展，信息互通互享，形成利益共同体以参与国内“大循环”和国内国际“双循环”。同时，鼓励地区内构建合作联结网，成立区域产业协作平台，设立共同的工作方案和绩效考核清单，一视同仁，在合理监管范围内推动成渝地区双城经济圈一体化进程。

（2）重视公共服务，加大基础设施投入。努力实现公共服务均等化是成渝地区需要长期坚持的重要目标，通过制定政策以协调好公共服务与绿色经济间的关系，确保全体居民在教育、就业、社会保障、医疗卫生、住房保障、文化体育、环境保护等方面都能获得大致均等的公共服务，促进机会均等，能够更好地提高公共服务质量，从而显著提高成渝地区对人口和产业的吸引力。同时，成渝地区地处四川盆地，地势较为平缓，人口总量大，集聚程度高，具备支撑公共服务水平提高的区位优势，同时也更需要加大基础设施投入以满足区域发展需求，以此满足经济圈内不断增长的通勤新需求，构建现代物流中心，减少时间和运输成本。此外，也要依托长江黄金水道、沿江铁路和高速公路，以及渝新欧、蓉欧快铁、中欧班列，培育内陆地区连接丝绸之路经济带的国际贸易大通道，整体参与全球产业合作与竞争。

（3）加快现代产业体系建设。加强成渝地区双城经济圈现代产业体系建设，促进生产性服务业发展，形成集聚经济，是未来成渝地区发展的必由之路。首先，明确现代产业体系的调整方法，基于地区比较优势和发展目标实行“加减乘除”式的产业调整，这主要是为了减少现行产业体系下的低端技术、产品与服务供给，去除过剩产能与低端环节的产能，以此为新兴产业创造尽可能广阔的发展空间，从而尽快形成大数据产业、新能源、新材料、智能装备、物联网等新兴产业，使其成为未来现代产业体系的重要组成部分，并通过形成行业关联互通和融合创新产生乘数效应，最终加快现代产业体系建设。其次，强化要素禀赋在现代产业体系中的作用，重视科技、人才、资本等要素禀赋的发展，从而支撑战略体系的形成，增强实体经济面对经济下行冲击时的抵抗力，从而实现微观—中观—宏观的全方位发展。最后，构建完善支撑现代产业发展的政策体系，保障各方利益诉求，实现协同式发展，如在符合经济社会发展的前提下放宽对新兴产业的管制要求，促进现代服务业、现代农业、大数据等产业蓬勃发展；在行政审批、投招标缓解、资格认证等一系列与现代产业体系相关的行政管理环节中推进简政放权，并积极利用已有互联网行政办事办法，推动整体工作办事效率的提升。

（4）注重生态文明建设，保护自然和城市环境。成渝地区双城经济圈地处长江上游，在经济高质量发展中要着重注意生态环境保护，通过政策部署带动多部门参与流域环境保护，结合实际制定和完善资源节约、环境保护的各项政策措施，确立责任人制度，使经济圈成为生态文明和工业文明有机结合的典范。坚持绿色发展理念，树立尊重自然、顺应自然、保护自然的生态文明意识，注重弘扬生态文化，积极倡导绿色生活，大力发展循环经济。注重培育和发展生态文化、发展生态产业、设计生态产品，努力将生态文明建设融入经济建设、政治建设、文化建设和社会建设等各个过程，实现环境友好化和经济绿色化。同时，以公园城市为目标，注重城市环境建设和精细化管理，将生态引入城市发展体系中，连接林地、公园用地、水利等不同部分并形成系统和体系，整治社区环境卫生，使全民参与城市环境保护建设，优化市容环境，不断提高全民生活品质和幸福指数。

（5）将创新融入成渝地区双城经济圈发展的各个环节。创新不单单是技术创新这一内涵，事实上其包括思想创新、机制创新、管理创新等多个方面。在成渝地区双城经济圈发展过程中，要通过思想创新探索出一条具有成渝特色且具有示范作用的双城经济圈发展道路，在不同环节灵活央地关系，做到简政放权，确保战略规划的有效实施，满足新时代居民现实需求，造福人民；要通过机制创新激发市场经济活力，使市场在资源配置中起决定性作用，让市场机制的作用得以充分发挥，以市场和要素禀赋引导地区经济发展形成相应的优势特色，形成加快地区经济发展和提高微观主体积极性的内在发展动力；要通过管理创新打破体制机制障碍，完善管理奖惩制度，完善干部评价标准，创新工作思维和方式，使政府服务流程做到优化和精简，按照人才成长规律改进人才培养机制；要通过技术创新切实提高地区创新实力，积极吸纳和学习国外先进技术，推广技术市场发展和技术转移管理，优化科技成果转化机制，打破经济与科技之间的藩篱以促进二者有效衔接。

参考文献

［1］易森. 新时代推动成渝地区双城经济圈建设探析：历史回顾与现实研判［J/OL］. 西部论坛. http://kns. cnki. net/kcms/detail/50. 1200. C. 20201119. 1629. 002. html.

［2］张志强，熊永兰. 成渝地区双城经济圈一体化发展的思考与建议［J］. 中国西部，2020（02）：1－12.

［3］阎星，姚毅. 高质量建设成渝地区双城经济圈［N］. 成都日报，2020－04－01（007）.

［4］四川发布. 7 问 7 答！四川优化国土空间布局，这些地方将涉及调整［EB/OL］. http://dnr. sc. gov. cn/scdnr/ywbb/2020/8/21/25757fbcd8ee4e3689b8f982a1fc2d13. shtml.

［5］新华社. 成渝地区双城经济圈全面推进公共服务一体化［EB/OL］. http://www. gov. cn/xinwen/2020－04/29/content_5507491. htm.

［6］蒋永穆，李想. 川渝黔经济一体化助推成渝地区双城经济圈建设研究［J］. 西部论坛，2020，30（05）：43－56.

第五章　完善新型城镇体系

在很长的一段时间内，中国的城市化进程保持着较高的增长速度。“十三五”时期，我国的常住人口城镇化率提高了约 4.5 个百分点，截至 2019 年，我国的常住人口城镇化已经超过了 60%。进入新时期，面临全新的国内外发展环境，城市化被赋予了更重要的意义和角色定位。通过城市的产业布局提升要素配置效率，有差别地发展新兴产业，激发产业发展的新动能；通过城市设施和公共服务建设，合理增加公共消费，扩大内需形成强大的国内市场；通过城市建设反哺农村，发掘县乡发展潜力，打破要素壁垒，促进城乡融合发展；充分发挥城市的集聚和辐射作用，完善城镇体系和城市群，推动区域协调发展。

根据城市化阶段性规律，我国正处在城市化发展阶段向成熟阶段过渡的关键时期，大城市超前增长现象显著。大城市的超前增长是城市化的客观经济规律，但是，强度过大的超前增长会导致区域内部或城市群内部发展失衡，最终造成城市规模过大。我国超大城市（城区常住人口 1 000 万人以上）和特大城市（城区常住人口 500 万人以上）人口密度总体偏高；中小城市数量不足，“一城独大”现象明显；城市质量和城市韧性不足，“城市收缩”现象明显。

城市发展的本质是各类要素在一定空间区域内的集聚，集聚所带来的外部性是城市化的重要动力。其中外部经济的部分包括市场接近效应和生活成本效应，在城市化进程中被学者概括为分享、匹配和学习，而外部不经济的部分表现为市场拥挤效应，如城市内部企业竞争加剧、公共产品供给不足、城市环境恶化等问题。基于此，我们可以推定城市的规模与效率存在着倒“U”型关系，城市效率随城市规模扩大而提高，在达到特定规模后，城市效率则随着城市规模扩大而下降。大量的现有研究也从实证的角度具体阐释了这一现状。王小鲁和夏小林估算了不同城市的集聚效益和集聚成本，发现人口规模在 100 万～400 万的城市，集聚效益达到顶点，在此之后，集聚的边际效益递减。国外学者针对中国城市的研究也得出了类似的结论，认为人口规模在 290 万～380 万间达到了倒“U”型的顶峰。

因此，对我国现阶段的城市规模进行研判，确定我国不同地区的城市体系特征，对于推动国家城镇化健康发展，提升城镇化发展质量，加快国家现代化进程都具有十分重要的战略意义。

一、我国城市空间特征

我国当前的城市在空间上存在较为明显的差距，存在较大的优化空间。城市规模差异，是城市化进程中必定会出现的一种现象，是我国城市化现阶段发展的一种典型特征。受城市所在区域的地理条件、要素禀赋、政策环境等方面的影响，城市发展速度不同，形成了不同的规模。从城市化的要素来看，这种规模包括城市经济总量、人口数量和土地面积，表现为不同区域同类型城市的差距和同一区域不同类型城市的差距，进而导致不同区域的城市处于不同的城市化阶段，产生不同的城市化问题。根据我国城市空间格局，我国城市的空间特征主要呈现为东北地区“城市收缩”、东部沿海地区城市密度过大和中西部地区“一市独大”。

（一）东北地区“城市收缩”

“城市收缩”或“收缩城市”这一概念最早在1988年由德国学者豪瑟曼和西贝尔提出，用来描述人口大量流失的空心化内城。目前，对于收缩城市的定义及城市收缩的原因尚无统一定论，维希曼以城市居民的流失定义收缩城市，当一个城市连续2年损失人口超过1万人时，即为收缩状态。费尔南德斯等将城市收缩归因于城市产业结构单一，对经济转型、资源衰竭或国内外市场环境变化冲击的应对能力差，导致人口流失和经济衰退。国际上以美国、德国、英国、日本等国家城市为案例的研究已经非常充足，但是国内对城市收缩的研究文献非常有限。2019年4月国家发展改革委发布的《2019年新型城镇化建设重点任务》首次提出了“收缩型中小城市”的概念。有研究表明，2007—2016年我国有84个城市出现了收缩现象，且部分城市同时出现人口流出和空间扩张的相悖现象。

结合已有研究可以发现，人口流失是城市收缩判断的重要标准。本章利用中国城市数据库中东北三省地级市2015—2019年的城市市辖区常住人口，根据5年间人口总数的变化，将5年间城市人口变动率为负的地级市界定为收缩城市，数据处理结果如表5-1所示。

表5-1　东北地区收缩城市统计

地区	合计		辽宁省		吉林省		黑龙江省	
城市类型	所有城市	中小城市	所有城市	中小城市	所有城市	中小城市	所有城市	中小城市
城市总数	34	24	14	9	8	6	12	9
收缩城市	25	21	9	7	6	5	10	9
收缩城市占比（%）	65.30	87.50	64.29	77.78	75.00	83.33	83.33	100.00

数据来源：由《中国统计年鉴》计算整理。

从整体上来看，东北三省绝大部分城市都呈现城市收缩的状态，其中收缩城市多集中于哈长城市群和辽中南城市群的边缘区域，城市群核心区域的城市并没有表现出明显的收缩；整体上黑龙江和吉林两省城市收缩的情况要比辽宁省更严重，中小城市收缩的程度要高于大城市和特大城市。

东北地区中小城市收缩的同时，城市化率仍有所提高。辽宁省、吉林省、黑龙江省的城镇化率分别由2014年的67.0%、54.8%、58.0%上升到了2018年的67.5%、56.6%、59.4%，与我们观察到的绝大部分城市都陷入收缩的结果相悖。所以，我们参照城镇化率的计算口径，比较全市层面和市辖区层面的城市收缩情况，综合分析东北地区城市市辖区和全市的人口变动率，检验东北地区收缩城市是否存在空心化的趋势，将收缩城市进行分类，如表5-2所示。

表5-2 “全市和市辖区”收缩城市分类及数量

	全市收缩	全市扩张	合计
市辖区收缩	25	0	25
市辖区扩张	6	3	9
合计	31	3	34

数据来源：由《中国统计年鉴》计算整理。

由表5-2可知，全市和市辖区均处于收缩状态的城市数量最多、分布最广，说明东北地区绝大部分的地级市都处于城市收缩的状态；在全市层面收缩的城市中，约有1/4的城市属于全市人口流失，但是市辖区人口增长的城市，在3个省均有分布；从市辖区和全市层面均处于人口增加状态的城市仅有3个，分别为沈阳市、大连市和盘锦市，均位于辽宁省。可以发现，东北地区的中小城市普遍陷入收缩状态，而大型城市，尤其是4座中心城市——大连市、沈阳市、哈尔滨市和长春市均处于市辖区扩张的状态，且市辖区扩张的速度远远大于全市扩张或收缩的速度，换句话说，东北地区城市不仅没有空心化趋势，大城市市辖区人口聚集程度反而在加强。

从人口迁移来看，东北地区大城市、特大城市尤其是中心城市人口仍处于不断增加的过程中，2014—2018年5年间，大连市、沈阳市、长春市和哈尔滨市的市辖区人口增长率分别为33%、13%、20%和16%，但是，城市人口的增加并不能说明东北地区的大城市没有陷入城市收缩的隐忧。一方面，东北地区连续多年呈现人口外流的状态，中小城市的人口流失尤为严重，而东北地区的大城市依靠吸纳中小城市迁出人口暂时保持着人口的净增长；另一方面，东北地区的大城市也面临着各方面的发展限制，与同时期同类型的国内其他地区的城市相比，东北地区中心城市的增长速度已经远远落后。因此，东北地区的大城市虽然还不需要直接面对城市收缩的问题，但是在与其他地区城市的比较中，已经呈现“相对收缩”的状态，需要及早规划布局，实现城市人口的高质量增长。

为了更直观地反映大城市的“相对收缩”状态，本章在东部地区和中部地区选择与东北地区大城市功能定位、角色分工相近的城市，并在其中挑选出城市规模、人口数量、经济实力相近的城市，以2009年为基期，考察2009—2018年近10年东北地区中心城市和其他地区城市发展的差异，得到表5-3。由表5-3不难发现，一方面，在2009年，与沈阳、大连、长春、哈尔滨四市发展状态相近的城市，在10年来取得的发展成果均显著高于此四市，不仅城市规模扩张得更快，经济实力提升的幅度也更高；另一方面，东北地区的沈阳、大连和长春三市，在10年的发展中，城市扩张比例与人口增加比例产生了较大的差距，而这种差距在其他地区城市发展的过程中并没有明显地表现出来。

由此可见，东北地区大城市的"相对收缩"主要表现在两个方面：一是城市发展的速度落后于同类型其他地区的城市，对人口的吸引力下降；二是东北地区大城市的人口城市化进度落后于土地城市化进度。

表 5-3　东北地区和其他地区同类型城市发展差异

地区＼项目		2009 年			增长比例		
		市区常住人口（万人）	建城区面积（平方千米）	GDP（亿元）	市区常住人口	建城区面积	GDP
东北地区	沈阳市	512.23	395	3 667	17.3%	41.8%	53.2%
	大连市	302.01	258	3 020	32.4%	56.6%	96.6%
	长春市	362.32	365	2 053	22.0%	48.5%	178.0%
	哈尔滨市	474.7	345	2 272	16.1%	28.1%	109.4%
其他地区	武汉市	514.97	475	3 889	71.7%	52.4%	281.8%
	青岛市	275.47	273	2 789	88.0%	161.9%	233.6%
	济南市	348.24	336	2 513	59.1%	56.0%	189.4%
	杭州市	429.44	393	4 070	47.9%	56.5%	207.3%
	郑州市	285.01	337	1 432	34.7%	61.4%	320.0%

数据来源：由《中国统计年鉴》计算整理。

（二）东部沿海地区城市密度过大

城市作为区域经济发展的增长极和支撑节点，地位举足轻重。但是，政府主导下的城市建设过于强调发挥城市的集聚经济和规模经济效应，尤其是我国东部沿海地区的超大城市和特大城市人口密度总体偏高，限制了城市职能的正常发挥，造成了城市发展的效率损失。

政府主导下的城市建设过于强调发挥城市的集聚经济和规模经济效应，对负外部性估计、准备不足，导致资源过度向单一城市集中，造成城市密度偏高，最终影响城市发展效率。在城市化水平不断提升的过程中，更多从事第一产业的劳动力向效率更高的第二产业和就业容量更大第三产业转移，形成城市发展的持续动力。企业和人口的集中会同时带来技术、信息、基础设施、劳动力池等方面的溢出效应和生活成本、生产成本、城市治理成本上升的负外部性。但是，总的效用水平符合倒"U"型曲线的分布，在城市规模较小时边际效应递增，在达到一定程度后递减，而在我国已经有接近 30%的城市处于规模效应递减阶段。

根据《中国城市统计年鉴》，2018 年市辖区人口密度最高的城市均位于东部沿海地区，主要是珠三角、长三角和京津地区。其中，排名第一的是深圳，每平方千米高达 5 963 人，是全国平均水平的 41 倍左右。上海的人口密度高居第二，每平方千米达到了 3 816 人。除了明确的经济属性，作为一个容纳多种要素和微观个体的综合平台，城市需要提供足够的公共服务，并且当城市的要素集聚规模与公共服务供给能力相匹配时，才能达到最优效率。城市的发展依赖于这二维力量的交替上升，而当城市密度过大时，城市的公共服务和职能的供给能力会远低于城市发展的需求，破坏城市发展的潜力。

最后，单体城市规模的无限扩张还会削弱城市自身的抗风险能力。新型冠状病毒肺炎疫情对中国城市体系和区域经济的剧烈冲击引起了我国对城市、区域承压和恢复能力的高度重视。从城市自身的发展来看，一方面，随着城市规模的不断扩张，城市面临的各项问题也越来越复杂，化解外部冲击时对城市治理体系和区域支撑能力的压力也越大，如应对极端天气、环境污染、水源危机、公共卫生事件等等。另一方面，为了保证城市抗风险能力，城市的韧性、密度需要与城市规模同步提高，但是在实际情况中，前者的建设往往滞后，更为有效的方法是限制城市规模，适当降低城市人口密度和建设密度。同样的，传统的城市建设思维强调集中、规模经济和中心控制，在这种思想指导下建设的世界上最大的北京新发地市场和深圳建设的世界最大的集中堆场都潜藏着风险。

城市密度过大也可能造成城市的过度"极化"，会割裂区域间的联系，破坏区域内部城市体系，降低整个区域的韧性。城市体系可以正常发挥其系统功能的一个重要前提就是不同等级城市之间分工与联系，这是区分城市体系与"一群城市"的重要特征。随着经济发展水平和城市质量的不断提高，产业分工更加细化，尤其是在高质量发展的背景下，城市之间密切的经济联系及在此基础上建立起来的专业化部门是区域经济稳定发展的长效动力。已有的研究已经充分证明了经济联系与经济增长的正相关关系，但是，城市密度过大、城市差距较大会阻碍经济联系的建立。

（三）中西部地区"一市独大"

"一市独大"现象来源于城市规模差异不断扩大，虽然城市规模差异是城市化进程中必定会出现的一种现象，但是"一市独大"却是我国尤其是中西部地区现阶段城市化发展的一种典型特征。受城市所在区域的地理条件、要素禀赋、政策环境等方面的影响，城市发展速度不同，形成了不同的规模。从城市化的要素来看，这种规模包括城市经济总量、人口数量和土地面积，表现为不同区域同类型城市的差距和同一区域不同类型城市的差距。从区域高质量发展的角度出发，本章将省域作为研究的空间单元，重点关注城市体系内部经济和人口的差距如何进一步导致了"一市独大"的出现。

我们首先需要确定我国城市的规模是否处在合理的范围内。根据2018年《中国城市统计年鉴》市辖区地区生产总值和年末人口数据，我们计算出了各省份经济和人口的首位城市、首位度及首位城市在全省的占比，在剔除了城市数据不全的新疆维吾尔自治区、西藏自治区、青海省、海南省和台湾地区，直辖市北京市、上海市、天津市和重庆市，特别行政区香港、澳门后，结果如表5-4、表5-5所示。

表5-4　2018年中国各省份经济首位城市及首位度

项目 排名	省份	首位城市	首位度	首位城市占比
1	四川省	成都市	9.61	30.93%
2	陕西省	西安市	7.09	33.50%

续前表

排名＼项目	省份	首位城市	首位度	首位城市占比
3	湖北省	武汉市	6.90	39.26%
4	贵州省	贵阳市	6.11	31.39%
5	山西省	太原市	5.66	21.52%
6	甘肃省	兰州市	5.55	28.83%
7	云南省	昆明市	4.51	34.43%
8	吉林省	长春市	4.18	39.58%
9	湖南省	长沙市	4.02	19.10%
10	江西省	南昌市	3.48	18.09%
11	河南省	郑州市	3.37	12.60%
12	宁夏回族自治区	银川市	2.96	33.51%
13	安徽省	合肥市	2.60	17.30%
14	广东省	广州市	2.30	29.76%
15	黑龙江省	哈尔滨市	1.93	28.88%
16	浙江省	杭州市	1.85	22.16%
17	江苏省	南京市	1.46	13.59%
18	广西壮族自治区	南宁市	1.32	16.14%
19	山东省	青岛市	1.28	11.95%
20	内蒙古自治区	包头市	1.14	16.46%
21	辽宁省	大连市	1.06	23.07%
22	河北省	唐山市	1.02	9.94%
23	福建省	厦门市	1.00	13.39%

数据来源：由《中国统计年鉴》计算整理。

表 5-5　2018 年中国各省份人口首位城市及首位度

排名＼项目	省份	首位城市	首位度	首位城市占比
1	陕西省	西安市	6.13	21.27%
2	黑龙江省	哈尔滨市	4.02	15.61%
3	湖北省	武汉市	3.88	16.53%
4	四川省	成都市	3.70	10.14%
5	宁夏回族自治区	银川市	2.55	17.54%
6	湖南省	长沙市	2.52	5.06%
7	吉林省	长春市	2.46	18.42%

续前表

排名＼项目	省份	首位城市	首位度	首位城市占比
8	云南省	昆明市	2.27	10.80%
9	浙江省	杭州市	2.15	12.70%
10	江苏省	南京市	1.91	8.90%
11	广西壮族自治区	南宁市	1.90	6.84%
12	河南省	郑州市	1.86	3.38%
13	山西省	太原市	1.66	8.30%
14	广东省	广州市	1.65	10.31%
15	甘肃省	兰州市	1.58	8.49%
16	贵州省	贵阳市	1.55	10.59%
17	辽宁省	沈阳市	1.50	14.34%
18	江西省	南昌市	1.36	6.19%
19	安徽省	合肥市	1.22	3.97%
20	福建省	福州市	1.17	7.38%
21	河北省	石家庄市	1.16	5.50%
22	内蒙古自治区	包头市	1.13	7.25%
23	山东省	济南市	1.07	5.49%

一般认为，首位度低于2是结构合理、发展均衡的状态；首位度大于2，则可能出现过度集中的状况。从经济首位度来看，超过半数的省份，经济首位度大于2，其中最高的为四川省，达到了9.61，即成都市市辖区的经济体量是绵阳市市辖区经济体量的9.61倍；此外，这些首位城市在全省的经济体量中，占比巨大，绝大部分首位城市占比都超过了20%。从人口首位度来看，首位度高于2的省份数量有所下降，但仍接近半数，其中人口首位度最高的陕西省，其人首位度为6.13，首位城市为西安市。经济首位度明显整体高于人口首位度，说明省域内首位城市或中心城市的经济集中度远高于人口集中度。

总的来看，我国城市规模差异表现为以下主要特征：

（1）“一市独大”的现象在中西部地区尤为显著，无论是经济首位度还是人口首位度，首位度较高的省份均位于中西部地区，且人口首位城市和经济首位城市均为该省的省会城市。

（2）“一市独大”的城市中，人口和经济的集中度不同，相对来说，首位城市的人口集中度要低于经济集中度，换句话说，“一市独大”对经济资源的集聚强于对人口的集聚。

（3）首位城市经济占比高。在经济首位度较高的省份中，绝大多数的首位城市的经济体量在全省的占比都超过了1/3，其中长春市和武汉市所占的比重已经接近40%。

（4）东部部分省份已经逐步呈现多中心发展的趋势，在首位度较低的省份中，如辽宁省、山东省、福建省等，人口首位城市仍为该省的省会城市，但是经济首位城市已经转变为非省会城市。

在我国城市化高速发展的阶段，城市的大规模改扩建使得土地要素的价值被重估，与分税制改革的大背景共同作用形成了地方政府的“土地财政”，公共基础设施的投资进一步扩张。在土地城市化的基础上，地方政府通过政策倾斜，以较优惠的土地使用价格吸引企业进入，产业城市化接力进行。在各类企业进入后，相关联的从业人员为了获得更高的工资从其他城市进入，而农村人口也涌入城市补充劳动力池，最终完成人口的城市化。城市化要求三者的发展速度保持相对一致，但是由于省会升级集中了较多的行政和经济资源，经济发展压力大，土地城市化的进程领先于产业城市化的进程、领先于人口城市化的进程，超前的土地城市化导致省会城市对产业和人口需求无穷无尽，集聚力量远远大于辐射力量。除此之外，城市发展必然带来地价、房价的不断上涨，以及生活成本的不断增加，阻碍产业和人口城市化，去工业化特征明显。

从我国城市化发展的动力机制来看，我国的城市化动力可以进一步拆解为政府力量、市场力量和人口力量。政府力量主要表现为地方政府通过行政手段和政策规制干预城市建设进程，主动吸引要素在城市集聚；市场力量表现在供需关系对资源的自主配置，自由流动的各类生产要素汇集到城市；人口力量表现为我国的乡—镇—市人口迁移模式，这种迁移带有明显的目的性，即为了获取更好的发展空间和更好的生活条件。这三种力量互相交织，共同作用，但是从我国的城市化发展历史看，真正占据主导作用的是政府的推动和人口的迁移。一方面，我国国家战略对城市和地区的城市化起决定性作用，将城镇化纳入国家战略表示我国城市大规模建设的开始，加速城镇化成了20世纪90年代各地方政府的主流区域政策，行政资源集中的省会城市必然会带来政策集中，城市超前发展；另一方面，人口迁移伴随着我国城市发展的各个阶段，当获得更多发展机会、更高福利待遇、更好公共服务和设施条件的预期高于迁移成本时，人口就会发生流动，而以省会城市为代表的大城市在城市功能与服务等方面的领先，决定了省会城市的规模扩张速度要高于其他城市。

二、城市多极化发展模式

构建多级发展的城市体系是限制城市规模无限扩张的重要手段与实现形式。一方面，过度限制大城市规模扩张，有可能造成城市发展停滞，导致更大程度的效率损失。另一方面，限制城市规模扩张的核心目的是倒逼大城市发挥其辐射带动作用。促进腹地城市的发展。因此，多极城市体系是缓解“一城独大”的最有效的手段。

在构建城市体系的过程中，按照中心城市的规模与职能，城市空间结构可以分为单中心、双中心和多中心模式。同时，中心也是一个空间和尺度上的相对概念，即区域内部的多中心城市体系可能是更宏观层面的单中心。本章的关注点在于省域层面内的非单中心结构，为了便于表述，将不只拥有一个中心的省域城市体系称为多中心城市体系，新培育中心城市一般为省域内地级市的城市辖区。

在已有的城市体系研究和实践中，对于多中心的城市体系关注度越来越高，为探索我国多极化城市体系提供了充足的研究案例。如以纽约为中心的美国大西洋沿岸城市群拥有波士顿、费城、华盛顿、巴尔的摩等次级中心；以芝加哥为中心的五大湖城市群拥有底特律、克利夫兰、罗切斯特、布法罗等次级中心；以东京为中心的城市群也是东京都市圈、阪神都市圈和名古屋都市圈相互联结集合而成的多核城市体系；英国东南部城市群除了拥有首位城市伦敦外，还有伯明翰、利物浦、曼彻斯特等中心城市。在后续的城市体系规划中，这种多极化的思想被进一步深化。欧盟将多中心的城市发展模式作为各层次空间规划的理论工具和发展目标。美国也将多中心的城市发展模式列为2050远景规划的重大议题。根据中心城市的规模等级和空间分布，可以把适用于我国的发展模式归纳为卫星城模式和轴带模式。

（一）卫星城模式

卫星城，全称卫星型城市，是指以首位城市为中心、在地理空间上呈卫星分布状的城市群。这一模式可以广泛适用于首位度较高的中西部地区城市体系建设，省域内部首位城市的“中心城”定位不会改变，发展的关键环节是打通首位城市与腹地城市的要素流通渠道，充分发挥首位城市的辐射带动作用，促进区域内其他城市或首位城市的某一相对偏远的城区的独立发展，形成可以和首位城市相配的增长极。

通过各级中心城和卫星城的构建与组合，逐级构建区域或省域的城市体系，最终形成中心城—卫星城—县城三级城镇体系，让城市的影响力向乡镇渗透，而腹地的中心城市同时具备首位城市的卫星城和县城的中心城两重身份，把辐射带动区域发展的任务逐步由首位城市过渡到次一级城市，依靠其相对分散的空间分布，扩大城市在整个省域或区域的影响力。

通过卫星城构建三级城镇体系，一方面要提升卫星城的要素承载能力，包括基础设施的建设、公共服务的完善和保障能力的优化，如城市的路面交通设施、地下管网、交通枢纽，城市的教育、医疗、文化、卫生服务，以及入驻的经济、法律、广告服务机构，提高卫星城要素使用效率；另一方面，畅通要素流通渠道，升级中心城与卫星城之间的交通物流通道，整合迁移区域内部同构的产业，推动信息交流和新兴技术的应用、推广和普及，引导培育和而不同的城市文化。在我国中西部的首位城市中，以郑州为中心城，凭借近年来快速发展的轨道交通和城市快速路网连接阜阳、安阳、南阳、长治等卫星城而形成的城市体系，已经初步具备了多极化发展的潜力。

卫星城模式具有其内在的发展逻辑，是一个资源要素由中心城通过卫星城向县城逐级转移的过程，包括三个关键环节。

第一，城市建设。如前文所述，卫星城可以承接资源的前提条件是自身要素承载能力和使用效率的提升，单纯的要素转移与再分配并不能从根本上解决卫星城的城市建设问题。通过卫星城构建城市体系的首要任务就是强化卫星城的城市配套建设，完善城市功能。除了传统的城市基础设施以外，还要重视文化教育、社会服务、医疗卫生等方面，比如在区域已有的科研院所的基础上，建设本地高校，增强与其他地方经济的知识、技术互动；保护城市特色文化，设计城市名片、城市颜色、城市地标；提升城市服务水平，提高城市效率，保证城市居民生活质量。

第二，区域定位。在满足了卫星城发展的基础条件后，还需要参与区域内或省域内的分工才能分享中心城市的外溢效应，扩大自身影响力。为了保证各个卫星城可以有序地参与区域分工，避免重复建设和地方保护主义，就要在发展卫星城之初，根据与中心城的空间距离和经济联系，沿产业链条逐级确定其在区域发展中的定位。同时培育不同级别城市的分工合作环境，建立经济、文化相通的地域性联盟。

第三，产业转移。卫星城设立的初衷在于完善城市体系，缓解中西部地区省会城市“一市独大”的现象。因此，卫星城能否承接中心城的产业及其附加资源的转移，是卫星城建设最后也是最关键的环节。要从承接产业转移或培育与中心城配套的产业体系为出发点，秉持腾笼换鸟的思路，对于产业发展前景，尤其是高新产业的发展前景有较为清楚的认识，注重从设计、研发，到制造、销售的全产业体系承接；同时，注意本地中小企业的发展，根据企业不同生命周期的需求提供不同的经济、政策支持，形成地缘性的经济网络。

（二）轴带模式

轴带是指城市群分布在带状空间上，发展主轴为增长极间的经济走廊，主轴两侧分布着规模、职能不同的城市。与卫星城模式相比，虽然两种模式都是典型的多极化发展，但是前者拥有一个绝对的核心城市，卫星城虽然作为城市体系中的增长极，但是各方面实力均弱于中心城；而轴带模式往往拥有两个以上实力相近的中心城市，多个城市的辐射范围叠加确定城市体系的边界。

相比于卫星城的逐级传递，在“轴带”上布局的次级城市是平等的，突破了地缘限制下的中心-腹地模式，次级城市的规模和发展水平不再必然与中心城市的地理空间距离相关。但是，突破地理限制的前提条件是交通设施极大改善，城市间通勤效率显著提高，现代信息通信技术全面普及。这也意味着，轴带模式对区域或省域内部次级城市的质量和均衡水平提出了更高的要求。

在构建城市体系的过程中，首位城市和与其规模相近的中心城市连接成发展的主轴，次一级城市构成城市带。随着中心城市规模扩张，城市带的边界是开放的，会随着中心城市实力增强，次一级城市数量增加而扩宽和延伸。与卫星城模式相比，前者不同级别的城市关系还存有行政区划的影子，轴带模式则是一种对行政区划的动态突破，延轴线的拓展、辐射能力更强，对区域之间的联系要求更紧密，更需要市场主体发挥更大的作用。现阶段，以中心城市重庆市和成都市为轴心布局的城市体系最为典型，在成渝连接的主轴上布局着万州、黔江、南充三座区域中心城市。以成都为轴心，绵阳、乐山分布在两翼，以重庆为中心，联系宜宾、泸州两座区域中心城市形成两条经济带。成都和重庆构成的双中心城市体系，在一定程度上削弱了“一市独大”的负面影响，这一推论可以在一定程度上解释为什么成都市的首位度全国最高，但是其各项数值仍位于全国中游水平。

同样，作为多中心城市体系发展模式，轴带模式的发展逻辑与卫星城模式相似，但也具有自己的特色，相比于产业承接和转移，轴带模式更强调城市和产业的空间布局与分工合作，主要包括三个关键环节。

第一，基础设施建设。轴带模式的形成往往依托一定的地理条件，如沿江、河、海岸线等，还可以依托交通干线。在此基础上构建起来的要素流动渠道是轴带模式城市体系形成的先决条件。因此要加强中心城市和次级城市的联系，如建设快速轨道交通、城际高速网络和综合交通枢纽设施，构建覆盖面高、服务便捷的信息共享网络。充分利用港口、机场、交通干线等区位优势资源，完善配套设施建设。

第二，产业布局。以便捷的要素流通渠道为基础，中心城市、次级城市和其他中小城镇可以建立系统、立体的分工合作关系，其中最为核心的就是产业的延轴带布局，以中心城市的优势产业或主导产业为核心，引导先进制造业和现代服务业在次级城市集群发展，根据地区特色形成制造业中心、商贸物流中心，拓展城市的发展空间，提高空间利用效率，进而提高人口、资源的集聚能力。

第三，城市合作。轴带模式中的次级城市，同级合作更为频繁，需要打通行政壁垒，在要素流通、产业协同的基础上开展城市合作，推进区域内资本市场、技术市场和行政规范一体化，公共服务、公共文化、生态治理协同化，跨区域利益协调、补偿机制常态化。进一步突出次级城市在城市群中统筹协调作用的同时促进城市群共同发展。

三、结论与政策建议

1978 年以来，我国制定了一系列的城市发展规划，城市化率迅速提高，走出了一条具有中国特色的城市化道路，形成了现有的城市体系。在 1980 年的《全国城市规划工作会议提要》中，就提出了“控制大城市规模，合理发展中等城市，积极发展中小城市的方针”。这一方针，仍然符合我国当前城市发展的基调。但是，经济增长始终是地方政府的核心诉求，而最为直接和有效的方法就是运用行政的力量，把区域内的优势资源集中在首位城市，于是形成了我国中西部地区省会城市“一市独大”，中小城市数量不足、质量不高的整体格局。中小城市的规模和数量都不足以填充现有城市体系。

为了破解现阶段城市发展的困局，中共中央经济工作会议提出“要推动城市组团式发展，形成多中心、多层级、多节点的网络型城市群结构”。在顺应城市发展规律的基础上，探索多极化的城市发展模式。为全面提升城市质量，推进以人为本的城市化，充分发挥城市在区域发展中的支撑节点作用奠定坚实的基础。

推动城市体系多极化发展，要合理控制首位城市或中心城市的规模，抓住新基础设施建设、新兴技术应用推广的契机，重新规划次级城市的发展路径，全面提升城市综合质量，缩小城市差距；加强各级城市间的联系，强化次级城市要素承载能力和要素使用效率；提高次级城市的政治、经济定位，融入城市体系，参与产业分工。最终形成以一个或多个中心城市为核心，若干个次级城市共同发展的新兴城市体系。

（一）限制中心城市规模

目前，我国常住人口城镇化率已经超过了60%，出现了一大批超大城市和特大城市，中西部地区城市极化现象明显，城市规模过大而导致的一系列问题逐渐引起重视。在今后时期，大部分城市尤其是东部地区的超大城市和中西部地区的首位城市，其规模将继续保持增长。因此，限制中心城市规模无限扩张，提升城市发展效率至关重要。

限制中心城市规模不意味着放弃中心城市，停止其经济发展，而是将以经济目标为核心的发展模式转变为统筹考虑城市企业、居民的生产需求、生活需求、生态需求和安全需求。降低城市规模扩张的速度，以换取城市质量的全面提高，优化城市布局，建设智慧城市，促进城市公共服务均等化，扩大城市影响力。

1. 优化城市布局

统筹协调新城建设与旧城改造，优化城市布局。旧城区拥有大量成熟的公共服务资源，但是发展空间受限；而新城区发展空间充足，缺少优质资源。发展空间和优质资源的争夺必然使新城和旧城无法遵循完全相同的发展路径，需要对不同城区进行明确的定位划分，设计不同的发展模式，明确发展的先后顺序。即当旧城区发展条件更好时，集中资源完成旧城区的改造升级；当新城区发展潜力更大时，集中力量将关键城市职能和优质城市资源向新城区转移。如福建省泉州市，其旧城区鲤城区仅保留了必要的居住生活职能和配套的服务设施，以最大程度保护古建筑风貌，承担主要的文化、旅游职能；而在临近的新城区则完全以经济效率为导向，建设现代化城区。

2. 提升城市效率

通过高新技术的推广和应用建设智慧城市来提升城市治理能力和运行效率。智慧城市是未来城市发展的主要方向，而中心城市自身高度富集的科技资源为智慧城市的建设提供了现实条件。一方面，智慧城市通过信息技术的应用，以物联网为载体，对城市的自然、经济、社会系统进行智能化改造，重组传统的工业和服务业，提升城市的承载力，提高城市发展效率；另一方面，智慧城市建设本身可以成为城市发展的新动力，以城市应用为导向，从交通、医疗、卫生等城市居民的基本需求入手，夯实技术基础，推动与高校、科研院所的产学研合作，推广智慧城市项目产业化发展，与城市培植的高新技术产业融合，形成产业集群。

3. 改善城市环境

通过改善城市环境提升城市综合水平是下一阶段城市高质量发展的重要抓手之一。其中，最为核心的是推进以人为本的城市化，把城市建设成更健康、更安全、更宜居的高品质生活空间。除了传统的生态环境外，还要解决现有和迁入城市人口的落户和基本保障问题，在城市规划中满足人的诉求，提升居民的居住体验。如扩建交通路网与地下管线，建设与普及便民设施，设计城市“完整街道”“完整街巷”，扩大城市生态空间和公共空间，提升城市公共服务总量和质量，推动城区间、不用群体间基本公共服务均等化。

（二）提升次级城市质量

限制首位城市规模的目的是把有限的资源向次一级的中小城市转移，推动中小城市发展水平全面提升，缩小与首位城市的差距，从而可以融入城市体系，承接产业转移。次级城市虽然在城市体系中处于配属的地位，接受首位城市的资源转移，但是不代表其发展完全依附于首位城市，应该主动探索适合自己的发展路径，充分利用新技术革命带来的机遇，实现跨越式发展。

1. 巩固城市经济实力

提升经济实力是次级城市发展的首要任务，而健康的主导产业是城市持续发展的主要动力，是城市体系中次级城市成为新增长极的关键。新兴技术的出现及与传统产业的高度融合为城市提供了更多的选择，应该在与区域主导产业适配的大框架下，有意识地发展信息技术、生物制药、高端装备制造、新能源汽车、新能源、新材料等战略性高端产业，以城市建设的技术需求为导向，优化技术创新、开发环境，将技术成果向首位城市的传统企业推广，在区域城市体系的建设中消化部分产品，形成城市体系中的“微型内循环”。

产业园区即是主导产业发展的载体，也是城市的有机延伸，应该被提升到与产业培育城市建设同等重要的高度。在规划和设计产业园区时，应该保持与城市相同的标准，适当分离生产区和生活区，在生活区建设高水平的服务业综合体，并将城市景观延伸到产业园区，消除产业园区和城区的割裂感。

2. 培育城市文化软实力

相比于中心城市，次级城市的文化软实力处于明显的劣势，因此需要通过打造城市名片提升次级城市的知名度，通过城市文化强化次级城市的影响力。

首先，加强文化服务体系建设，在补充硬件设施的同时，保证与城市的规划、环境、文化习俗相契合，从单一的“唯硬件化”转向系统的体系建设。其次，加强文化的传承和积累，避免过分重视盈利的短视行为，从文化传承的路径上着手，建设具有内涵的、体验式的文化产业或产品，建设环节完整、核心突出的文化产业链。最后，设计城市名片和城市地标，城市名片是一座城市文化的集中体现，也是文化建设最为便捷的手段。城市名片要注重避免名不符实、过度包装等形式主义，注重地标建筑的质量保证和数量限制，注重文化内核的创造和延展，避免过度浪费，同时加强文化设施建设的监控力度，避免地产化倾向。

3. 增强城市影响力

通过重大区域战略、重点项目和政策的试点布局，可以提高次级城市在城市体系中的地位，增强城市影响力。重大的战略试点伴随着资源倾斜和政策优惠，不仅有助于次级城市发展壮大，而且有助于带动城市群发展，加快城市体系的构建。

在具体执行的层面，通过如国家级新区、自主创新示范区、自由贸易试验区、智能制造示范区、文化传承示范区、生态文明建设示范区等政策改革区的设立和探索，形成先发优势，充当区域发展的龙头，全面提升城市的综合实力；通过机场、港口、高速铁路网、城际路网、通信枢纽等大型区域设施的建设，打通各级城市要素交流渠道，提升城市的要素使用效率；通过集聚和分配国家重大区域战略、重点项目和政策附带的资源，建设企业总部中心、研发中心、金融中心等，提高城市在区域分工合作中的参与度和影响力。

（三）加强城镇体系联系

完善的城市体系，除了需要中心城市和次级城市外，还需要打通城镇各级联系，通过市场的力量自发调节，将中心城市的规模限制在合理范围，加速次级城市发展，形成良性循环。打通城镇体系联系需要各个城镇在相互独立发展的基础上，通过产业的横向和纵向分工协作形成紧密联系。因此，城镇体系中各级城镇职能结构和联系是重点研究方向。

1. 梳理各级城镇职能结构

现阶段我国的城镇体系基本形成，但是各级城镇之间的职能分工尚不明确，职能重叠、缺位的情况时有出现，城镇体系内的城镇聚而不和、集而不协，需要建立健全城镇体系发展机制，明确各级城镇的具体职责，逐步形成国家中心城市—区域中心城市—中小城市—县城—中心镇多级城镇网络：

（1）国家中心城市。国家中心城市是城镇网络中的顶级节点，根据不同地区发展特征，承担不同的国家战略责任，发挥特殊作用。国家中心城市发展应该着眼于提升自身的开放程度和国际影响力，对国际经济活动和科技创新具有一定的控制力；强化自身对区域经济发展的辐射带动作用，国家科技创新的核心组织作用，交通、信息网络中的门户与枢纽作用，在城市文化与绿色发展的示范作用，在国家战略布局中发挥重要的支撑作用。

（2）区域中心城市。区域中心城市是在国家中心城市统领下细分区域、城市群的关键支点。与一般城市相比，区域中心城市各种资源聚集程度较高，城市文化、社会保障、公共服务等城市要素更加领先；与国家中心城市相比，区域中心城市不需要承担国际化发展的责任，对区域辐射能力的要求高于集聚力，功能定位可以向某方面倾斜，强调集聚、辐射、引领、协调四个方面的作用，促进区域网络化发展，形成带动区域发展和对外开放的新增长极，形成区域型集聚发展的都市区（圈）。

（3）中小城市。中小城市是城镇体系中的特定功能城市，包括特定产业城市、特色城市、内陆边境口岸城市（镇）等。针对城市群以外地区的城镇持续发展动力不足，自然和人文保护的压力较大的现实，针对日益增长的中等收入群体休闲度假、体验消费的巨大需求，通过创新发展路径，建设特色城市，促进城镇化多元特色发展。特色城市的建设应该坚持差异化的发展路径，配套专门的政策支持，合理选择主导产业，注重产业与城市质量同步发展，走集约化发展和精明增长的发展路径。

（4）县城。县城是城镇体系中最基础的单元，覆盖面积广，数量庞大，是统筹城乡一体化发展、保证城镇体系持续发展的重要空间，是本地城镇化的核心单元。各地区区域禀赋与发展条件不同，县城的发展状况和路径也千差万别，需要对发展模式和路径给予分类指引。推进重点县的产业发展和人口集聚，鼓励有条件的重点县撤县设市，提高社会治理和城市建设水平。充分发挥特色发展县在自然生态、风景、历史文化等方面的资源优势，引导特色县的资源保护与特色发展，适度集中建设。

2. 加强城镇体系内部城镇联系

我国目前虽然已经从整体上构建出了城镇体系的大概框架，但是不同城市、城镇之间的稳定联系尚未建立，城镇体系的本质尚未脱离“城的突出与镇的环绕”，城市之间的关系也更接近“一群城市”而非“城市群”。城市体系间的联系更多是依靠政策指令与行政等级形成的联系，这导致不同城市间的盲目竞争，造成基础设施建设等领域的重复建设。

因此，必须要加强城镇体系内部联系，建立协同机制。以城镇体系协同发展为出发点，充分发挥规划作用，在城镇体系内部打破行政壁垒，推动各城镇之间的市场统一和制度同化，促进基础设施通达均衡，发挥好中心城市的辐射带动作用，促进城市间形成网络结构，加强区域一体化。政府以纵向突出优势、带动发展，横向明确分工、互补合作为导向，促进产业在城镇体系内的合理分布，完善分工协作的引导机制，避免城市产业结构类同、恶性竞争等现象。

参考文献

[1] 孙久文，叶裕民. 区域经济学教程 [M]. 北京：中国人民大学出版社，2010.

[2] Gill I，Kharas H. An East Asian Renaissance：Ideas for Economic Growth [J]. The World Bank，number 6798，June. 2007.

[3] 安虎森. 区域经济学 [M]. 北京：高等教育出版社，2018.

[4] 王小鲁，夏小林. 优化城市规模，推动经济增长 [J]. 经济研究，1999 (09)：22 - 29.

[5] Au C，Henderson J V. Are Chinese Cities Too Small? [J]. The Review of Economic Studies，2006，73 (3)：549 - 576.

[6] 中国经济增长前沿课题组，张平，刘霞辉. 城市化、财政扩张与经济增长 [J]. 经济研究，2011，46 (11)：4 - 20.

[7] 中国经济增长与宏观稳定课题组，陈昌兵，张平，等. 城市化、产业效率与经济增长 [J]. 经济研究，2009，44 (10)：4 - 21.

[8] 孙秀林，周飞舟. 土地财政与分税制：一个实证解释 [J]. 中国社会科学，2013 (04)：40 - 59.

[9] 李红阳，邵敏. 城市规模、技能差异与劳动者工资收入 [J]. 管理世界，2017 (08)：36 - 51.

[10] 孙久文，叶裕民. 区域经济学教程 [M]. 北京：中国人民大学出版社，2020.

[11] 李强，陈宇琳，刘精明. 中国城镇化“推进模式”研究 [J]. 中国社会科学，2012 (07)：82 - 100.

[12] 徐博. 收缩城市与精明发展：收缩型中小城市政府治理与市场效率的内在逻辑匹配及改革创新空间 [J]. 经济学家，2019 (12)：34 - 45.

[13] 孙久文，苏玺鉴. 论东北振兴中的城市精明增长战略 [J]. 社会科学辑刊，2020 (05)：50 - 62.

[14] 王小鲁. 中国城市化路径与城市规模的经济学分析 [J]. 经济研究，2010，45 (10)：20 - 32.

[15] 王业强. 倒“U”型城市规模效率曲线及其政策含义：基于中国地级以上城市经济、社会和环境效率的比较研究 [J]. 财贸经济，2012 (11)：127 - 136.

[16] 汪彬，郭贝贝，李鸿磊. 区域差异、规模分布与中国城市效率问题研究：基于 285 个地级市的实证研究 [J]. 经济问题探索，2020 (01)：114 - 127.

[17] 陆铭. 大国大城：当代中国的统一、发展与平衡 [M]. 上海：上海人民出版社，2016.

[18] 何艳玲. 规模红利还是公共服务？中国城市治理进程及其演进机制 [J]. 清华社会科学，2020，2 (01)：203 - 226.

[19] 修春亮，魏冶，王绮. 基于“规模—密度—形态”的大连市城市韧性评估 [J]. 地理学报，2018，73 (12)：2315 - 2328.

[20] 仇保兴，姚永玲，刘治彦，等. 构建面向未来的韧性城市 [J]. 区域经济评论，2020 (06)：1 - 11.

[21] 周黎安. 转型中的地方政府：官员激励与治理 [M]. 上海：上海人民出版社，2017.

[22] 徐圆，张林玲. 中国城市的经济韧性及由来：产业结构多样化视角 [J]. 财贸经济，2019，40 (07)：110 - 126.

[23] 覃成林，张华，毛超. 区域经济协调发展：概念辨析、判断标准与评价方法 [J]. 经济体制改革，2011 (04)：34 - 38.

[24] 石敏俊，金凤君，李娜，等. 中国地区间经济联系与区域发展驱动力分析 [J]. 地理学报，2006 (06)：593 - 603.

[25] 刘真真，马远. 粤港澳大湾区城市群城市规模分布特征及经济联系 [J]. 城市学刊，2020，41 (04)：47 - 53.

[26] 王海江，苗长虹，茹乐峰，等. 我国省域经济联系的空间格局及其变化 [J]. 经济地理，2012，32 (07)：18 - 23.

[27] 陆铭. 空间的力量：地理、政治与城市发展 [M]. 上海：上海人民出版社，2017.

[28] 徐江. 多中心城市群：POLYNET 引发的思考 [J]. 国际城市规划，2008 (01)：1 - 3.

第六章 城乡融合发展与乡村振兴

本章第一节总结我国城乡关系的演进历程，我国的城乡关系经历了由对立到融合的过程，城乡发展政策经历了由“城乡统筹发展”到“城乡发展一体化”再到“城乡融合发展”，城乡关系取得了重大进展。但必须认识到我国的城乡二元结构依然严峻，城乡融合发展之路依然任重而道远。乡村振兴的实质就是城乡关系的重塑，城乡融合发展既是乡村振兴的目标，也是乡村振兴的实现路径。第二节分析乡村振兴战略思想的内容体系，以及实现乡村振兴的城乡融合发展路径。在党的带领下，我国实现了贫困县的全部脱贫，未来“三农”的工作重心已发生历史性转移，巩固扶贫攻坚的成功，是乡村振兴的重要基石。

一、我国城乡关系演进历程与城乡融合发展的内涵

城乡关系是一定社会经济条件下城市和乡村之间相互作用、相互影响、相互制约的普遍联系与互动关系。城乡关系作为人类社会发展中的基本关系形态，其内涵十分丰富，包括城乡经济关系、社会关系、阶级关系、生态环境关系、文化关系和区位关系等诸多方面。

（一）我国城乡关系的演进历程

目前，我国正处于城乡关系演变与乡村快速转型的关键时期，回顾我国城乡关系演进历程对于理解我国政策思想转变、实施乡村振兴战略、缩小城乡差距、优化城乡关系具有重要意义。

1. 城乡二元体制的形成与固化阶段（1949—1977 年）

这一阶段的城乡关系可以总结为“农业养育工业、农村支持城市”。新中国成立初期，国家为实现追赶超越、实现“工业化强国”的目标，确立了重工业优先发展道路。为更好地促进城市重工业部门优先发展，国家实施了一系列政策并不断强化，形成了具有中国特色的城乡二元体制。一方面，为集中农业剩余、优先重工业发展，国家在农村建立了一套与之相适应的配套计划和管理办法，包括设置工农产品价格剪刀差、实行主要农产品统购统销制度和农业集体经营体制，这三项制度构成了二元经济体制的核心内容。另一方面，为保障二元经济体制的运行，国家在社会领域也建立了城乡二元体制，即建立户籍管理制度。在农业养育工业的机制中，农民的利益受到损害，同时发展重工业对劳动力就业吸纳有限，为避免农村人口过多涌入城市而造成各种负面影响，以及充分保障农业基本生产的劳动力供给，国家通过户口管理干预农民进城。1958 年颁布的《中华人民共和国户口登记条例》，明确将城乡居民区分

为“农业户口”和“非农业户口”两种不同的户籍，并规定农业户口居民未经政府许可不能迁入城市。此外，各种社会保障制度不断与户籍制度挂钩，最终形成了城乡二元体制。

2. 城乡经济社会互动发展阶段（1978—2001 年）

这一阶段既是城乡二元体制逐步“破冰”阶段，也是城乡发展差距经历由缩小到扩大的阶段。

第一，家庭联产承包责任制改变了农业和农村的人民公社化组织方式，弱化了政府对农村经济活动的控制，重新确立了家庭经营在农业生产中的主体地位，有效改善了农业生产的内部激励机制。同时，政府还放开粮食市场并提高农产品的收购价格，通过“让利”给农民形成农业生产的外部激励。这一时期农产品产量激增，农民收入迅速提高，城乡收入差距显著下降。根据农业改革与发展的形势，政府顺势开启了农产品市场体制改革，废除了统购统销制度，农产品市场逐步完全开放。

第二，家庭联产承包责任制和农产品市场改革的推进，使得农业生产效率不断提高，农村剩余劳动力进步一步增加。在吸收农村剩余劳动力和防止农民大量进城的双重压力驱动下，乡镇企业开始兴起。通过鼓励农民“离土不离乡、进厂不进城”，农村剩余劳动力在农村内部转向非农产业。1988 年城乡居民收入差比降到改革开放后的最低点。

第三，进入 20 世纪 90 年代，城市国有企业改革全面开启，建立社会主义市场经济体制目标被提出，劳动力在城乡之间的流动逐步放松，城乡联系显著增强，但资源要素仍以农村向城市单向流动为主。同时，这一时期政府对农村的投入继续呈现降低的趋势，城乡在教育、就业、医疗卫生、社会保障、文化娱乐等方面的差距急剧扩大，传统的城乡二元格局未被打破。

3. 统筹城乡发展阶段（2002—2016 年）

这一阶段国家开始着手解决城乡发展失衡问题。2002 年，党的十六大提出将“统筹城乡经济社会发展”作为解决城乡二元体制问题的基本方针，并在 2003 年党的十六届三中全会中提出“五个统筹”要求，将“统筹城乡发展”列为五个统筹之首，其核心就是要解决城乡收入差距加大、城乡之间发展不平衡、城乡居民享受公共服务不均等问题。为落实统筹城乡发展战略方针，2004 年国家开始构建“以工促农、以城带乡”的三农政策体系。

2005 年，党的十六届五中全会首次提出“建设社会主义新农村”和“推进城乡发展一体化”。2007 年，党的十七大报告再次强调“统筹城乡发展、推进社会主义新农村建设，必须建议‘以工促农、以城带乡’的长效机制，形成城乡一体化的新格局”。2012 年，党的十八大明确提出：“解决好农业农村农民问题是全党工作重中之重，城乡发展一体化是解决‘三农’问题的根本途径。”2013 年，党的十八届三中全会进一步指出：“城乡二元结构是制约城乡发展一体化的主要障碍。必须健全体制机制，形成以工促农、以城带乡、工农互惠、城乡一体的新型工农城乡关系，让广大农民平等参与现代化进程、共同分享现代化成果。”

4. 城乡融合发展阶段（2017年至今）

2017年，党的十九大报告指出：“推动实施乡村振兴战略，坚持农业农村优先发展，按照‘产业兴旺、生态宜居、乡风文明、治理有效、生活富裕’的总要求，建立健全城乡融合发展体制机制和政策体系，加快推进农业农村现代化。”这是党的文件第一次明确提出农业农村优先发展问题，标志着中国城乡关系开始出现转折性变化。

城乡发展战略方针经历了从“统筹城乡发展”到“城乡发展一体化”再到“城乡融合发展”，虽然表述不同，但是思想却是一脉相承的。把乡村作为与城市具有同等地位的有机整体，实现经济社会文化共存共荣，表明我国城乡关系发生了历史性变革，城乡发展进入了新的发展阶段。

（二）城乡融合发展的内涵

城乡融合是指在将城市与农村视为一个有机整体的基础上，实现经济互动、社会交流、空间衔接无障碍深度交互，同时也要保留城乡各自特色。在新时代背景下，城乡融合有了更丰富和深刻的内涵。

首先，城乡融合发展意味着城乡要素流动性加强。生产要素的自由流动是市场机制发挥作用的重要前提。改革开放以来，中国城乡要素流动和再配置集中表现为农村劳动力的跨部门、跨地区、跨产业流动，但这种流动因户籍制度以及城乡社会保障的显著差异而并不充分。与此同时，城市的资本、技术、知识、信息等现代要素进入农村部门仍然存在很大局限，这导致城乡要素流动表现为农村劳动力流向城市的单因素、单方向特征。相对于改革开放初期，中国城乡要素的流动性和再配置效率得到了明显的提升，但是相对于建设社会主义现代化国家的目标而言，这种要素流动性和配置效率仍有很大的提升空间。因此，要坚决破除妨碍城乡要素自由流动和平等交换的体制机制壁垒，促进各类要素更多向乡村流动，在乡村形成人才、土地、资金、产业、信息汇聚的良性循环，为乡村振兴注入新动能，形成城乡融合发展新格局。

其次，城乡融合发展意味着城乡产业多样化特征增强。新中国成立之初到改革开放之前，中国城乡两部门的产业呈现第二、三产业集中在城市，第一产业集中在农村的特征。改革开放之后，城乡产业对立的格局被打破，乡镇企业的兴起使第二产业在农村蓬勃发展，同时随着农村自由市场合法化，农村商品交易规模不断扩大、频率不断增加，第三产业也开始在农村发展，农村呈现三次产业并存的格局。在新时代背景下，社会主要矛盾转变为人民日益增长的美好生活需要和不平衡不充分的发展之间的矛盾，其中人民日益增长的美好生活需要包括物质、文化、生态等多种需求，这对城乡产业的多样化也提出了更高的要求。因此，提高农村三次产业的多样化功能、城乡产业之间的融合就是城乡融合发展的重要内容。

再次，城乡融合发展意味着城乡空间融合程度提高。改革开放之前，由于三次产业的形态差异，第二、三产业的集聚效应特征使其集中在城市，第一产业则集中在农村，城乡的地理分界十分明显。改革开放之后，随着城市化的推进以及乡镇企业的兴起，城乡之间的彼此隔离的空间分布逐步被打破，城市中出现了“城中村”，部分农村地区则出现了本地城市化格局。新时代背景下城乡融合发展意味着城乡空间交错程度增加，两者在经济、社会、文化、生态等方面的功能实现分工和互补，其空间边界逐步趋于模糊。部分城市社会经济功能开始扩散到传统的农村地区，具有生产、生活、生态等功能的田园综合体、特色小镇和现代农业园区成为连接城乡的枢纽，随着城市中的公共交通、通信、供水供气、污水处理等交通基础设施和市政基础设施向农村地区延伸和布局，城乡融合发展的新格局将会形成。

最后，城乡融合发展意味着城乡居民社会福利水平更加接近。改革开放之前，城乡的割裂关系使城乡居民收入和消费差距长期处于较高水平，同时城乡居民的差别化身份使其在公共产品的获取上具有显著区别。改革开放之后，市场经济体制下要素配置效率增强，城乡居民的收入和消费水平呈现逐年提高趋势，城乡收入和消费差距在2009年之后呈现持续缩减趋势。进入21世纪之后，新农合、新农保等制度经过试点后开始在全国范围内实施，这意味着农村居民开始从国家获得正规社会保障，城乡基本公共服务均等化的进程开始启动。然而，必须认识到，城乡居民社会福利水平仍然存在较大差距。在新时代背景下，城乡融合发展的最终目的就是依靠深化改革使城乡居民更为均等地享受发展成果，实现协调发展和共享发展的新发展理念。

（三）我国城乡融合发展的现状与问题

随着我国经济实力的增强，经济发展阶段进入了“以工促农、以城带乡”的阶段。国家对城乡关系的重视程度日益增加，在“统筹城乡”“城乡一体化”和“城乡融合”等发展战略的实施下，农村居民人均收入日益增加，农村基本公共服务水平不断提高，城乡人口、资金等生产要素来往紧密，城乡融合程度不断加深。但与此同时，城乡二元结构依然普遍存在，城乡融合之路仍然任重道远。

1. 城乡收入差距趋于缩小，但差距绝对值仍然很大

城乡收入比是衡量城乡收入差距的一个重要指标，某种程度上表示城乡融合程度。图6－1为改革开放以来我国城乡居民人均可支配收入及比值。改革开放初期的改革重点在于释放农村活力，1978—1993年农村居民收入增速显著高于城市地区，城乡收入比由2.57降至1.82，这也是新中国历史上城乡收入差距最小的时期。此后随着沿海开发战略的实施，政策更多偏向沿海地区，城市居民的收入开始大大增长，城乡收入比由1993年的1.82上升到2002年的3.03。从2002年开始，国家开始重视城乡关系的治理，开始实施从“城乡统筹”到“城乡一体化”再到“城乡融合”的发展战略，城乡收入比攀升到2007年的最高值3.14之后开始一路下降，2013年以来，农村居民人均可支配收入增长速度超过城镇居民，2019年城乡收入比为2.64，略高于改革开放初期。尽管城乡收入比有所下降，但必须认识到我国城乡收入差距依然很大。

从城乡居民人均可支配收入构成来看，除经营性收入之外，城市居民的工资性收入、财产性收入、转移性收入均高于农村居民。如表6－1所示，其中城乡工资性收入比于2018年低于4，2019年为3.88。城乡财产性收入比保持10以上，2019年为

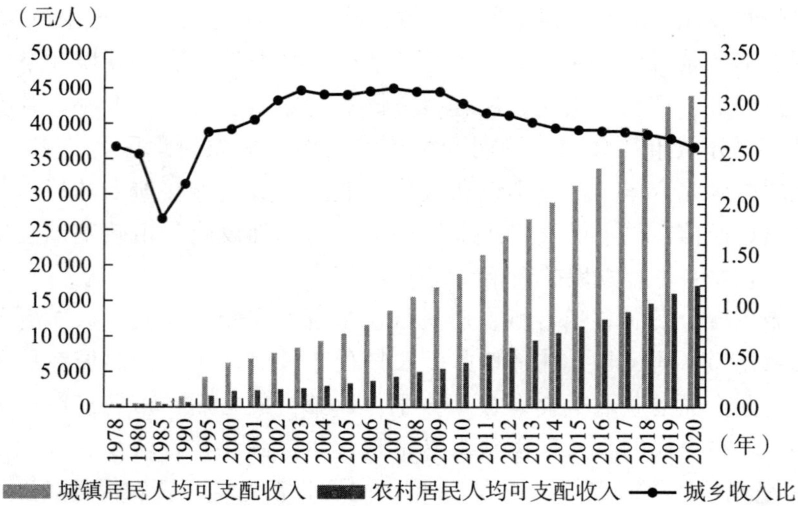

图 6-1　改革开放以来我国城乡居民人均可支配收入及比值

数据来源：《中华人民共和国2020年国民经济和社会发展统计公》

注：2013—2019年人均可支配收入来源于住户收支与生活状况调查，1978—2012年数据是根据历史数据按住户收支与生活状况调查可比口径推算获得。可支配收入绝对数按当年价计算，指数按可比价计算。

11.64，这也表明农民的财产性投资较少，应对风险的能力弱。城乡转移性收入比一直保持在2至3之间，2019年为2.29。

表 6-1　2013—2019年各类别城乡收入比

城乡收入比 / 年份	可支配收入	工资性收入	经营性收入	财产性收入	转移性收入
2013年	2.81	4.55	0.76	13.10	2.62
2014年	2.75	4.32	0.77	12.66	2.57
2015年	2.73	4.20	0.77	12.10	2.58
2016年	2.72	4.12	0.80	12.02	2.54
2017年	2.71	4.04	0.81	11.90	2.51
2018年	2.69	3.97	0.83	11.77	2.39
2019年	2.64	3.88	0.84	11.64	2.29

数据来源：《中国统计年鉴2020》。

图6-2为2019年农村居民各类可支配收入占比。随着中国步入经济新常态，宏观经济增速放缓，以及机器人等劳动力替代将减少对农民工的需求，农民工资性收入的增长趋势将很有可能面临反转。而农民家庭经营性和财产性收入则受制于农产品价格的“天花板”效应以及集体土地等制度的约束，难以实现大幅增长。由此可见，新常态下农民收入增速连续多年高于城市居民的态势将面临诸多挑战，农民增收空间受到进一步压缩。

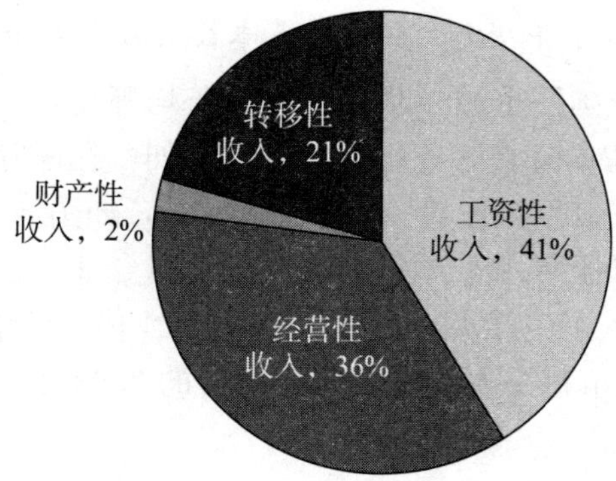

图 6-2　2019 年农村居民各类可支配收入占比

数据来源：《中国统计年鉴 2020》。

2. 城乡人口流动加快，但市民化进程依然缓慢

随着户籍制度的改革，农业转移人口市民化程度加快，越来越多的农村人口进入城镇，城镇化率显著提升。如图 6-3 所示，1978 年，我国城镇人口仅 1.7 亿人，占常住人口比重为 17.92%。2011 年，我国城镇人口数首次超过农村人口数。2019 年，我国城镇人口数量达到 8.6 亿人，城镇化率达到 60.6%。

但是，我国户籍人口城镇化率提高并不快，2012 年全国常住人口城镇化率为 52.6%，户籍人口城镇化率为 35.3%，两者相差 17.3 个百分点。2019 年常住人口城镇化率为 60.6%，户籍人口城镇化率为 44.38%，两者相差 16.22 个百分点。由于户籍制度捆绑着教育、医疗、养老等基本公共福利，造成地方政府主动性改革意愿不强。除此之外，农村相关权益保障机制不健全，农民对进城落户的担忧仍然存在，落户的积极性不高。推进农业转移人口市民化是新型城镇化的首要任务，要想形成城乡融合发展的新格局，农业人口市民化是重要的推进方面。

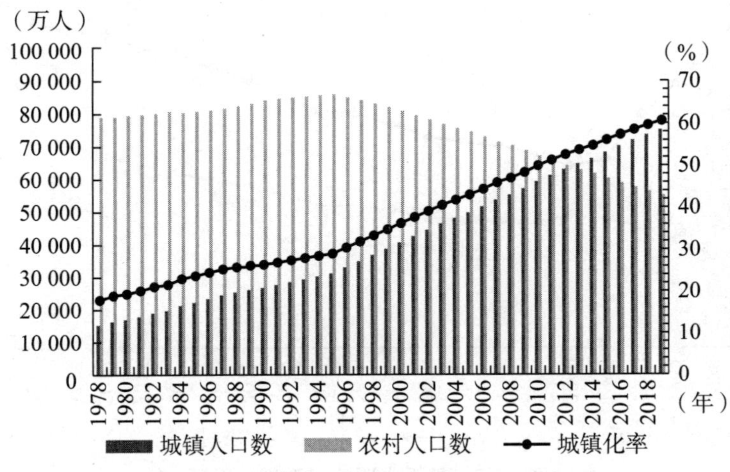

图 6-3　改革开放以来我国城乡人口变动

数据来源：《中国统计年鉴 2020》。

注：1981 年及以前数据为户籍统计数；1982、1990、2000、2010 年数据为当年人口普查数据推算数；其余年份数据为年度人口抽样调查推算数据。

3. 乡村基本公共服务水平提升，但城乡基本公共服务差距仍然较大

党的十八大以来，我国注重城乡基本公共服务均等化建设，全国公共财政对农村农业的支持力度加大。基本公共服务不断向乡村延伸，在医疗保障、义务教育以及基本养老保险方面均实现了制度全覆盖。从医疗方面看，如图 6-4～图 6-7 所示，尽管农村地区的医疗卫生公共服务水平逐年上升，但是城乡基本公共服务标准差距依然较大。2019 年，城市每千人卫生技术人员是农村的 2.24 倍，城市每千人职业（助理）医师是农村的 2.09 倍，城市每千人注册护士是农村的 2.62 倍，城市每千人医疗卫生机构床位数是农村的 1.83 倍。

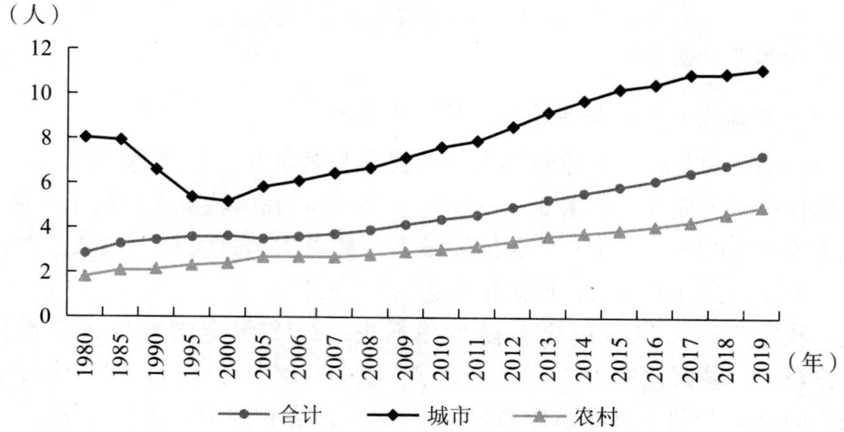

图 6-4　每千人卫生技术人员

数据来源：《中国统计年鉴 2020》。

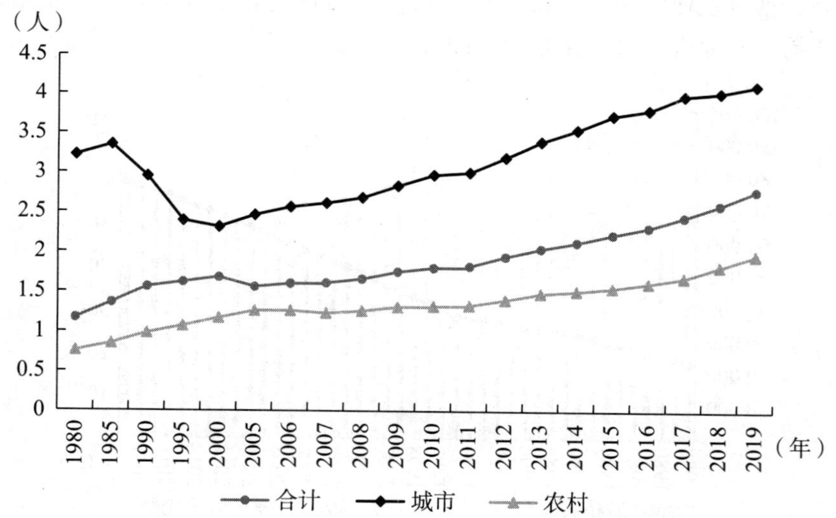

图 6-5　每千人职业（助理）医师

数据来源：《中国统计年鉴 2020》。

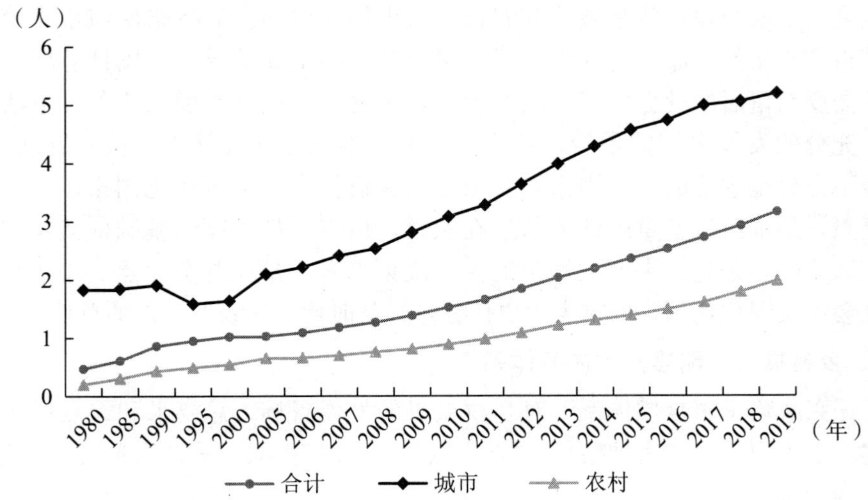

图 6-6　每千人注册护士

数据来源：《中国统计年鉴 2020》。

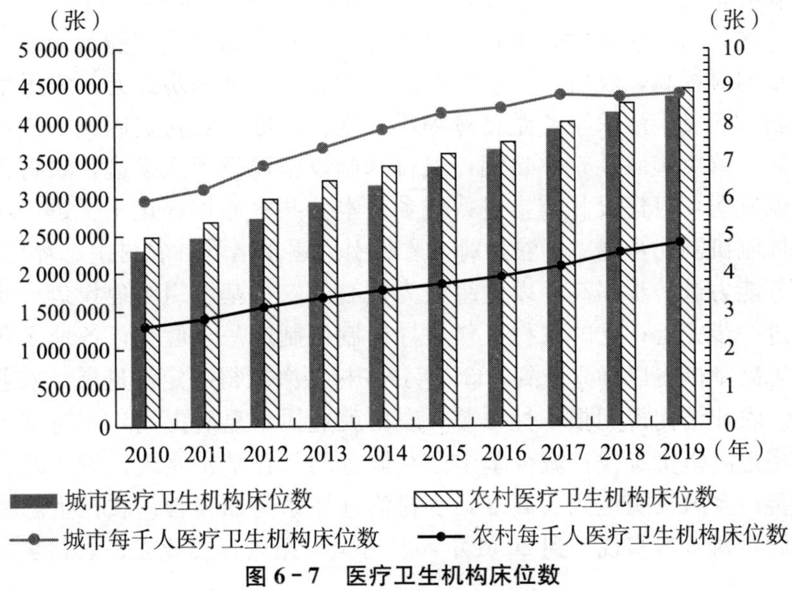

图 6-7　医疗卫生机构床位数

数据来源：《中国统计年鉴 2020》。

从时序比较的角度看，中国的城乡二元结构已经出现了快速转化的态势，城乡两大部门之间的融合是改革开放以来的基本态势。然而，从空间比较的角度看，城乡二元结构仍是中国现代化进程的重要特征事实，中国城乡二元结构转化仍处在“现在进行时”而不是“一般过去时”。

二、乡村振兴与城乡融合发展

城乡融合发展的实质是经济发展到一定阶段之后城乡关系演进的结构变化，而城乡关系发展中的两个角色就是城市和农村。城市偏向型的发展战略使城市充分吸收政策红利获得了长足的发展。进入新时代，中国社会的主要矛盾从人民日益增长的物质文化生活需要与落后的社会生产之间的矛盾，转变为人民日益增长的美好生活需要和不平衡不充分的发展之间的矛盾。在这种不平衡不充分的发展中，城乡发展不平衡、农村发展不充分是主要的制约因素。要想全面建设社会主义现代化国家，实现中华民族伟大复兴，最艰巨最繁重的任务依然在农村，最广泛最深厚的基础依然在农村。实施乡村振兴战略，是党的十九大做出的重大决策部署，是决胜全面建成小康社会、全面建设社会主义现代化国家的重大历史任务，是新时代“三农”工作的总抓手。

（一）乡村振兴战略思想的内容体系

乡村振兴战略思想自成体系，对乡村振兴的发展目标、总要求和重点任务进行了全面阐述，深刻回答了“为谁振兴”“谁来振兴”“如何振兴”等理论和实践问题。

1. 发展目标

按照党的十九大提出的决胜全面建成小康社会、分两个阶段实现第二个百年奋斗目标的战略安排，实施乡村振兴战略的目标任务同样分两个阶段。到 2020 年，乡村振兴取得重要进展，制度框架和政策体系基本形成。农业综合生产能力稳步提升，农业供给体系质量明显提高，农村一二三产业融合发展水平进一步提升；农民增收渠道进一步拓宽，城乡居民生活水平差距持续缩小；现行标准下农村贫困人口实现脱贫，贫困县全部摘帽，解决区域性整体贫困；农村基础设施建设深入推进，农村人居环境明显改善，美丽宜居乡村建设扎实推进；城乡基本公共服务均等化水平进一步提高，城乡融合发展体制机制初步建立；农村对人才吸引力逐步增强；农村生态环境明显好转，农业生态服务能力进一步提高；以党组织为核心的农村基层组织建设进一步加强，乡村治理体系进一步完善；党的农村工作领导体制机制进一步健全；各地区各部门推进乡村振兴的思路举措得以确立。到 2035 年，乡村振兴取得决定性进展，农业农村现代化基本实现。农业结构得到根本性改善，农民就业质量显著提高，相对贫困进一步缓解，共同富裕迈出坚实步伐；城乡基本公共服务均等化基本实现，城乡融合发展体制机制更加完善；乡风文明达到新高度，乡村治理体系更加完善；农村生态环境根本好转，美丽宜居乡村基本实现。到 2050 年，乡村全面振兴，农业强、农村美、农民富全面实现。

2. 总要求

党的十九大报告对乡村振兴战略的总要求是“产业兴旺、生态宜居、乡风文明、治理有效、生活富裕”。

3. 重点任务

乡村振兴战略思想对“如何振兴”进行了系统的论述。2017 年中央农村工作会议阐述了实现中国特色社会主义乡村振兴的“七条道路”：一是必须重塑城乡关系，走城乡融合发展之路；二是必须巩固和完善农村基本经营制度，走共同富裕之路；三是必须深化农业供给侧结构性改革，走质量兴农之路；四是必须坚持人与自然和谐共生，走乡村绿色发展之路；五是必须传承发展提升农耕文明，走乡村文化兴盛之路；六是必须创新乡村治理体系，走乡村善治之路；七是必须打好精准脱贫攻坚战，走中国特色减贫之路。2018 年 3 月 8 日，习近平在参加十三届全国人大一次会议山东代表团审议时提出了“五个振兴”的要求，强调实施乡村振兴战略要统筹谋划、科学推进，实现乡村产业、人才、文化、生态、组织的振兴。从“七条道路”到“五个振兴”，乡村振兴战略思想与时俱进，不断得到丰富和完善。

（二）乡村振兴——走城乡融合发展之路

城乡融合发展与乡村振兴之间的关系相辅相成，乡村发展的本质在于推进城乡关系的重塑。城乡融合发展是乡村振兴所要实现的目标，也是实现乡村振兴的路径。

习近平总书记在 2020 年 12 月 28—29 日召开的中央农村工作会议上强调，脱贫攻坚取得胜利后，要全面推进乡村振兴，这是“三农”工作重心的历史性转移。全面实施乡村振兴战略的深度、广度、难度都不亚于脱贫攻坚，必须加强顶层设计，以更有力的举措、汇聚更强大的力量来推进。一是要加快发展乡村产业，顺应产业发展规律，立足当地特色资源，推动乡村产业发展壮大，优化产业布局，完善利益联结机制，让农民分享更多产业增值收益。二是要加强社会主义精神文明建设，加强农村思想道德建设，弘扬和践行社会主义核心价值观，普及科学知识，推进农村移风易俗，推动形成文明乡风、良好家风、淳朴民风。三是要加强农村生态文明建设，保持战略定力，以“钉钉子”精神推进农业面源污染防治，加强土壤污染、地下水超采、水土流失等治理和环境修复。四是要深化农村改革，加快推进农村重点领域和关键环节改革，激发农村资源要素活力，完善农业支持保护制度，尊重基层和群众创造，推动改革不断取得新突破。五是要实施乡村建设行动，继续把公共基础设施建设的重点放在农村，在推进城乡基本公共服务均等化上持续发力，注重加强普惠性、兜底性、基础性民生建设。要接续推进农村人居环境整治提升行动，重点抓好改厕和污水、垃圾处理。要合理确定村庄布局分类，注重保护传统村落和乡村特色风貌，加强分类指导。六是要推动城乡融合发展见实效，健全城乡融合发展体制机制，促进农业转移人口市民化。要把县域作为城乡融合发展的重要切入点，赋予县级更多资源整合使用的自主权，强化县城综合服务能力。七是要加强和改进乡村治理，加快构建党组织领导的乡村治理体系，深入推进平安乡村建设，创新乡村治理方式，提高乡村善治水平。

可以看出，乡村振兴的实现路径之一就是建立健全城乡融合发展体制机制和政策体系。第一，建立健全有利于城乡要素合理配置的体制机制。坚决破除妨碍城乡要素自由流动和平等交换的体制机制壁垒，促进各类要素更多向乡村流动，在乡村形成人才、土地、资金、产业、信息汇聚的良性循环，为乡村振兴注入新动能。健全农业转移人口市民化机制；建立诚实人才入乡激励机制；改革完善农村承包土地制度；稳慎改革农村宅基地制度；建立集体经营性建设用地入市制度；健全财政投入保障机制；完善乡村金融服务体系；建立工商资本入乡促进机制；建立科技成果入乡转化机制。第二，建立健全有利于城乡基本公共服务普惠共享的体制机制。推动公共服务向农村延伸、社会事业向农村覆盖，健全全民覆盖、普惠共享、城乡一体的基本公共服务体系，推进城乡基本公共服务标准统一、制度并轨。建立城乡教育资源均衡配置机制；建立乡村医疗卫生服务体系；健全城乡公共文化服务体系；完善城乡统一的社会保险制度，统筹城乡社会救助体系；健全乡村治理机制。第三，建立健全有利于城乡基础设施一体化发展的体制机制。把公共基础设施建设重点放在乡村，坚持先建机制、后建工程，加快推动乡村基础设施提档升级，实现城乡基础设施统一规划、统一建设、统一管护。建立城乡基础设施一体化规划机制；健全城乡基础设施一体化建设机制；健全城乡基础设施一体化管护机制。第四，建立健全有利于乡村经济多元化发展的体制机制。围绕发展现代农业、培育新产业新业态，完善农企利益紧密联结机制，实现乡村经济多元化和农业全产业链发展。完善农业支持保护制度；建立新产业新业态培育机制；探索生态产品价值实现机制；建立乡村文化保护利用机制；搭建城乡产业协同发展平台；健全城乡统筹规划制度。第五，建立健全有利于农民收入持续增长的体制机制。拓宽农民增收渠道，促进农民收入持续增长，持续缩小城乡居民生活水平差距。完善促进农民工资性收入增长环境；健全农民经营性收入增长机制；建立农民财产性收入增长机制；强化农民转移性收入保障机制。

（三）县域作为城乡融合发展的切入点

以县为乡村振兴战略的基本实施单位，是由处于国家行政体系中间环节的县一级单位的地位和功能所决定的。

从城乡关系的角度看，作为行政单位的县是城市和农村的过渡区域，是城市和乡村之的结合体，是城乡融合的空间表征。乡村振兴在本质上是新时代城乡关系的再塑造，这个“再塑造”体现在实践上就是城乡融合发展。从改革开放以来的城镇化实践看，就全国范围来说，城市发展突飞猛进，中国的大城市已经与发达国家的大城市没有大的区别，甚至比世界上一些著名的大城市在很多方面还要发达。但是，与此相对的是乡村发展相对滞后，故而乡村振兴战略要求建立新型城乡融合发展机制，实现城镇和乡村融合发展。

从空间分布和功能发挥的角度看，只有县兼具城和乡的双重功能。从空间分布角度来看，乡镇一级具有从县城到村落的过渡性质，本质上是历史上自然形成的以步行为主要交通方式、当日可以返家的空间经济场域。随着时代的变化，乡镇的范围大小也经常调整，但是这种调整只是在一定空间范围内的两三个乡镇之间收缩和扩张而已。在本质上，乡镇不具备城市的性质。从功能发挥角度来看，乡镇只是为周边村落提供行政和生活服务的中心点，不具有城市的相对完整的功能。它既没有像县一样具备完整的行政服务功能，也没有像县一样具备完整的经济、政治、文化和社会功能。因此，以县为单位推进乡村振兴更能统筹城乡发展空间，进而将城乡作为一个整体来促进城乡融合发展。

就实现乡村产业、人才、文化、生态、组织的全面振兴而言，与乡镇相比，县域视角下的统筹安排更具信息和效率优势。

参考文献

[1] 张英男，龙花楼，马历，屠爽爽，陈坤秋. 城乡关系研究进展及其对乡村振兴的启示 [J]. 地理研究，2019，38 (03)：578-594.

[2] 张海鹏. 中国城乡关系演变70年：从分割到融合 [J]. 中国农村经济，2019 (03)：2-18.

[3] 年猛. 中国城乡关系演变历程、融合障碍与支持政策 [J]. 经济学家，2020 (08)：70-79.

[4] 金三林，曹丹丘，林晓莉. 从城乡二元到城乡融合：新中国成立70年来城乡关系的演进及启示 [J]. 经济纵横，2019 (08)：13-19.

[5] 姚毓春，梁梦宇. 新中国成立以来的城乡关系：历程、逻辑与展望 [J]. 吉林大学社会科学学报，2020，60 (01)：120-129+222.

[6] 李爱民. 我国城乡融合发展的进程、问题与路径 [J]. 宏观经济管理，2019 (02)：35-42.

[7] 高帆. 中国新阶段城乡融合发展的内涵及其政策含义 [J]. 广西财经学院学报，2019，32 (01)：1-12+35.

[8] 张海鹏，郜亮亮，闫坤. 乡村振兴战略思想的理论渊源、主要创新和实现路径 [J]. 中国农村经济，2018 (11)：2-16.

[9] 王立胜. 以县为单位整体推进：乡村振兴战略的方法论 [J]. 中国浦东干部学院学报，2020，14 (04)：119-126.

第三部分　区域经济发展新格局

第七章 “双循环”新格局的背景与发展逻辑

2020年5月，中共中央政治局常委会会议首次提出“深化供给侧结构性改革，充分发挥我国超大规模市场优势和内需潜力，构建国内国际双循环相互促进的新发展格局”。党的十九届五中全会也将“加快构建以国内大循环为主体、国内国际双循环相互促进的新发展格局”纳入《中共中央关于制定国民经济和社会发展第十四个五年规划和二〇三五年远景目标的建议》中。构建基于“双循环”的新发展格局成为党中央在国内外环境发生显著变化的大背景下，推动我国开放型经济向更高层次发展的重大战略部署。本部分基于“双循环”发展格局提出的国内外背景，探讨我国“双循环”格局的发展逻辑。

一、发展格局变化的背景

（一）国际背景

1. 新冠肺炎疫情对世界重要经济体造成严重冲击

2020年是极为特殊的一年，席卷全球的新冠肺炎疫情重创全球经济。为抗击疫情而做出的封锁措施使得各国经济一度停摆，季度GDP表现创历史极值。根据2021年2月28日中国国家统计局官网发布的《中华人民共和国2020年国民经济和社会发展统计公报》数据，2020年中国是全球唯一实现经济正增长的主要经济体。国际货币基金组织（IMF）在2020年底发布的《全球经济展望》中预测2020年全球经济将萎缩4.4%，这一跌幅是2008年全球金融危机导致的经济跌幅的近7倍，是自20世纪30年代大萧条以来的最严重的衰退。世界主要经济体遭遇严重冲击，从目前看来，经济复苏的不平衡性将会对世界经济格局演变产生深远的影响。

（1）美欧经济全面萎缩。虽然美欧拥有先进的医药科技和医疗体系，但是由于疫情防控措施不当，美欧各国经济在2020年各季度均出现较大程度的萎缩，具体见表7-1。其中，美国仅在第一季度为正增长，第二季度到第四季度的预测值均为负。值得注意的是，美国在其史无前例的货币政策和财政纾困措施的刺激下，虽然疫情并未得到控制，但是经济数据表现略好于欧洲主要国家。欧洲主要国家在2020年全年前三季度经济均为负增长，其中第二季度出现断崖式下跌，跌幅达到两位数，最大跌幅为21.6%，第四季度所有相关国家的预测值均为负值。从相关数据可以认为，美欧经济在2020年全面萎缩。

（2）东盟主要国家逐步复苏。如表7-2所示，东盟主要国家中，越南经济的表现堪称一枝独秀，是主要国家中唯一2020年4个季度保持正增长的国家。马来西亚、泰

表 7-1　美欧 2019—2021 年 GDP 增速对比（同比%）

时间＼国家	美国	英国	欧元区	法国	德国	意大利	西班牙
2019 年	2.2	1.3	1.3	1.5	0.6	0.3	2.0
2020 年（预测）	(3.7)	(9.8)	(7.4)	(10.7)	(5.3)	(8.9)	(10.8)
其中：第一季度	0.3	(2.3)	(3.0)	(5.6)	(2.2)	(5.8)	(4.2)
第二季度	(9.0)	(21.0)	(14.9)	(18.6)	(11.3)	(18.2)	(21.6)
第三季度	(2.9)	(8.7)	(4.4)	(3.7)	(4.0)	(5.2)	(9.0)
第四季度	(2.4)	(7.8)	(7.3)	(4.9)	(3.6)	(6.6)	(9.1)
2021 年（预测）	3.2	5.9	3.6	6.0	2.4	4.0	4.5

数据来源：各国官方统计数据及国际货币基金组织（IMF）等权威机构预测；括号内为负值。

国与菲律宾第二季度经济增速降幅较大，均超过两位数，其中马来西亚同期降幅最大，为 17.1%，但是其第三季度降幅明显收窄，经济复苏态势强劲。从第四季度的数据来看，东盟主要国家中仅越南在第四季度的经济增速仍然为正，但总体经济增长逐步恢复。

与美欧等地相比，东盟主要国家多为外向型经济体，其经济发展情况受外部环境影响大，因此经济波动与主要贸易国基本同步。但是，虽然各国也受到疫情的较大冲击，基于其较大的经济内生增长动力，复苏动力明显强于美欧等地区。

表 7-2　东盟主要国家 2019—2021 年 GDP 增速对比（同比%）

时间＼国家	马来西亚	印度尼西亚	泰国	菲律宾	越南
2019 年	4.3	5.0	2.4	6.0	7.0
2020 年（预测）	(4.4)	(0.6)	(4.9)	(6.4)	2.8
其中：第一季度	0.7	3.0	(2.1)	(0.7)	3.8
第二季度	(17.1)	(5.3)	(12.1)	(16.9)	1.8
第三季度	(2.6)	(3.5)	(6.4)	(11.4)	2.1
第四季度	(3.5)	(2.2)	(4.2)	(8.3)	2.9
2021 年（预测）	6.5	8.0	5.5	7.5	6.5

数据来源：各国官方统计数据及国际货币基金组织（IMF）等权威机构预测；括号内为负值。

（3）金砖国家分化明显。如表 7-3 所示，金砖国家 2020 年经济表现分化明显。中国在第一季度，即疫情暴发初期，采取了严格的防控措施，部分地区经济基本停摆，经济下滑严重，但是第二季度以后，随着疫情逐步控制，经济开始强劲复苏，其中预计第四季度经济增速超过 6%。中国也是国际货币基金组织（IMF）预测的 2020 年全年全球主要经济体中唯一正增长的国家。印度由于疫情防控力度不足，疫情暴发严重，累计确诊病例超千万，经济活动大范围停摆。俄罗斯作为能源出口大国，在疫情和能源价格持续低迷的双重影响下，能源出口遭遇重创，经济下滑明显。

巴西的经济结构中，服务业在金砖国家中GDP占比最高，约为63%，受到大范围停止商业活动等社会隔离措施的冲击，2020年第二季度巴西GDP同比下降10.9%，社会隔离措施导致从投资到家庭消费在内的经济活动瘫痪。经合组织（OECD）有关数据研究显示，2020年第二季度，在全球31个发达经济体和新兴市场国家中，巴西在投资下降方面排名第4。巴西国家地理与统计局数据显示，巴西2020年第二季度投资率同比下降15.4%。国际货币基金组织（IMF）发布的《全球经济展望》称，巴西2020年将出现近120年以来最大的经济衰退。南非经济已连续多年疲弱，高债务、高失业率等问题积重难返。疫情更使南非经济雪上加霜。据南非统计局数据，疫情暴发之前，南非GDP在2019年第三、四季度已连续萎缩，全年仅增长0.2%。2020年第一季度环比再降0.5%，第二季度更骤降16.4%，降幅在全球仅次于印度。第三季度经济反弹13.5%，但第三季度末失业率再创新高，达到30.8%。预计南非经济2020年全年将萎缩6.7%，2021年有望增长3.2%，不及2020年跌幅的一半。

表7-3 金砖国家2019—2021年GDP增速对比（同比%）

时间＼国家	印度	俄罗斯	巴西	南非	中国
2019年	4.7	1.3	1.4	0.2	6.1
2020年（预测）	(8.1)	(3.7)	(5.1)	(6.7)	1.9
其中：第一季度	3.1	1.6	(0.3)	0.1	(6.8)
第二季度	(24.4)	(8.0)	(10.9)	(17.5)	3.2
第三季度	(7.4)	(3.6)	(3.9)	(6.0)	4.9
第四季度	0.4	(4.8)	(1.1)	(3.2)	6.5
2021年（预测）	5.5	3.0	3.2	3.2	8.5

数据来源：各国官方统计数据及国际货币基金组织（IMF）等权威机构预测；括号内为负值。

2. 全球经济陷入“长期性停滞格局”

图7-1是近15年全球经济增速整体情况，其中2019年经济增速约为2.5%，低于2017与2018年的经济增速水平。自2011年以来，全球经济增速不断下滑。近五年平均增速为2.88%，远低于全球金融危机暴发前2002年至2007年期间高达4.8%的平均增速。全球金融危机的暴发似乎显著改变了全球的增长格局，而根据国际货币基金组织的预测，由于新冠肺炎疫情的暴发，2020年全球经济增速将再次为负，全球经济增长长期停滞格局仍将延续。

世界主要国家近5年经济增速呈下降趋势。从表7-4中可以看出，近5年世界主要国家经济增速均呈下滑趋势，美国经济增速在2018年有短暂上升，为3.2%，总体情况为经济增速从2015年的2.9%下降到2019年的2.3%。中国经济增速近5年也呈

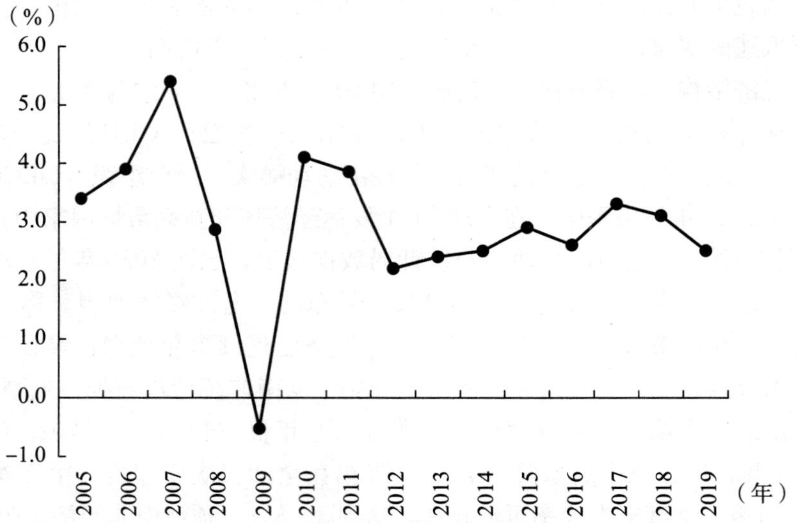

图 7-1　2005—2019 年全球经济增速

数据来源：世界银行 WDI 数据库。

下降趋势，但是在全球大型经济体中经济增速靠前，目前正处于转型发展期，是世界经济增长的主要动力源。虽然经济增速从 2015 年的 8%下降到 2019 年的 5%，但是同处亚洲的印度经济增速仍处于全球经济增速第一梯队。但是一些传统意义上的资本主义强国，如日本、德国、英国、法国以及意大利等国家经济增速均不足 2%，一些国家的经济增速甚至远低于 1%，几乎处于零增长的停滞状态。2015 年到 2019 年有 7 个国家出现过负增长的情况，但是预计 2020 年，除中国以外的其他国家将基本处于负增长的局面。

表 7-4　世界主要国家 2015—2019 年国内生产总值增长率

项目 / 国家	国内生产总值增长率（%）					项目 / 国家	国内生产总值增长率（%）				
	2015年	2016年	2017年	2018年	2019年		2015年	2016年	2017年	2018年	2019年
美国	2.9	1.6	2.2	3.2	2.3	俄罗斯	−2.0	0.2	1.8	2.5	1.3
中国	7.0	6.8	6.9	6.8	6.1	韩国	2.8	2.9	3.2	2.7	2.0
日本	1.2	0.5	2.2	0.3	0.7	西班牙	3.8	3.0	2.9	2.4	2.0
德国	1.7	2.2	2.5	1.5	0.6	澳大利亚	2.2	2.8	2.4	2.9	1.9
印度	8.0	8.3	7.0	6.1	5.0	墨西哥	3.3	2.9	2.1	2.1	−0.1
英国	2.4	1.9	1.9	1.3	1.4	印度尼西亚	4.9	5.0	5.1	5.2	5.0
法国	1.1	1.1	2.3	1.8	1.5	荷兰	2.0	2.2	2.9	2.6	1.8
意大利	0.8	1.3	1.7	0.8	0.3	土耳其	6.1	3.2	7.5	2.8	0.9
巴西	−3.5	−3.3	1.3	1.3	1.1	波兰	3.8	3.1	4.9	5.3	4.1
加拿大	0.7	1.0	3.2	2.0	1.7	泰国	3.1	3.4	4.1	4.2	2.4

续前表

国家	2015年	2016年	2017年	2018年	2019年	国家	2015年	2016年	2017年	2018年	2019年
项目	国内生产总值增长率（%）					项目	国内生产总值增长率（%）				
阿根廷	2.7	−2.1	2.7	−2.5	−2.2	捷克	5.3	2.5	4.4	2.8	2.6
尼日利亚	2.7	−1.6	0.8	1.9	2.2	新西兰	3.6	3.7	3.2	3.8	2.2
以色列	2.3	4.0	3.5	3.5	3.5	哈萨克斯坦	1.2	1.1	4.1	4.1	4.5
菲律宾	6.3	7.1	6.9	6.3	6.0	乌克兰	−9.8	2.2	2.5	3.4	3.2
新加坡	3.0	3.2	4.3	3.4	0.7	斯里兰卡	5.0	4.5	3.6	3.3	2.3
马来西亚	5.1	4.5	5.7	4.7	4.3	缅甸	7.0	5.8	6.4	6.8	2.9
南非	1.2	0.4	1.4	0.8	0.2	柬埔寨	7.0	7.0	6.8	7.5	7.1
埃及	4.4	4.3	4.2	5.3	5.6	老挝	7.3	7.0	6.9	6.2	4.7
孟加拉国	6.6	7.1	7.3	7.9	8.2	蒙古	2.4	1.2	5.3	7.2	5.1
巴基斯坦	4.7	5.5	5.6	5.8	1.0	文莱	−0.4	−2.5	1.3	0.1	3.9
越南	6.7	6.2	6.8	7.1	7.0						

数据来源：世界银行 WDI 数据库。

我们还统计了 2019 年经济总量排名全球前 20 的国家近 15 年中经济增速超过全球经济增速的数量，具体结果见图 7－2。统计结果显示，仅在 2016 年，这些国家有一半数量经济增速超过全球平均水平，其余年份均低于这一数值，而且最近几年有持续下滑的趋势，在 2019 年，经济总量前 20 的国家中，只有 4 个国家的经济增速达到或高于全球平均水平。这说明经济总量排名靠前的经济体大部分经济增长表现疲软、势头不强，对全球经济增长的带动能力不足。

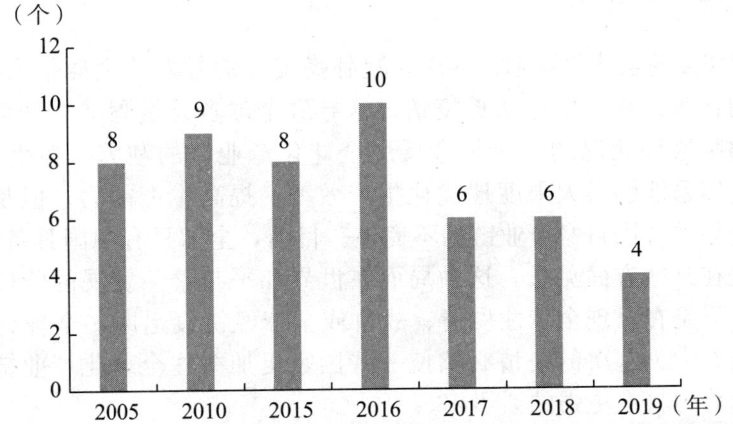

图 7－2　经济总量前 20 位国家中经济增速超过全球经济增速的国家数量

数据来源：世界银行 WDI 数据库。

3. 逆全球化盛行

（1）贸易保护主义抬头。近年来，贸易保护主义在全球范围内盛行，其中最为重大的事件是中国和美国之间的贸易争端。2018 年 3 月 8 日，特朗普宣布对中国的钢铁和铝制品分别加征 25%和 10%的关税，打响中美贸易战第一枪。之后美国又对中国 2 000 亿美元、3 000 亿美元商品加征关税。美国前后共计对中国 5 500 亿美元进口商品加征关税（2017 年美国对中国进口货物 5 060 亿美元），覆盖了全部中国进口商品，成为世界贸易史上一场规模空前的贸易战。图7－3展示了 2009—2020 年全球推出的贸易保护措施数量。从全球看，自 2008 年金融危机以来，全球各个国家推出的贸易保护措施呈现显著上升趋势，特别是 2018 年以后急剧增加，贸易保护措施的绝对量也大幅上升。截止到 2020 年 12 月，当年贸易保护措施高达 1 862 项，已经超过 2019 年全年的 50%。

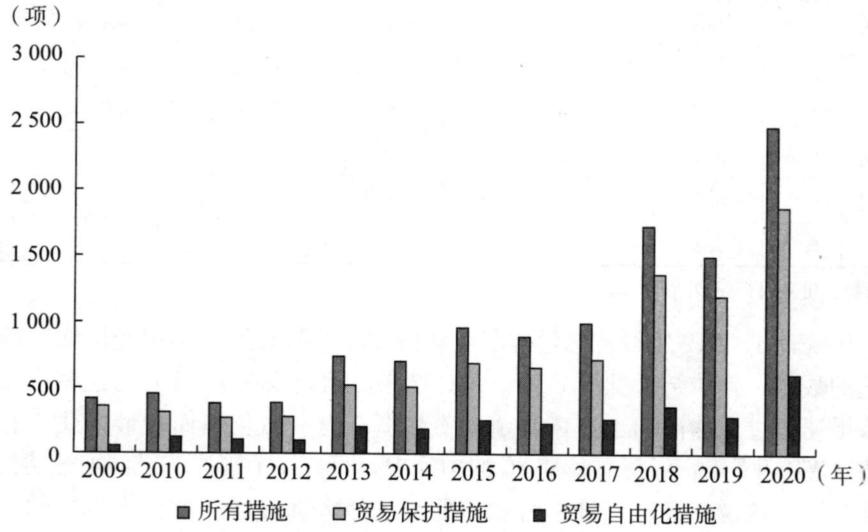

图 7－3　2009—2020 年全球推出的贸易保护措施数量

数据来源：Global Trade Alert。

（2）疫情加强逆全球化意志。本次新冠肺炎疫情的暴发给全球带来严重的困难，各国普遍采用自我封锁的措施防控疫情，这导致全球贸易量骤减，且全球产业链被打断，各国面临这种状况的同时都会反思全球化产业链的利弊。在生产效率方面，全球化产业链体系能够最大限度地优化生产效率，提高生产能力。但是，全球化产业链体系也会导致各国自身产业链的不完整。目前，全球只有中国具备最全产业链，其他国家只是在某些方面见长，这种局面在世界和平与繁荣发展的阶段能够最大化效率与利润，但是在出现全球性疫情、战争或全球经济衰退时，全球化产业链体系的弊端将会被放大。这次的疫情必然使一些国家更加关注全球化产业链的弊端，短期内逆全球化势力将有更强的话语权。

（3）全球市场萎缩。在全球经济不景气的大背景下，新冠肺炎疫情、逆全球化等因素的叠加使得全球贸易市场大幅度萎缩。世界贸易组织（简称世贸组织）在 2020 年第四季度初发布的《全球贸易数据与展望》更新报告中预测，2020 年全年全球货物贸易量将萎缩 9.2%。世贸组织同时强调，该预测数据仍存在高度不确定性，全球贸易最终表现将取决于疫情发展和政府采取的防控措施。如果此前受到抑制的市场需求耗尽，企业库存得以补充，贸易复苏和增长的势头可能会大幅放缓；同时，如果第四季度疫情反弹，贸易也会因此遭受负面影响。该报告同时预测，2021 年全球货物贸易预计增长 7.2%，大大低于此前超过 20%的增长率，在较长时期内，贸易规模将远低于疫情前的水平。

图 7 - 4 是 2013 到 2020 年各季度全球进口与出口总额。除 2016 年到 2018 年间，出现在 2015 年探底之后回升外，其余年份均呈下降趋势，其中在 2020 年第二季度，进出口总额直逼历史最低点，全球贸易总额在缓慢回升之后又遭遇重击。

图 7 - 4　2013—2020 年各季度全球进口与出口总额

数据来源：WTO 贸易数据库。

（二）国内背景

1. 经济内部格局发生改变，由高速增长向高质量发展转变

中国共产党第十九次全国人民代表大会提出，我国经济已由高速增长阶段转向高质量发展阶段，正处在转变发展方式、优化经济结构、转换增长动力的攻关期，建设现代化经济体系是跨越关口的迫切要求和我国发展的战略目标。转向“高质量发展阶段”就是我国经济已经从主要依靠增加物质资源消耗实现的粗放型高速增长，转变为主要依靠技术进步、改善管理和提高劳动者素质实现的集约型增长。“高质量发展阶段”表现在产业结构上，是由资源密集型、劳动密集型产业为主向技术密集型、知识密集型产业为主转变；在产品结构上，由低技术含量、低附加值产品为主向高技术含量、高附加值产品为主转变；在经济效益上，由高成本、低效益向低成本、高效益的方向转变；在生态环境上，由高排放、高污染向循环经济和环境友好型经济转变。最终将体现为国家经济实力不断增强，居民收入得到较快增加。

首先，第三产业和最终消费对 GDP 的贡献率如图 7 - 5 所示。从总体上看，21 世纪以来，二者对 GDP 的贡献率呈整体上升趋势，经济结构更加合理，经济增长动力更加健康，具备高质量发展的条件。

其次，经济增长更加集约。如图 7 - 6 所示，从 2001 年到 2019 年，中国的单位

GDP 能耗从最高的每万元 GDP 1.61 吨标准煤，下降到 2019 年的 0.55 吨标准煤，下降了 65.8%。

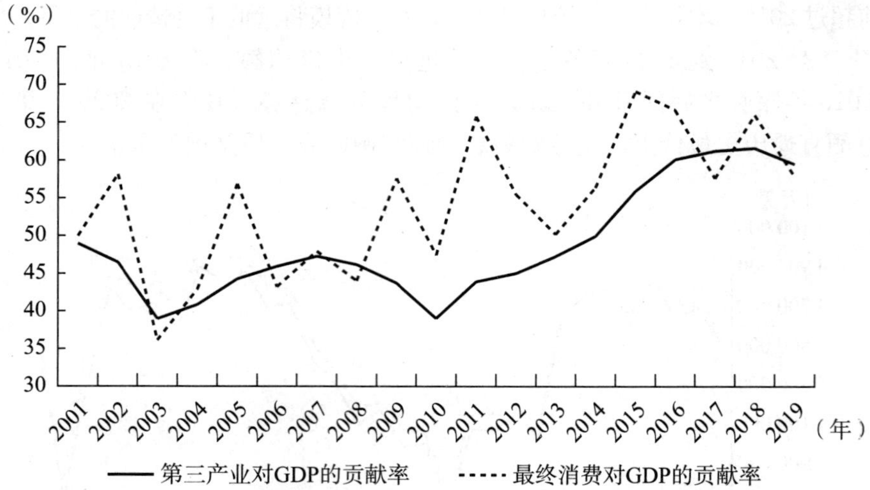

图 7-5　2001—2019 年第三产业与最终消费对 GDP 贡献率

数据来源：历年《中国统计年鉴》。

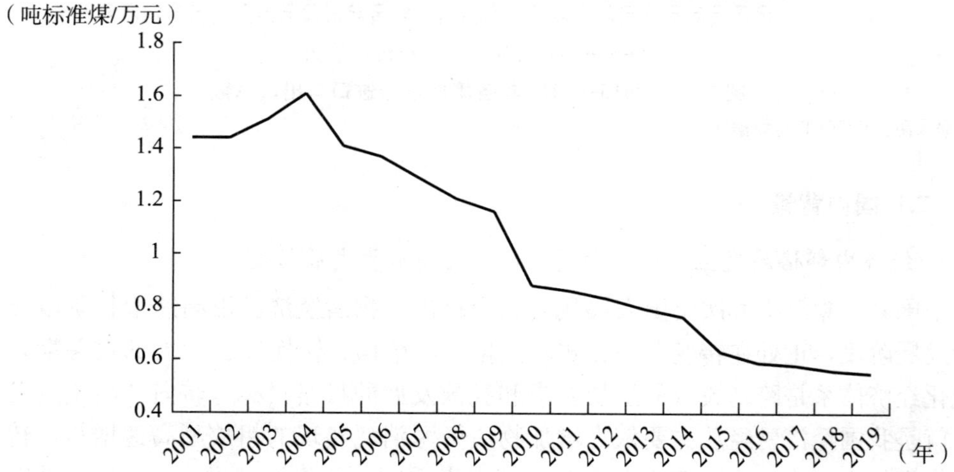

图 7-6　2001—2019 年单位 GDP 能耗

数据来源：历年《中国统计年鉴》。

再次，能源消费结构如图 7-7 所示。煤炭占比逐年下降，从 2001 年的 68%下降到 2019 年的 57.7%。一次电力及其他能源和天然气占比逐年上升，前者从 8.4%上升到 15.3%，后者从 2.4%上升到 8.1%。能源消费结构升级降低了污染物的排放量，同时降低了空气污染的治理成本，有利于推进生态文明建设。

最后，在提升整体创新能力和经济发展质量上，近 20 年来，我国在相关研发经费支出方面有较大增长。如图 7-8 所示，2001 年，我国研发经费支出占 GDP 比重不足 1%，2019 年增长到 2.23%，19 年间增长了约 220%。但是与发达国家相比，这一比例还有较大的提升空间。

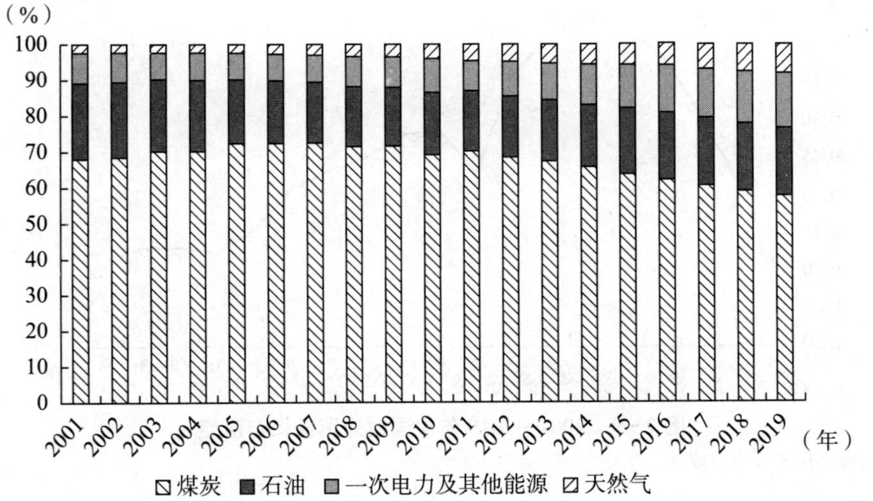

图 7-7 2001—2019 年能源消费结构

数据来源：历年《中国统计年鉴》。

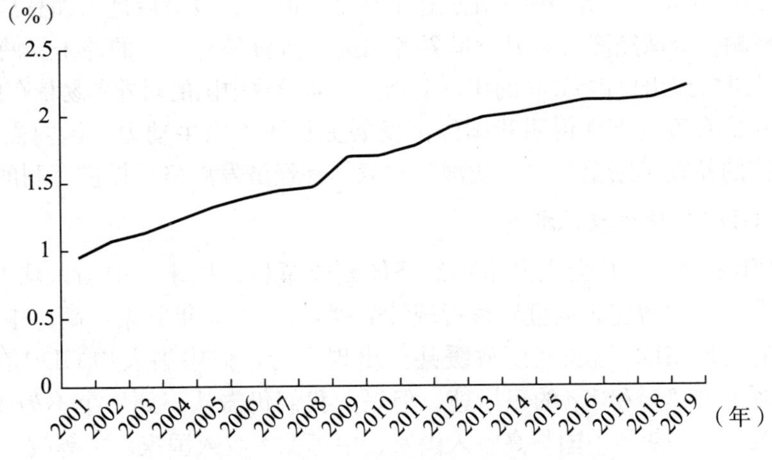

图 7-8 2011—2019 年研发经费支出占 GDP 的比重

数据来源：历年《中国统计年鉴》。

2. 中国经济的对外依存度持续降低

自中国加入 WTO 后，在拉动经济的“三驾马车”中，出口的作用日益突出。如图7-9所示，中国的对外贸易依存度从“入世”之初的 38%上升到 2006 年的 64%，之后开始下降，截止到 2019 年，下降到 32%。在经济表现方面，2001—2019 年，短短十几年时间，中国从世界第六大贸易国跃居首位，进出口总额约为“入世”前的 8 倍，而 GDP 总量从 2001 年的第六位上升到世界第二位。

对外贸易依存度是衡量进出口对经济拉动作用的指标，反映了一国对国际市场依赖程度及对外开放程度。中国对外贸易依存度不断下降是国内与国际两个因素综合作用的

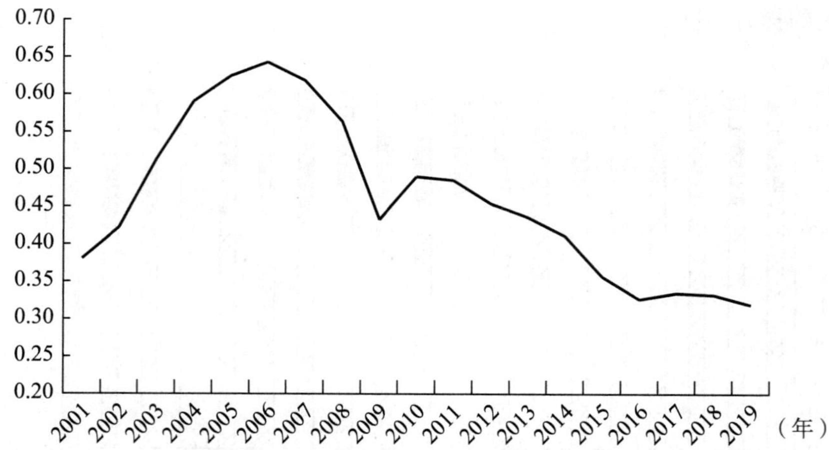

图 7-9　2001—2019 年中国对外贸易依存度变化

数据来源：历年《中国统计年鉴》。

结果。中国内部存在人口红利流失等客观因素及政策原因。同时，世界经济波动下的全球经济增长疲软、2008 年美国次贷危机及愈演愈烈的欧债危机使全球经济陷入泥潭难以自拔。直到 2015 年年末，美国终于在长达十年之久的零息政策后进入加息周期，率先走出金融危机影响。全球经济大衰退对世界各国进出口贸易有一定的冲击。两方面原因最终导致中国的进口或出口占 GDP 的比重下降，从而导致中国的对外贸易依存度下降。

对外贸易依存度的下降说明我国经济发展更加注重内生动力，国内需求特别是消费需求对经济的拉动不断上升。为我国构建双循环经济发展格局提供有利的内部环境。

3. 人均 GDP 仍处于较低水平

自 1992 年中国确立社会主义市场经济体制改革目标以来，中国人均 GDP 年度增速一直远超世界平均增速。据世界银行统计数据，自 2015 年开始，高、中等偏上及中等收入国家的人均 GDP 增长速度放缓甚至出现下行，但中国人均 GDP 在 2015 年和 2016 年仍继续保持 5%和 1%的正增速。但是，我们仍需认识到一个不为乐观的现状。表 7-5 是 1960—2019 年中国与高收入国家、中等偏上收入国家、中等收入国家、中等偏下收入国家、中低收入国家以及全球人均 GDP 的情况对比。从现状看，中国人均 GDP 在 2019 年突破 1 万美元，但是，这仅相当于高收入国家 20 世纪 80 年代的水平。另外，由于我国人口基数庞大、各区域经济发展仍存在不均衡、贫富分化严重等情况，人均购买力仍远低于其他发达国家的水平。较低的人均 GDP 水平和购买力水平，导致难以迅速激发内部有效需求，这是我国“双循环”发展格局推进需要解决的重要问题。

表 7-5　1960—2019 年中国与世界各等级国家人均 GDP 情况

地区 年份	中国	高收入国家	中等偏上收入国家	中等收入国家	中等偏下收入国家	中低收入国家	全球
1960 年	89.52	1 363.92	181.61	148.04	101.10	144.35	451.75
1965 年	98.49	1 867.03	208.54	178.02	133.73	173.71	591.72

续前表

年份＼地区	中国	高收入国家	中等偏上收入国家	中等收入国家	中等偏下收入国家	中低收入国家	全球
1970年	113.16	2 726.39	266.34	218.21	150.73	212.42	804.00
1975年	178.34	5 106.65	551.84	420.35	241.97	408.68	1 457.19
1980年	194.80	9 349.43	923.92	706.37	419.79	681.92	2 532.82
1985年	294.46	10 256.70	969.13	736.60	440.90	708.00	2 643.80
1990年	317.88	18 440.70	1 225.70	898.98	493.64	859.19	4 285.30
1995年	609.66	24 273.19	1 680.92	1 136.94	490.79	1 071.13	5 412.47
2000年	959.37	25 103.29	1 878.61	1 264.83	565.86	1 189.52	5 499.15
2005年	1 753.42	33 172.96	2 955.15	1 952.91	860.30	1 821.38	7 298.62
2010年	4 550.45	38 653.90	6 091.87	3 867.49	1 542.73	3 577.51	9 553.18
2011年	5 618.13	41 538.63	7 227.93	4 518.54	1 708.70	4 169.29	10 490.05
2012年	6 316.92	41 344.81	7 680.99	4 771.64	1 775.97	4 396.13	10 607.44
2013年	7 050.65	41 629.15	8 073.30	4 992.77	1 842.81	4 596.19	10 783.85
2014年	7 678.60	42 298.55	8 261.03	5 119.58	1 929.08	4 708.91	10 952.68
2015年	8 066.94	39 735.36	7 698.21	4 804.80	1 884.58	4 417.79	10 249.09
2016年	8 147.94	40 343.82	7 632.39	4 780.83	1 921.07	4 383.46	10 286.38
2017年	8 879.44	42 013.89	8 368.53	5 196.36	2 037.37	4 753.28	10 827.70
2018年	9 976.68	44 417.87	8 906.24	5 478.72	2 091.39	5 001.70	11 385.68
2019年	10 261.68	44 617.48	9 036.77	5 573.24	2 174.44	5 080.88	11 441.73

数据来源：世界银行。

4. 产业结构仍然以“初加工＋初级工业”结构为主

工业化强国发展的大体趋势就是从高消耗、高污染、低技术含量、低利润率到低消耗、低污染、高技术含量、高利润率的转变。中国有全球最完整的工业化产业链，产能的调动和转换有着强大的能力，被称为世界工厂。但是，由于发展时间和技术积累的问题，我国多数情况下生产低端商品，比如衣服、玩具、木料等，虽然产量极高，但纯利润却非常低，并且这类生产还会带来较大的污染。在高端产品的生产上，我国仍然是“代加工”的中心，比如汽车行业，目前我国国产汽车的很多核心部件都依赖进口，绝大部分的利润都被技术垄断的欧美企业拿走。另外，在手机行业，我国仅仅承担了手机生产过程中具有很低技术含量的组装环节，一些高端芯片设计等环节仍然被国外垄断。解决这一问题的核心是“科技创新”，这是我国产业转型升级的关键所在，也是实现经济高质量发展的必然路径。因此，在打造“双循环”发展格局过程中，要改变产业结构的这种“初加工＋初级工业”结构为主的格局，提升高端产业竞争力，形成从初级产业到高端产业全面发展的国内“大循环”格局。

二、“双循环”的发展逻辑

从国际看，当今世界正经历百年未有之大变局，国际政治、经济格局发生了深刻调整。世界范围内保护主义和民粹主义升温，国际贸易投资格局和产业链布局受到冲击，未来我国外部发展环境将更加严峻。在关键领域独立自主是应对外部不确定性的有效途径。从国内看，我国正由高速增长转向高质量发展。中国特色社会主义进入新时代，社会生产力水平显著提高，更加突出的问题是不平衡不充分的发展，尚不足以满足人民日益增长的美好生活需要，应通过畅通“双循环”实现高质量发展。以内循环为主的经济发展格局并不是被动的战略收缩，而是通过更深层次的改革形成内外良性循环的战略抉择，通过内循环为主、外循环为辅构建韧性更强的经济运行系统。

（一）国内“大循环”为主体

推动形成国内“大循环”的主要原因是中国经济正面临转型升级，一方面是外部环境的变化，如世界经济增长疲软、贸易保护主义抬头等；另一方面是经济增长正从高速增长向高质量发展阶段演变，中国经济需要在量和质两个方面同步提高。在当前的发展阶段，依靠外需和投资拉动是行不通的，必须发展完整的国家内需体系，建立能够促进消费和投资的长效机制，实现扩大内需和推动创新。

1. 扩大内需

扩大内需的两个主要方面是扩大投资和消费，与以往短期刺激消费、拉动投资的各类政策不同，推动内循环需要建立能够促进消费和投资的长效机制，让各类主体自发地去消费和投资。

第一，通过收入分配调节与消费结构改革提升居民消费能力和消费质量。首先，收入分配向劳动倾斜，尤其是低收入群体。劳动力价格被低估，而房价不断上涨，扩大贫富差距，压制了边际消费倾向。因此要激活内需，需要先把低收入的城市底层和农民工的收入给拉升起来。2019 年中国户籍城镇化率为 44.38%，按总人口 14 亿来算，农村户籍人口还有 7.8 亿人。如果这 7.8 亿人的月收入都能提高 1 000 元，农村户籍人口每年的总收入就能提高 9.4 万亿元，这对消费的促进作用是巨大的。其次，促进居民消费的配套政策改革。比如教育、医疗和养老这三大支出，是压制居民消费的几个关键因素，加快这几项基本公共服务的改革，提高财政支出用于它们的比例，能够提高居民的消费意愿。再比如通过税制改革，让一些消费税的征收环节从生产阶段后移到消费阶段，这会提高地方政府改善消费基础设施的积极性。最后，严格落实“房住不炒”政策。高房价的负面影响显而易见，对普通消费的挤出更是如此。2020 年 7 月百城样本住宅平均价格为 1.55 万元，按每套面积 90 平方米计算，一套就是 139.5 万元。2019 年全国城镇居民人均可支配收入为 4.23 万元，如果房价上涨 3%，从平均意义上讲，买一套房多花的钱，就与一年的收入持平了，这会严重压制购房刚需人口的消费需求，从长远来看，也扩大了金融体系的风险敞口。

第二，引导资金向生产性制造业流动。制造业投资最显著的特点在于它是由民企所主导的。作为最具市场化特征的主体，民营企业家对未来的预期，是决定制造业投资最核心的因素。要达到这一点，需要从以下三方面着手：一是需要改善营商环境，将其朝着市场化的方向推进；二是落实减税降费政策，让企业切实看到生产经营成本的下降；三是在推动出口转内销的同时，积极开拓新的国际市场。

第三，以新型城镇化建设带动固定资产投资增长。21世纪初期，为缩小中国区域间的发展差距，中国相继提出了西部大开发、东北振兴和中部崛起战略。这些区域发展战略，本质上仍然是在利用行政力量作为经济指挥棒，践行区域均衡主义。从区域间的实际发展情况看，一味追求均衡或许并没有实现预期效果，中西部省份的GDP占比并未出现明显的提高，各区域的人均GDP绝对差距仍然在持续扩大。与此同时，以往区域发展战略中促成区域均衡的两大关键手段——基于转移支付的财政安排以及倾斜于落后地区的优惠政策，还带来了激励机制扭曲和资源错配的问题。正是因为这些问题的存在，2013年开始，中国逐渐调整传统的“均衡”思维，积极调整区域战略方向，旨在率先撬动以城市群等为核心的经济增长极，重塑中国经济大格局，为中国整体经济发展注入活力。与此同时，人口流动也出现了新趋势。2010年后，中国人口向发达地区聚集的趋势愈发明显，表现为人口主要向一、二线城市聚集，向长三角、珠三角等地区聚集。在这样的背景下，城镇化战略发生了调整，以人为本的新型城镇化出现。近年的土地制度、户籍制度不断调整，资源分配也和人口流动的趋势一致，公共资源按实际服务管理人口规模配置。在2020年5月印发的《中共中央、国务院关于新时代加快完善社会主义市场经济体制的意见》中，还提出“探索实行城市群内户口通迁、居住证互认制度”，新型城镇化过程中引导城市群发展的政策意图明显。

2. 推动创新

国内“大循环”应当有量和质两个维度，即在内循环过程中总体经济有量和质的双重提升。其中，推动质提升的重要原动力就是科技创新能力，可以从提高金融支持创新能力、强化基础研究和加大产学研合作力度这几个方面着手，提升国家总体实力。

第一，提高金融支持创新的能力。由于创新活动存在比较大的不确定性，这使得它所需的金融支持，和传统的以间接融资为主的金融体系不相匹配。未来要提高创新活力，需要打造更有利于科技创新的金融生态。首先，发展多层次资本市场。资本市场可以为创新活动提供资金，也能够为科技企业提供最直接的激励。其次，风险资本是科技企业在初创期重要的融资渠道之一，因此也需要扩大风投市场规模。通过壮大本土风投机构、私募机构，以及引进更多国际创投资本，来培育更多“科技独角兽”企业崛起。最后，可以探索新型银行经营模式，提高间接融资对科技创新的支持力度。比如可以出台政策鼓励科技信贷机构与风投机构形成投贷联动模式，共同对科技型创业企业提供融资支持，并且强化两者的合作互助关系，风投机构可以弥补银行在投资价值评估、风险筛查方面的能力不足，信贷机构则可以为创业企业提供更持续稳定的资金支持。

第二，强化基础研究。尽管基础研究成效较慢，但只有基础研究做好了，才能拥有更强的原始创新能力，实现产业技术的重大突破，否则很容易受制于人。因此走自主创新之路，必须具备极强的原始创新能力，这就要求在基础研究这一科技创新本源工作上发力。要提高基础研究水平，一是发挥政府在科研活动中的带动作用，加大财政资金投入力度，尤其是增大在基础研究领域的投入规模。二是发挥企业强大的创新力量优势，利用财税杠杆，引导企业根据需求适当增加在基础研究领域的研发投入。

第三，提高产学研合作高度。从发达国家的经验来看，产学研合作被证明是一种比较高效的创新模式。但国内传统的产学研模式往往是由高校先形成研发成果，然后再与企业需求进行对接，进而实现商业化开发和成果转化，但是有大量科研成果并不能为企业所用，导致产学研效率偏低。尽管产学研最后的落脚点是以市场为导向，但政府在其中也应当发挥重要作用，通过改良制度环境、完善相关法律法规，提升企业、高校参与产学研合作的意愿，为产学研提供更便利、更有保障的合作条件。

（二）国内与国际循环的相互促进

国内循环和国际循环并不是相互独立的，国内循环既嵌入国际循环，又独立于国际循环。通过对外开放，加强国际交流，提升我国科学技术的创新能力，对内能够促进国内企业技术进步，并进一步扩大国内的技术、产业和资本优势的发展空间。另外，通过国际合作能够使得国内的技术创新和应用更加富有效率和弹性，国际循环既包含国内循环，更服务于国内循环。加强对外开放并强化对国际市场的选择，能够更加符合国内生产的需求，推动国内产业结构改进与技术进步。加强国际贸易与投资，深入参与全球化，也是人民币“走出去”实现更高水平的人民币国际化的必要途径。

1. 打通国内经济“大循环”，稳固经济均衡状态

贸易保护和新冠病毒导致的全球疫情等复杂因素使得2020年全球经济遭受重创，在此百年一遇的大变局中，我国外需产业链从经济循环的动力点变为阻力点。因此短期内，内循环主要任务是以内需驱动替代外需驱动，从以下几个方面着手打通国内经济“大循环”。首先，因为外需市场疲软和贸易阻滞，巨大的外需产能空置，需要通过采用出口转内销、产业结构调整以及国内市场建设等手段，打通国内供给与需求的良性循环，实现商品市场的均衡。其次，稳定就业市场，健全社会保障体系，完善收入分配机制，切实提高低收入群体收入，实现收入增长与民生的良性循环，实现劳动力市场均衡。最后，妥善处理好实体经济与虚拟经济的关系，通过金融体系改革增强实体经济发展活力，实现经济与金融的良性循环，促进资本市场均衡。通过商品、劳动力和资本三个方面的均衡，增强国民经济内循环的稳定性，逐步形成稳定的国内“大循环”。

2. 推动国内供需双升级，实现经济更高水平的均衡

从较长的历史时期来看，中国经济内循环将会有量与质的双面提升，并在更高水平的开放局面下与外循环互嵌。首先，在生产力提升的情况下，中国经济会以较高的速度增长，实现内循环过程中经济体量的不断增大。中国内陆地区经济增长动力得到释放，收入水平改善的同时形成了更大的消费市场，供需双升级的局面初步形成。其

次，在创新驱动作用下，循环的质得到优化，经济在更高质量的水平上发展。最后，循环开放性增强。内循环并非是“闭关自守”，它是立足于质与量共同提升的基础上更高水平的开放。得益于内循环的推进，中国经济的韧性更强，能够更好地抵御来自外部的冲击，因此，能够更为主动和稳健地嵌入全球体系之中，在国内市场扩大的同时，形成更大的国际市场格局。在政策方面，改革将成为常态，通过改革的手段打通经济运行中的难点，与以往的扩大内需不同，破除机制桎梏和利益藩篱将成为政策主要的发力点，促进供需两端同步升级。数字经济对于供求双升级具有全局性的赋能作用。未来更多的支持性政策料将致力于推动核心技术突破、数字经济产业化和传统产业数字化，同时DCEP和数字财政也将提速发展，实现经济治理能力的数字化升级。

3. 更大力度地推进产业升级，增强在全球价值链上游的话语权

当前，从全球视角看，中国经济仍然处于全球价值链的中下游，呈现向内引入上游的需求和技术，向外提供中低附加值的生产供给的局面。“双循环”格局构建过程中，应当立足于内循环的整体升级，促进中国经济在全球百年大变局中化危为机，从三个层面主动改变在外循环中的定位。第一，作为世界上具有最完备工业体系的国家，中国目前是全球价值链中的“供给”中心，未来要打造成为全球价值链中的“供给-需求”双中心，主动参与和推进全球价值链重塑。第二，改变目前“中国制造”的局面，升级为覆盖研发科创、智能制造、品牌营销等全环节的“中国智造”。第三，逐渐走近世界舞台的中央，从全球经贸体系和治理格局的被动接受者，升级为全球经贸体系和治理格局重塑的主动引导者，主动地参与全球价值链、经贸体系和治理格局的重塑优化，从根本上规避脱钩风险、改善外部环境、防范外溢冲击。

4. 进一步扩大开放，推动中国与全球价值链的多元互动

积极推动“一带一路”建设，形成新的西向开放新格局，带动内陆地区经济发展升级，并加速人民币国际化进程，更具深度地参与全球化，使内循环和外循环形成多元化、灵活化和稳健化局面，增强中国经济发展韧性。同时，通过自贸区建设等措施，加深与相关国家的交流合作，使得对外贸易主体多元化，以应对单边主义的冲击。

总之，“双循环”发展格局是以高质量发展作为根本的出发点，在主动适应全球百年未有之大变局的基础上构建中国经济发展新体系。对内，这一体系以深化改革为主要手段，加快推动产业与消费双升级，构建规模扩张、结构优化、质量提升的国内大循环局面。对外，通过深度提高开放水平，以主动参与全球治理和改善中国外部发展环境为手段，以提升中国在全球价值链中的地位为目标，实现中国经济与世界经济共同发展。“双循环”发展格局是继改革开放之后，中国经济高质量发展，并走向世界舞台中央的关键一招。

第八章　“双循环”与都市圈协同发展

当前，我国经济面临的国内国际发展环境发生深刻变化。从国内环境来看，我国经济已由高速增长阶段转向高质量发展阶段，发展动力、发展模式和比较优势发生变化。从发展动力上来看，2008 年全球金融危机之后，外需持续萎缩，发展动力由外需转向内需，外贸依存度也即进出口金额占 GDP 的比重在 2007 年达到改革开放以来的峰值，随后逐年回落（见图 8-1）。

但值得注意的是，虽然内需已经成为我国经济增长的主引擎，但内需仍存在结构性失衡，在内需中投资与消费的比例并不协调。如图 8-2 所示，从资本形成率和最终消费率的变动可以看出，我国的投资率也即资本形成率偏高，于 2011 年达到峰值，达到 47%，消费率也即最终消费率偏低，于 2010 年下降到最低值，仅有 49.3%。长期以

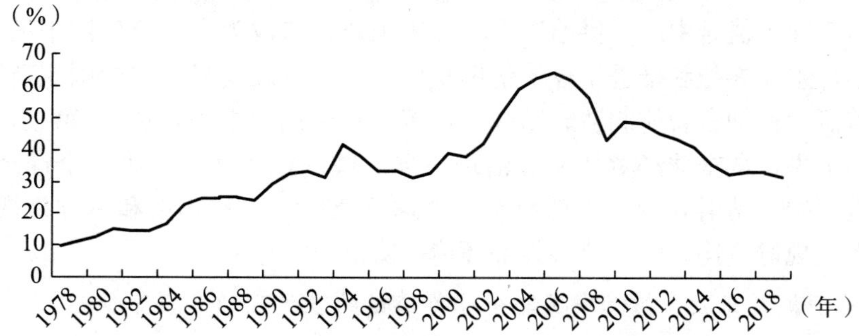

图 8-1　改革开放以来我国的外贸依存度变动情况

数据来源：EPS 数据库及笔者测算。

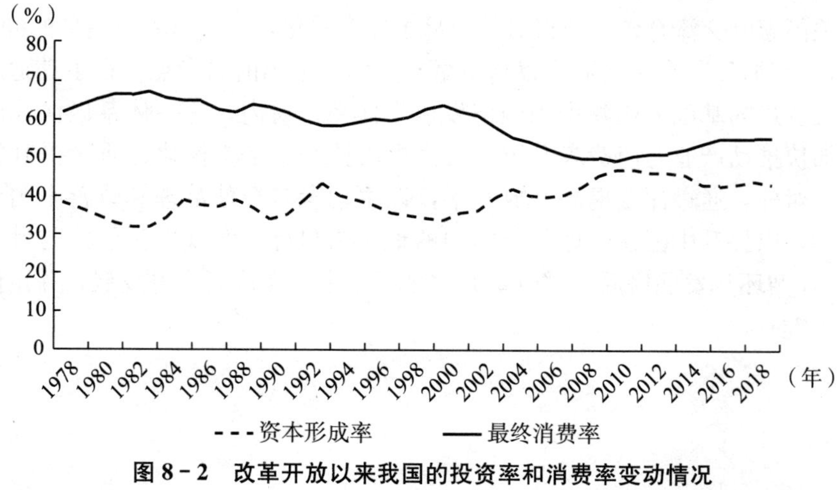

图 8-2　改革开放以来我国的投资率和消费率变动情况

数据来源：EPS 数据库。

来我国经济更多依赖投资驱动，而随着资本的边际收益率递减，投资驱动的发展模式难以持续。因此，目前保持经济平稳可持续增长的关键在于协调投资与消费的关系，激发消费尤其是居民消费。

从发展模式上来说，我国已经进入工业化后期阶段，第三产业占 GDP 的比重已于 2012 年超过第二产业占比，2019 年第三产业占比已达到 53.9%，远超第二产业的 38.9%。第三产业对 GDP 的贡献率也已于 2014 年超过第二产业，2019 年第三产业的贡献率为 59.4%，远超第二产业的 36.8%。第三产业已经成为驱动经济增长的主要产业。并且，随着经济增长模式由工业驱动转向城市驱动，城镇化成为经济发展的新动力。如图 8-3 所示，改革开放以来，随着农村人口的进城以及城市的空间扩张，我国的城镇化率增长迅速，2019 年已达到 60.6%，超过全球约为 55%的平均水平。但同时，城镇化的推进仍受到户籍、土地、社会保障等领域的制度性约束，未来仍有较大的增长空间。

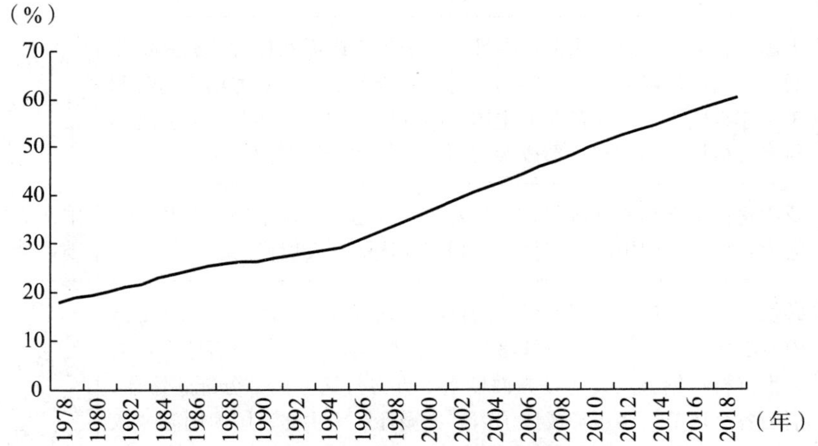

图 8-3 改革开放以来我国的城镇化率

数据来源：EPS 数据库。

从比较优势来看，随着我国人均 GDP 的提高，2019 年人均 GDP 突破 1 万美元大关，生产要素尤其是劳动力的成本优势逐渐削弱，超大规模性经济体优势逐渐成为我国经济发展的比较优势甚至绝对优势。

除此之外，随着民粹主义思潮的抬头，经济全球化出现负效应，以美国为首的西方国家推出打压中国的政策，具体表现为贸易摩擦和高科技领域的打压封锁。2020 年新冠肺炎疫情的冲击更是加剧了逆全球化的趋势，全球的产业链、供应链面临严峻挑战。面对新的国内国际发展环境，我国的经济发展战略进行了重大的调整完善，也即国内“大循环”为主体、国内国际“双循环”相互促进的新发展格局的构建。形成“双循环”新发展格局有赖于区域经济高质量发展的支撑，而都市圈化已经成为目前区域经济发展的新趋势和新特点。基于此，本章以都市圈为研究对象，通过梳理“双循环”新发展格局的理论内涵与其面临的区域难题，结合都市圈的理论与实践特性，突出了都市圈在“双循环”新发展格局中的重要地位，提炼出都市圈促进“双循环”新发展格局的具体路径，最后提出了“双循环”新发展格局下培育发展现代化都市圈的对策建议。

一、“双循环”新发展格局的理论阐释与问题

（一）“双循环”新发展格局的理论阐释

2020 年 5 月 14 日，中共中央政治局常委会会议提出“要深化供给侧结构性改革，充分发挥我国超大规模市场优势和内需潜力，构建国内国际‘双循环’相互促进的新发展格局。”此后，“双循环”新发展格局在多个重要会议上被提及。2020 年以来官方有关“双循环”新发展格局的表述如表 8-1 所示。

表 8-1　2020 年以来官方有关“双循环”新发展格局的表述

日期	主要论述	来源
4 月 10 日	大国经济的优势就是内部可循环。……扩大内需和扩大开放并不矛盾。国内循环越顺畅，越能形成对全球资源要素的引力场，越有利于构建以国内“大循环”为主体、国内国际“双循环”相互促进的新发展格局，越有利于形成参与国际竞争和合作新优势。	《国家中长期经济社会发展战略若干重大问题》
5 月 14 日	要深化供给侧结构性改革，充分发挥我国超大规模市场优势和内需潜力，构建国内国际“双循环”相互促进的新发展格局。	中央政治局常务委员会会议通稿
5 月 23 日	必须在一个更加不稳定不确定的世界中谋求我国发展。要把满足国内需求作为发展的出发点和落脚点，加快构建完整的内需体系，大力推进科技创新及其他各方面创新。着力打通生产、分配、流通、消费各个环节，逐步形成以国内“大循环”为主体、国内国际“双循环”相互促进的新发展格局，培育新形势下我国参与国际合作和竞争新优势。	习近平在看望参加政协会议的经济界委员时的讲话
7 月 21 日	面向未来，我们要逐步形成以国内“大循环”为主体、国内国际“双循环”相互促进的新发展格局。主要考虑是：当今世界正经历百年未有之大变局，新一轮科技革命和产业变革蓬勃兴起。在当前保护主义上升、世界经济低迷、全球市场萎缩的外部环境下，我们必须充分发挥国内超大规模市场优势，通过繁荣国内经济、畅通国内“大循环”为我国经济发展增添动力，带动世界经济复苏。要提升产业链供应链现代化水平，大力推动科技创新，加快关键核心技术攻关，打造未来发展新优势。以国内“大循环”为主体，绝不是关起门来封闭运行，而是通过发挥内需潜力，使国内市场和国际市场更好联通，更好利用国内国际两个市场、两种资源，实现更加强劲可持续的发展。坚持深化改革、扩大开放，加强科技领域开放合作，推动建设开放型世界经济，推动构建人类命运共同体。	习近平在企业家座谈会上的讲话

续前表

日期	主要论述	来源
8月20日	在当前全球市场萎缩的外部环境下，我们必须集中力量办好自己的事，发挥国内超大规模市场优势，加快形成以国内“大循环”为主体、国内国际“双循环”相互促进的新发展格局。长三角区域要发挥人才富集、科技水平高、制造业发达、产业链供应链相对完备和市场潜力大等诸多优势，积极探索形成新发展格局的路径。	习近平主持召开扎实推进长三角一体化发展座谈会并发表重要讲话
8月24日	以畅通国民经济循环为主构建新发展格局。这个新发展格局是根据我国发展阶段、环境、条件变化提出来的，是重塑我国国际合作和竞争新优势的战略抉择。近年来，随着外部环境和我国发展所具有的要素禀赋的变化，市场和资源两头在外的国际大循环动能明显减弱，而我国内需潜力不断释放，国内“大循环”活力日益强劲，客观上有着此消彼长的态势。自2008年国际金融危机以来，我国经济已经在向以国内“大循环”为主体转变。我们要坚持供给侧结构性改革这个战略方向，扭住扩大内需这个战略基点，使生产、分配、流通、消费更多依托国内市场，提升供给体系对国内需求的适配性，形成需求牵引供给、供给创造需求的更高水平动态平衡。新发展格局绝不是封闭的国内循环，而是开放的国内国际“双循环”。我国在世界经济中的地位将持续上升，同世界经济的联系会更加紧密，为其他国家提供的市场机会将更加广阔，成为吸引国际商品和要素资源的巨大引力场。我们更要大力提升自主创新能力，尽快突破关键核心技术。这是关系我国发展全局的重大问题，也是形成以国内“大循环”为主体的关键。	习近平在经济社会领域专家座谈会上的讲话
9月1日	加快形成以国内“大循环”为主体、国内国际“双循环”相互促进的新发展格局，是根据我国发展阶段、环境、条件变化做出的战略决策，是事关全局的系统性深层次变革。要继续用足用好改革这个关键一招，保持勇往直前、风雨无阻的战略定力，围绕坚持和完善中国特色社会主义制度、推进国家治理体系和治理能力现代化，推动更深层次改革，实行更高水平开放，为构建新发展格局提供强大动力。	习近平主持召开中央深改委第十五次会议并发表重要讲话
9月11日	加快科技创新是构建新发展格局的需要。推动国内“大循环”，必须坚持供给侧结构性改革这一主线，提高供给体系质量和水平，以新供给创造新需求，科技创新是关键。畅通国内国际“双循环”，也需要科技实力，保障产业链供应链安全稳定。	习近平在科学家座谈会上的讲话
10月14日	我国社会主要矛盾发生变化，人民对美好生活的要求不断提高，经济长期向好，市场空间广阔，发展韧性强大，正在形成以国内“大循环”为主体、国内国际“双循环”相互促进的新发展格局。新发展格局不是封闭的国内循环，而是开放的国内国际“双循环”。要优化升级生产、分配、流通、消费体系，深化对内经济联系、增加经济纵深，增强畅通国内“大循环”和联通国内国际“双循环”的功能，加快推进规则标准等制度型开放，率先建设更高水平开放型经济新体制。	习近平在深圳经济特区建立40周年庆祝大会上的讲话

续前表

日期	主要论述	来源
10月29日	全会提出，形成强大国内市场，构建新发展格局。坚持扩大内需这个战略基点，加快培育完整内需体系，把实施扩大内需战略同深化供给侧结构性改革有机结合起来，以创新驱动、高质量供给引领和创造新需求。要畅通国内“大循环”，促进国内国际“双循环”，全面促进消费，拓展投资空间。	《中国共产党第十九届五中全会公报》
10月29日	促进国内国际“双循环”。立足国内“大循环”，发挥比较优势，协同推进强大国内市场和贸易强国建设，以国内“大循环”吸引全球资源要素，充分利用国内国际两个市场两种资源，积极促进内需和外需、进口和出口、引进外资和对外投资协调发展，促进国际收支基本平衡。完善内外贸一体化调控体系，促进内外贸法律法规、监管体制、经营资质、质量标准、检验检疫、认证认可等相衔接，推进同线同标同质。优化国内国际市场布局、商品结构、贸易方式，提升出口质量，增加优质产品进口，实施贸易投资融合工程，构建现代物流体系。	《中共中央关于制定国民经济和社会发展第十四个五年规划和二〇三五年远景目标的建议》

资料来源：作者在朱鸿鸣（2020）[1]的基础上整理补充得到。

目前，围绕“双循环”新发展格局，学界主要从以下7个角度进行了解读。

（1）从内外循环关系的角度，分为主次关系和两者的内在关系。从主与次的关系来说，过去尤其是2008年金融危机之前的经济循环模式为“大进大出，两头在外”，也即外循环为主，内循环为辅。但随着我国发展阶段、市场条件、外部环境的变化，再加上新冠肺炎疫情的冲击，外循环为主的发展模式已难以为继，内循环为主的循环模式势在必行。但需要强调的是，国内“大循环”为主体并不是对参与国际“大循环”的否定[2]，而是要以内促外，在内外循环相互促进中营造新发展格局。从两者的内在关系来说，有学者认为内外循环是辩证统一的，相辅相成，不可分割，既相互促进，又相互制约。[3][4]

（2）从循环的角度来看，“双循环”中除了主次关系外，最重要的是“循环”，只有将生产过程的投资、生产、分配、流通、消费5个环节打通，“双循环”相互促进的格局才能真正形成。相关研究侧重于每个在生产环节的内部循环和彼此衔接上。

（3）从封闭还是开放的角度来看，针对一些人所谓“闭关锁国”的论调，习近平总书记再三强调，新发展格局绝不是封闭的国内循环，而是开放的国内国际“双循环”。需要强调的是，内外循环要相互促进，避免形成内卷化趋势，落入“低水平的均衡”。[5][6][7]

（4）从供给与需求的角度来说，习近平总书记强调要提升供给体系对国内需求的适配性，形成需求牵引供给、供给创造需求的更高水平动态平衡。相关研究聚焦于供给侧结构性改革、扩大内需战略两个方面。[8]

（5）从主客场全球化的角度，有学者将“双循环”新发展格局理解为客场全球化转向主场全球化的开始，所谓主客场全球化以主要利用国内还是国外市场来区分，主场全球化或者说基于内需的全球化就是以超大规模市场为比较优势，利用内需进行全球化，通过内需连接国内、国际两个市场。[9]

（6）从 GDP 构成的角度来说，有学者认为“双循环”就是 GDP 构成的变化，也即经济增长主要以消费和投资为动力。[10]相关研究着眼于消费与投资的关系，注重提高内需和有效投资上。

（7）从与既有战略关系的角度，有学者指出现代化经济体系的本质特征恰恰是“双循环”新发展格局的根本要求。[11]有学者认为，国内“大循环”是供给侧结构性改革的深化和延续，实现国内“大循环”要与前期的高质量发展、供给侧结构性改革对接。[12]

通过梳理以上 7 个角度的相关解读，我们总结出有关“双循环”新发展格局的表述，如表 8－2 所示。综合 7 个角度，我们可提炼出构建“双循环”新发展格局的七大内在要求：一是内循环为主，内外循环相互促进；二是注重循环过程的通畅；三是体现开放性；四是形成供需的动态平衡；五是强调主场全球化；六是扩大消费与投资；七是深化并延续既有战略，与既有战略相对接。对应七大内在要求，“双循环”新发展格局的构建要以做强产业链为核心，以国内循环为根基，以扩大内需为战略基点，其关键在于创新驱动、内外开放、释放内需潜力。而“双循环”新发展格局的内涵、根基、战略基点、核心及关键则体现在内在逻辑之中。

表 8－2 学界有关“双循环”新发展格局的表述汇总

内涵	从内外循环关系的角度，从循环的角度，从封闭还是开放的角度，从供给与需求的角度，从主客场全球化的角度，从 GDP 构成的角度，从与既有战略关系的角度
根基	国内循环
战略基点	扩大内需
核心	做强产业链
关键	协调投资与消费的比例，提升居民消费与有效投资（释放内需潜力），创新驱动（核心技术自主创新），内外开放（对内开放、对外开放）
内在逻辑	扩大内需—虹吸全球资源—形成以新兴产业为主导的现代产业链—以基础产业高级化、产业链现代化为目标构建国内经济为主体的大循环格局—促进形成国内国际“双循环”相互促进的新发展格局。

资料来源：作者根据相关材料整理。

（二）“双循环”新发展格局面临的区域难题

如上文所说，“双循环”新发展格局的根基在于国内循环，只有国内循环畅通，才能形成国内国际循环相互促进的发展格局。而目前，国内“大循环”仍存在许多基础性问题，反映在区域层面，就表现为影响区域经济循环的堵点、瘀点和难点。

畅通的国内“大循环”有赖于区域一体化发展水平的提升，而区域一体化的基础就是市场一体化。但是，各区域间的经济关系始终带有明显的行政区经济烙印[13]，致使各省份之间、同一省份不同城市之间以及不同省份的城市之间普遍在生产要素（劳动力、资本）、商品上存在市场分割。在省级层面，参考黄赜琳和姚婷婷（2020）[14]的研究可知，1998—2016年我国的市场分割程度整体呈现波动下降的趋势，各省份均存在一定程度的市场分割，总的来看，劳动力市场分割程度最突出，其次是商品市场，资本市场分割程度最低。城市层面的测算结果也表明，虽然2001—2015年间商品市场分割程度整体呈现下降趋势，但全国层面的市场分割程度大于局部地区层面，省界阻碍了城市之间的贸易往来，加剧了市场分割。[15]市场分割的普遍存在无疑阻碍了统一、开放、竞争、有序的国内大市场的形成，对商品、要素的流通产生堵塞效应，拖累了区域一体化发展水平。

形成国内"大循环"离不开区域协调发展。[16]但区域、城乡发展不平衡不充分的问题始终存在，并且在近年来表现出新的发展态势。在区域维度，东西差距逐渐收窄，南北差距日益凸显。从人均GDP来看，2015年后区域差距出现缓慢扩大的趋势，这一现象背后的重要原因在于南北经济增速差距的扩大。[17]在城乡维度，相对差距逐渐缩小，绝对差距仍然可观。2013—2018年间，从人均可支配收入来看，城乡之比（相对差距）不断下降，城乡之差（绝对差距）持续上升；城乡人均道路面积的绝对差距与相对差距也呈现相同趋势；而城乡每百人拥有图书量的绝对差距与相对差距均有所缩小，但绝对差距仍然较高，2015年绝对差距达到22倍之多。综上，区域、城乡发展的分化导致了南北分割、东西分割、城乡分割，阻碍了区域协调发展、城乡融合发展的推进，进而导致相对落后的区域、农村在"双循环"中的"存在感"较低、"参与度"较弱。

区域政策是政府干预区域经济的重要工具，但在现有府际关系模式下，却呈现出虚化、泛化倾向。一方面，"一带一路"倡议、京津冀协同发展、长三角一体化、粤港澳大湾区、海南全面深化改革、长江经济带、黄河流域生态保护与高质量发展以及成渝地区双城经济圈建设八大国家战略已实现国土空间全覆盖，但政策实施对象的空间尺度较大，政策贯彻落实面临障碍；另一方面，2006年以来区域政策进入深化调整期，一系列承担不同功能的试验区、示范区以及区域发展规划密集出台——据不完全统计，2005—2019年期间，出台的各类试验区、示范区及规划的数量达到101项之多①——泛化的倾向削弱了区域政策的空间干预性，导致政策效果大打折扣。是以，泛化、虚化的区域政策难以疏通区域经济循环中的堵点、瘀点和难点，拖累了"双循环"新发展格局的构建。

二、都市圈的理论与实践特性

截至2019年，我国城镇化率已达60.6%，正处于诺瑟姆S形曲线中加速阶段的后半段，经济社会活动仍在持续向城市集聚。都市圈是城市地域空间形态演化的高级形式和城镇化发展到较高阶段的产物，目前已成为我国经济社会发展的新形态和新热点。都市圈化逐渐成为我国区域经济发展的新趋势。在"双循环"新发展格局中，都市圈

① 在孙久文和原倩（2014）的基础上进行整理得到。

能够在疏通区域经济循环的堵点、瘀点和难点上发挥重要作用，是国内国际“双循环”的重要抓手和空间基础，这是由其理论和实践特性所决定的。

（一）理论特性

1. 都市圈有助于集聚经济外部性的发挥

参考张伟（2003）[18]以及汪光焘等（2019）[19]有关都市圈概念、内涵的提法，可将都市圈界定为以一个或多个大城市为核心，以经济、社会联系为纽带，以发达的交通通道为依托，以时间距离为标尺来划分的大城市及其毗邻区域。这一概念突出强调了都市圈的两个鲜明特点，一是由大城市与空间上临近的小城市构成，呈现出中心-外围的空间结构，二是大城市的集聚力和分散力均较强，大小城市的一体化发展水平较高。那么，从空间经济学的视角来看，大城市体现城市化经济（Urbanization Economy），多样化水平较高，小城市体现本地化经济（Localization Economy），专业化水平较高，大小城市的一体化发展则有利于马歇尔外部性（Marshallian Externalities）与雅各布斯外部性（Jocobs Externalities）的共同发挥。而这两大外部性的实现则内化于都市圈的时空演变过程中。在都市圈的发展过程中，大城市扮演着苗圃城市（Nursery City）的角色，为新兴的企业提供多样化的环境，便于其进行学习、搜寻、尝试、创造以及分散创新风险。产业间的集聚所产生的雅各布斯外部性使得新兴企业能够快速发展壮大，到了成熟阶段，企业会更多受益于产业内集聚所带来的马歇尔外部性，因而会向专业化水平较高的小城市转移。[20]在大城市培育新兴企业、小城市承接成熟企业的动态过程中，生产要素、商品在空间上的循环流动日益畅通，大小城市逐渐形成有机结合、一体化发展的大区域，也即都市圈的成熟形态。

2. 都市圈具有较强的经济韧性

经济韧性（Economic Resilience）是指社会经济系统遭受冲击后的恢复能力。[21]从空间尺度的视角来看，都市圈对应城市尺度，其集聚机制主要是学习机制下的技术创新与技术外溢，其集聚的形式则表现为制造业与服务业尤其是生产性服务业的协同集聚（Coagglomeration）。[22]相比国家-区域尺度的城市群，都市圈在空间上相对稳定、市场自育属性更强、一体化水平更高，因而具有较强的经济韧性。[23]在遭受外生冲击时，基础稳固且相互分工的都市圈能够较快化解外部风险，有效重建经济社会发展网络，保障人流、物流、信息流的畅通，促进经济循环的重启。都市圈较强的经济韧性在2020年初的新冠肺炎疫情冲击上得以显现。北京、上海、广州、深圳等14个都市圈通过抗疫信息互通、检疫结果互认、保障物资供给、畅通人员交通等方式，在防疫抗疫、复工复产上取得积极成效。[24]

（二）实践特性

在实践层面，相比于经济带、城市群等国家-区域尺度的空间单元，城市尺度的都市圈的行政壁垒较小、自下而上的市场自育程度较高、内生发展动力较强，因而逐渐受到政策青睐。如表8-3所示，“十三五”规划出台以来，都市圈在新型城镇化、区域一体化、区域协调发展等国家战略中的政策地位不断巩固提升。关于新型城镇化战略，国家发改委印发的《关于培育发展现代化都市圈的指导意见》中强调，建设现代化都市圈是推进新型城镇化的重要手段。并且从2018年开始，都市圈建设连续三年被列为推进新型城镇化建设的重点任务。在区域一体化战略上，《长江三角洲区域一体化发展规划纲要》强调，都市圈一体化发展是推进区域一体化的重要环节。在区域协调发展战略中，都市圈作为更小空间尺度的政策单元，有助于区域协调发展新机制的建立与优势互补高质量发展的区域经济布局的形成，因而在“十四五”规划建议中承担了优化国土空间布局、推进区域协调发展的重任。都市圈在各项政策文本中的功能定位不断丰富完善，从促进城市群发展、增强中心城市辐射带动能力转变为优化城镇化布局形态、推进区域协调发展和新型城镇化。随着《关于培育发展现代化都市圈的指导意见》《关于推动都市圈市域（郊）铁路加快发展意见的通知》的出台，以及成渝地区双城经济圈建设上升为国家战略，在政策层面，都市圈基本完成了从城市群中析出的过程。

表8-3　都市圈在相关政策规划中的功能定位

政策规划	出台时间	都市圈的功能定位
《国家新型城镇化规划（2014—2020年）》	2014年	增强中心城市辐射带动功能
《“十三五”规划纲要》	2016年	促进城市群交通，增强中心城市辐射带动功能
《关于实施2018年推进新型城镇化建设重点任务的通知》	2018年	提高城市群建设质量
《2019年新型城镇化建设重点任务》	2019年	优化城镇化布局形态
《关于培育发展现代化都市圈的指导意见》	2019年	支撑城市群高质量发展，支撑经济转型升级
《长江三角洲区域一体化发展规划纲要》	2019年	推动形成区域协调发展新格局
《2020年新型城镇化建设和城乡融合发展重点任务》	2020年	优化城镇化空间格局，提升城市综合承载能力
《中共中央关于制定国民经济和社会发展第十四个五年规划和二〇三五年远景目标的建议》	2020年	优化国土空间布局，推进区域协调发展，推进新型城镇化

资料来源：作者根据相关材料整理。

都市圈的实践特性与其政策功能定位紧密相关。优化国土空间布局、推进区域协调发展和新型城镇化正是疏通区域经济循环的堵点、瘀点的政策路径。并且，以都市圈为政策着力点也能有效缓解区域政策泛化问题，解决区域经济循环中的难点。因此，都市圈是“双循环”新发展格局的重要抓手和空间基础，在“双循环”中扮演着门户、节点、平台的角色。

目前，学界业界围绕都市圈范围的识别认定，主要提出了三种方法，即半径确定法、等时圈范围法和综合研判法。每种方法的有效应用都有赖于经济、社会、地理方面的数据支持，其中综合研判法由于综合了半径、等时圈、通勤率、人口、经济活动等多维度的指标，较前两种方法更加精准科学。此外，国家发改委发布的《关于培育发展现代化都市圈的指导意见》也将都市圈的概念进一步明确，将其界定为以超大特大城市为核心，以1小时通勤圈为基本范围的空间形态。因此，在下文的分析中，我们将参考任泽平等（2019）划定的范围，对都市圈及其组城城市进行分析。[①]

1. 都市圈是“双循环”的门户

特殊经济区（Special Economic Areas，SEA）多位于都市圈。特殊经济区是国家为达到促进经济发展等目的而在其管辖范围内实行与其他地区不同的特殊政策的特殊经济区域。截至2020年，我国共有国家级新区19个，自贸区21个，综合配套改革试验区10个，金融改革试验区5个，国家跨境电商综合试验区99个，综合保税区71个。[②] 这些不同类型的特殊经济区中的大多数都位于24个都市圈之中，发挥着促进经济发展、深化对内对外开放、深化多领域改革、促进体制创新的功能，对“双循环”新发展格局的构建起着至关重要的作用。

2. 都市圈是“双循环”的节点

都市圈内的核心城市往往为直辖市、计划单列市或者省会城市，这些城市经济社会发展水平较高，软硬基础设施较为完善，是区域或全国的增长极。都市圈在“双循环”中的节点地位主要体现在它是人流、物流、信息流、技术流、资金流的空间枢纽，对周边地区起着虹吸与扩散的作用。在发展初期，核心大城市对周边小城市的作用主要以虹吸为主，扩散效应相对较小。而随着经济社会发展水平的提高，在高质量发展阶段，大小城市间的空间联系日趋紧密，在政府和市场的双重作用下，都市圈核心大城市对周边地区的扩散效应开始占据主导地位，人流、物流、信息流、技术流、资金流均成为重要的扩散效应通道。相对欠发达的小城市将受益于扩散效应，逐渐向大城市趋同。随着扩散效应的不断释放，都市圈将率先完成区域一体化进程。如在24个千万级都市圈中，上海大都市圈已经率先进入高质量发展阶段，一体化程度较高。上海对周边城市的作用以扩散效应为主，辐射带动作用较强，圈内的苏州、无锡、宁波三市经济总量已达万亿级别。可以说，上海大都市圈在内外循环中发挥了重要的衔接作用，是“双循环”的节点。

3. 都市圈是“双循环”的平台

都市圈是规模经济的重要体现，在共享、学习、匹配效应的作用下，能够以有限的生产要素创造更高的产出，具有较高的生产效率。目前，都市圈已经成为支撑我国经济高质量发展的重要平台。从经济总量上来看，2018年数据显示，24个千万级都市圈以全国6.7%的土地集聚了约33%的常住人口，创造了约54%的GDP。[③] 从产业集

---

① 在任泽平等（2019）的报告中，结合了综合研判法和国家发改委提出的都市圈概念，划定了24个人口在1000万以上的都市圈，分别为：上海、苏锡常、深莞惠、广佛肇、北京、杭州、武汉、南京、成都、郑州、天津、青岛、夏泉漳、宁波、长株潭、重庆、合肥、济南、沈阳、西安、长吉、南昌、哈尔滨、石家庄。详见：https://www.sohu.com/a/363257340_467568

② 数据来源：作者在孙久文和原倩（2014）的基础上更新得到。

③ 数据来源：https://www.sohu.com/a/363257340_467568

聚上来看，都市圈是高科技产业集聚的承载平台。2019 年国家发改委发布的《关于加快推进战略性新兴产业集群建设有关工作的通知》中，共有 66 个产业集群入围。其中，位于 24 个都市圈内核心城市的战略性新兴产业集群达到 43 个。[①] 从创新活动来看，都市圈处于我国科技创新的空间前沿面，2019 年城市层面的专利申请数量总计 126 万余件，24 个都市圈的核心城市的专利申请数量就达到了 79 万余件，占专利申请总数的 62.7%。[②] 从科教文卫资源来看，2018 年的数据显示，24 个都市圈内核心城市的医院卫生院床位数为 1 935 727 张，占城市床位总数的 31.4%；公共图书馆图书总藏量为 447 620 册，占城市藏书总数的 46.5%；普通高等学校数量为 1 300 所，占城市高等学校总数的 50.4%。[③]

综上，都市圈的理论特性体现为集聚经济外部性和经济韧性，实践特性则反映在其在“双循环”中的门户、节点、平台地位上。都市圈凭借其理论和实践特性，有助于区域难题的解决。首先，都市圈的市场自育属性有助于打破市场分割，促进区域市场整合，推动区域一体化进程加速，从而疏通区域经济循环的堵点。其次，都市圈的集聚经济特性能够促进人口和产业向东南沿海、向城市的进一步集聚，使得区域之间、城乡之间在集聚中走向人均发展水平的平衡，利于区域协调发展、城乡融合发展的实现，有助于缓解区域经济循环的瘀点。最后，都市圈对应城市尺度，是相比城市群来说较小尺度的空间单元，在“双循环”中发挥门户、节点、平台的作用，以都市圈为着力点能够有效缓解区域政策的虚化、泛化问题，提升区域政策效能，解决区域经济循环的难点，从而畅通区域经济循环的堵点、瘀点和难点。可以说，都市圈通过作用于区域经济循环进而有利于国内国际“双循环”的畅通，是构建“双循环”新发展格局的重要抓手与空间基础。

三、都市圈促进“双循环”新发展格局的具体路径

如前文表 8-2 所示，构建“双循环”新发展格局的关键在于释放内需潜力、创新驱动以及内外开放，作为“双循环”新发展格局的重要抓手与空间基础，都市圈发挥作用的具体路径如下。

（一）挖掘内需

从支出的角度来看，GDP 由投资、消费与净出口三部分构成，内需则对应 GDP 构成中的投资与消费。都市圈促进消费和有效投资的具体路径则体现在新型城镇化的进程中。首先，建设现代化都市圈有助于城镇化发展潜力的释放。图 8-4 的统计数据显示，我国农村居民人均消费支出占城镇的比例稳步提升，从 2013 年的 40.5%上升至

---

① 数据整理自：《国家发展改革委关于加快推进战略性新兴产业集群建设有关工作的通知》发改高技［2019］1473 号

② 数据来源：中国研究数据服务平台（CNRDS）。

③ 数据来源：2019 年《中国城市统计年鉴》。

2019 年的 47.5%，但仍然不及城镇居民人均消费支出的一半，这意味着进一步的城镇化能够释放巨大的消费潜力。都市圈主要通过促进城乡人口迁移、圈内核心城市空间扩张两种方式来加速城镇化进程。一方面，都市圈尤其是圈内核心大城市的经济社会发展水平较高、就业机会更多、公共服务水平更高、市场规模更大，能够吸引大量农村剩余劳动人口，促进城乡人口迁移；另一方面，都市圈建设能够加强核心城市的市辖区与毗邻的下辖县之间的经济社会联系，促进一体化发展。一体化发展过程即为核心城市空间扩张的过程，在实操中多表现为撤县设区、撤县并市、撤县并区等行政区划调整。其次，建设现代化都市圈能够创造更多就业，夯实消费之基。在都市圈内核心城市与周边小城市一体化发展中，经济社会活动集聚程度不断提高，产业集聚创造出大量的就业岗位，能够吸收大量的劳动力。有就业就有收入，有收入就有消费。最后，现代化的都市圈建设能够提升有效投资。一方面，公路网、轨道交通网、物流网、信息网等基础设施的构建是现代化都市圈建设的关键环节。另一方面，人口的不断流入也对都市圈内公共服务一体化提出了更高的要求，为弥补公共服务缺口，投资势必会更多流向诸如教育、医疗、养老、失业救济等民生领域。

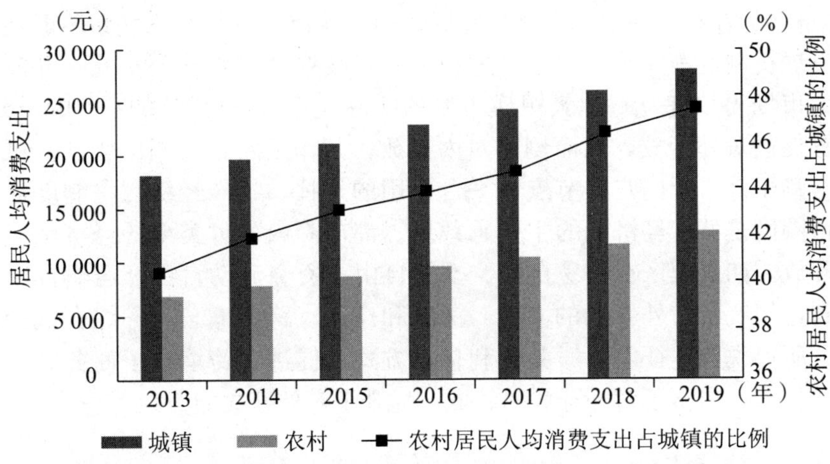

图 8-4 2013—2019 年城镇和农村居民人均消费支出及两者之比

数据来源：EPS 数据库及笔者测算。

(二) 激发创新

创新过程体现为新知识的增长，包括知识的创建、共享、获取、转移和应用。从理论特性上来说，都市圈中同时存在城市化与本地化经济，不同产业间、同一产业内的集聚均能产生显著的正外部性。处于不同生命周期的企业的创新活动均能在都市圈中获益。一方面，年轻企业能够从圈内核心大城市的多样化中获益。在"干中学"的创新过程中，大城市的产业多样化能够为年轻企业的知识增长提供便利，大城市在生产要素、市场规模上的优势则能弥补年轻企业的创新缺口，大城市在市场机制、营商环境、融资条件上的优势则能分散年轻企业的创新风险，便利企业在市场上的进入和退出。另一方面，成熟企业则更多从圈内小城市的专业化中获益，成熟企业的创新更多体现在降低和优化成本上，通过产业内的相互学习、知识共享和知识匹配，成熟企业能够增长知识，实现创新。此外，都市圈所带来的产业和人的空间集聚也有利于默会知识的生产和传播，而默会知识无疑又会进一步激发企业的创新。从实践特性上来说，都市圈在“双循环”中的门户、节点和平台地位无疑也为各种创新行为提供了发生场所、发生动力和溢出渠道。以北京都市圈为例，中关村科技园区为电子信息、智能制造、新材料等领域的企业的创新活动提供了发生场所，企业能够充分利用北京丰富的科教资源，通过产学研合作等方式加速创新进程。在完成创新之后，创新成果又能够利用北京便利的市场条件以及完善的软硬基础设施实现转化、应用和扩散。

（三）促进开放

开放是构建新发展格局的关键因素，开放包括对内开放和对外开放，现在对内开放的紧迫性和重要性高于对外开放。[25]一方面，都市圈能够促进对内开放，从而深化对外开放，其作用路径为市场整合。超大规模市场是我国经济的鲜明特征和关键优势，但受制于“行政区经济”，超大规模市场的潜力始终难以释放。都市圈对应城市尺度，是介于城市与城市群之间的空间形态，发展机制为自下而上的市场自育，因而是超越“行政区经济”的存在。随着都市圈的发展，圈内城市的经济社会联系不断加强，城市间的协调发展机制逐渐完善。在这个过程中，行政壁垒得以破除，统一开放、竞争有序的国内大市场得以建立，超大规模市场的实际竞争优势才能真正形成。另一方面，都市圈能够促进对外开放，从而倒逼对内开放，其作用路径为制度创新。更高水平的对外开放有赖于都市圈门户、节点和平台作用的发挥。特殊经济区是制度创新的重要方式，都市圈则是特殊经济区的主要承载地。都市圈内各种类型的经济区域极大地促进了对外开放。如自贸区在贸易自由、投资自由、资金流动自由、运输自由等方面享有政策便利，拓展了对外开放的高度、深度和广度；跨境电子商务综合试验区则通过无票免税、所得税核定征收、通关便利化等方式，促进了跨境电子商务完整的产业链和生态链的打造，丰富了对外开放的领域，提升了对外开放能级。

四、“双循环”新发展格局下培育发展现代化都市圈的对策建议

都市圈是兼具时空特性的概念。从时间的角度来说，它内嵌于城镇化进程中，体现为集聚力和辐射力的释放，特点是区域一体化；从空间的角度来说，它由核心大城市和周边小城市构成，体现为空间融合，特点是圈层式结构。在时空叠加中，都市圈发展迅速，已成长为我国经济高质量发展的重要载体。在“双循环”新发展格局中，都市圈也将发挥重要作用。凭借在理论和实践上的鲜明特性，都市圈能够疏通区域经济循环的堵点、瘀点和难点，进而有助于打通国内国际“双循环”，是构建新发展格局的重要抓手与空间基础，其具体的作用路径则体现在挖掘内需、激发创新和促进开放之中。当前，我国都市圈仍处于市场自发阶段，需要进一步的政策引导与支持。我们认为，都市圈政策应聚焦在都市圈之间、都市圈内部两个方向，做到加快启动都市圈布局规划、加快构建都市圈之间的软硬基础设施以及加快增强都市圈内生发展动力三

个方面。

（一）加快启动都市圈布局规划

目前，我国的都市圈发展仍处于起步阶段，都市圈规划出台较少，多集中在东部沿海发达省份，且往往包含于城市群发展规划、城市总体规划以及城镇体系规划中。都市圈规划是一种事前干预，培育发展现代化都市圈离不开它的引领带动，下一步应加快启动都市圈布局规划。一是要统筹推进，因地制宜。目前东部地区都市圈规划起步较早，启动较快。针对这种局面，要鼓励有条件的中西部地区加快进度，适时出台都市圈规划，加速都市圈建设步伐。需要强调的是，由于内陆和沿海城市在发展阶段、经济和人口规模、交通通畅程度、通勤状况上存在明显差异，都市圈的规划要因地制宜，因势利导，避免将固定的建设标准套在所有都市圈上。如可根据相应的经济社会指标将分属不同板块的都市圈划分为起步型、发展型、成熟型三种，不同类型的都市圈适用不同的建设标准。二是加强规划间的协调。目前，由于专门针对都市圈的规划较少，不同都市圈规划之间不协调的问题并不突出，但其他类型的规划中有关都市圈的表述已经出现不统一的现象。如《苏锡常都市圈规划（2001—2020）》与《长江三角洲城市群发展规划》均明确了苏锡常都市圈的存在，但在《上海市城市总体规划（2017—2035 年）》中，上海都市圈的范围则包含苏州、无锡、常州在内。因此，在今后的都市圈规划中要坚持不重叠原则，避免规划间的冲突。三是借鉴参考国外既有先进经验。都市圈这一叫法起源于日本，对应到美国和英国则是 MSA（Metropolitan Statistical Area）和 TTWA（Travel to Work Area）。日美英的都市圈已经走过几十年的发展历程，积累了许多先进经验可供借鉴参考。如我们可以借鉴发达国家的先进做法，综合采用核心区人口规模、通勤率、通勤人员年龄范围、夜间灯光数据等多指标来进行都市圈范围识别。

（二）加快构建都市圈之间的软硬基础设施

“双循环”是国家整体性战略，不是哪个区域哪一个点上的战略[26]，单独的都市圈不可能进行“双循环”。因此，必须有若干个联系密切的都市圈同时启动，才能形成国内国际“双循环”的良好态势。要形成都市圈之间联系密切，循环通畅，协同发展的局面有赖于软硬基础设施的构建。软性基础设施主要体现在合作机制与共享平台的构建上。都市圈之间要强化政策协同，构建合作机制。考虑到现阶段都市圈的“行政区经济”烙印仍然较重，都市圈之间的关系仍表现为核心大城市政府间的竞争，建议由行政级别更高的中央政府或省级政府出面，自上而下建立跨区域、跨省份的都市圈经济协调会等准政府组织，在合作机制的框架下，构建信息、科技、旅游商贸等共享平台，加强都市圈之间的沟通协作。都市圈之间的硬性基础设施建设则涵盖交通、能源、电信和环保等领域。其中交通、电信基础设施建设要先行，应考虑通过政府引导社会资本多元化参与的方式，设立都市圈基础设施建设专项投资基金，补齐都市圈之间在公路、铁路、电信等网络型基础设施以及港口、机场等节点型基础设施建设上存在的短板，使人员、物资、信息和资金的流动更加便捷。

（三）加快增强都市圈内生发展动力

都市圈是市场自育的产物，在其发展过程中，土地和资本要素的重要性让位于人和技术要素的重要性，要素流动性提高；企业作为组合要素进行生产的组织，企业家精神增强。因此，增强都市圈内生发展动力的重点要放在要素流动、企业家精神上。要素流动性的提高有赖于都市圈一体化进程的推进。一是加强都市圈轨道交通、公路网、信息网、物流网的建设，促进基础设施一体化，为要素流动提供硬性基础设施；二是加大在基本公共服务、社会保障、社会智力领域的投入力度，促进公共服务一体化，为要素尤其是人的流动提供软性保障；三是推进在户籍、土地、金融、科技等关键领域的配套改革，促进市场一体化，为要素流动营造良好环境。企业家精神的迸发有赖于"放管服"改革纵深推进。一方面，建议设立都市圈行政审批中心，简化审批流程，统一审批标准，扫清企业进入市场、参与竞争的制度障碍；另一方面，要以《中华人民共和国反垄断法》和《中华人民共和国反不正当竞争法》为遵循，建立完善都市圈市场监管协调机制，提高反垄断、反不正当竞争的执法能力，为企业竞争营造公平的市场环境。

参考文献

［1］朱鸿鸣. 双循环新发展格局的内在结构与误区廓清［J］. 东北财经大学学报，2020（06）：3－11.

［2］黄群慧. 以更深层次改革推动构建完整内需体系［N］. 经济日报，2020－10－27（001）.

［3］权衡. 新发展格局是开放的国内国际双循环［N］. 学习时报，2020－10－21（003）.

［4］董志勇，李成明. 国内国际双循环新发展格局：历史溯源、逻辑阐释与政策导向［J］. 中共中央党校（国家行政学院）学报，2020，24（05）：47－55.

［5］刘伟. 怎样读懂"双循环"新发展格局［N/OL］. 河南日报，2020－10－19. http://newpaper.dahe.cn/hnrb/html/2020－10/19/content_449858.htm.

［6］刘元春. 国内国际双循环是相互促进的［N］. 北京日报，2020－09－07（013）.

［7］张军. 立足国内大循环如何影响中国经济的发展？［N/OL］. 新华网，2020－11－29. https://politics.gmw.cn/2020－11/29/content_34411899.htm.

［8］刘鹤. 加快构建以国内大循环为主体、国内国际双循环相互促进的新发展格局［N］. 人民日报，2020－11－25（006）.

［9］刘志彪. 重塑中国经济内外循环的新逻辑［J］. 探索与争鸣，2020（07）：42－49＋157－158.

［10］陆铭. 国内大循环怎么搞？先找出内需迟迟不能提振的原因［N/OL］. 观察者网，2020－09－04. https://www.163.com/dy/article/FLLQ0LBQ051481US.html.

［11］刘伟. 以新发展格局重塑我国经济新优势［N］. 经济日报，2020－09－24（001）.

［12］刘元春. 国内国际双循环是相互促进的［N］. 北京日报，2020－09－07（013）.

［13］夏添，孙久文，林文贵. 中国行政区经济与区域经济的发展述评：兼论我国区域经济学的发展方向［J］. 经济学家，2018（08）：94－104.

［14］黄赜琳，姚婷婷. 市场分割与地区生产率：作用机制与经验证据［J］. 财经研究，2020，46（01）：96－110.

[15] 吕冰洋，贺颖. 迈向统一市场：基于城市数据对中国商品市场分割的测算与分析 [J]. 经济理论与经济管理，2020 (04)：13-25.

[16] 黄奇帆. 加快构建完整的内需体系，形成国内国际双循环相互促进新格局 [J]. 企业观察家，2020 (09)：74-81.

[17] 张红梅，李善同，许召元. 改革开放以来我国区域差距的演变 [J]. 改革，2019 (04)：78-87.

[18] 张伟. 都市圈的概念、特征及其规划探讨 [J]. 城市规划，2003 (06)：47-50.

[19] 汪光焘，叶青，李芬，高渝斐. 培育现代化都市圈的若干思考 [J]. 城市规划学刊，2019 (05)：14-23.

[20] 董晓芳，袁燕. 企业创新、生命周期与聚集经济 [J]. 经济学（季刊），2014，13 (02)：767-792.

[21] 孙久文，孙翔宇. 区域经济韧性研究进展和在中国应用的探索 [J]. 经济地理，2017，37 (10)：1-9.

[22] 夏添，孙久文. 基于区域经济理论的新时代空间尺度重构研究 [J]. 城市发展研究，2019，26 (06)：13-20.

[23] 宋准，孙久文，夏添. 城市群战略下都市圈的尺度、机制与制度 [J]. 学术研究，2020 (09)：92-99.

[24] 都市圈协同防疫抗疫联合复工复产双见效 [N/OL]. 新华网，2020-02-28. http://www.xinhuanet.com/info/2020-02/28/c_138825022.htm.

[25] 刘志彪. 重塑中国经济内外循环的新逻辑 [J]. 探索与争鸣，2020 (07)：42-49+157-158.

[26] 刘元春. 国内国际双循环是相互促进的 [N]. 北京日报，2020-09-07 (013).

第九章 “双循环”背景下的产业布局

一、畅通和安全是构建经济“双循环”新发展格局的主题

对发展中的经济大国来说，坚持扩大内需是应对外部风险挑战的客观要求，是统筹发展和安全的现实需要。近几年，经济全球化遭遇逆风，新冠肺炎疫情加剧了逆全球化趋势，单边主义、保护主义上升，不仅明显弱化了传统意义上的国际经济循环，而且对我国经济安全构成威胁。

（一）我国产业布局面临的国内国际形势

党的十九届五中全会通过的《中共中央关于制定国民经济和社会发展第十四个五年规划和二〇三五年远景目标的建议》要求“加快建设现代化经济体系，加快构建以国内大循环为主体、国内国际双循环相互促进的新发展格局，推进国家治理体系和治理能力现代化，实现经济行稳致远、社会安定和谐，为全面建设社会主义现代化国家开好局、起好步”。构建新“双循环”新发展格局是“十四五”时期乃至未来更长时间我国经济发展的重大战略部署。“双循环”体现了世界上主要经济体大国经济发展的客观规律，一个世界级的超级大国崛起不可能是让经济市场依赖于外部。历史经验显示，美国自一战以后成为世界头号强国，经济增长主要靠国内需求拉动，强大而畅通的国内经济大循环是美国成为世界头号强国的坚实基础。随着中国经济的腾飞，中国经济发展也要转向以内需为主。国内国际“双循环”有助于保障中国经济安全，增强中国经济发展韧劲，为中国产业发展拓宽空间。效率和质量已经成为中国经济发展的两个不可或缺的因素，高质量发展需要提高效率、提升产品质量和产业链竞争力、调整结构和扩大内需，需要加速产业结构转型升级、跨界融合。以“双循环”为重大战略机遇完善产业链集群，传统产业在数字科学的驱动下，正在加快迭代。

党的十九届五中全会提出“统筹发展和安全”“把安全发展贯穿国家发展各领域和全过程，防范和化解影响我国现代化进程的各种风险”。受到新冠肺炎疫情的影响，2020 年全球经济陷入了自二战以来的最严重的深度衰退。在世界主要经济体中，截至 2020 年底美国经济衰退 4.3%、欧元区经济衰退 8.2%，而中国有望成为全球唯一一个实现正增长的全球主要经济体，虽然经历了短暂的下滑，但是经济迅速重启。如图 9-1 所示，中国 GDP 在 2020 年第一季度的增速为－6.8%，第二季度转变为－1.6%，第三季度由负转正达到 0.7%，第四季度回到 2.3%水平。中国取得的全球瞩目的抗击疫情成就，凸显了中国特色社会主义制度的优越性，彰显了在党的统一领导下，集中力量办大事的显著优势。在新的国内国际形势下，构建“双循环”的新格局是我国作为一个发展大国，主动回应时代发展的变化，掌握发展主动权的战略选择，将经济循环

的畅通和安全作为未来经济工作的重点，避免在突发情况下受制于人，造成被动局面的战略抉择。

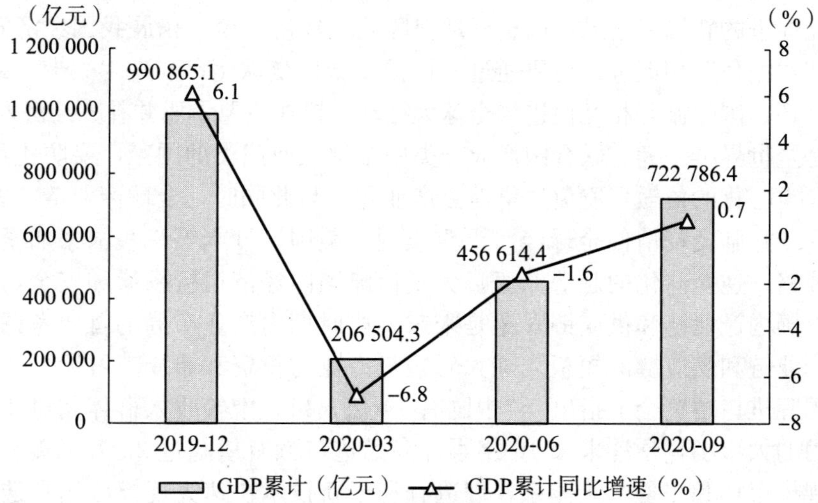

图 9-1 中国 GDP 增幅

数据来源：国家统计局。

从产业结构的角度看，新冠肺炎疫情对不同的产业造成的冲击影响不同。如图 9-2 所示，疫情发生以后，受到冲击最大的是第二产业，在 2020 年第一季度，第二产业增加值增速下降到了－9.6%；与此同时第一产业和第三产业增加值增速为－3.2%和－5.2%，受到的冲击要小于第二产业；但是随着复工复产的顺利推进，在第二季度，第二产业增加值增速转为 4.7%，高于第一产业和第三产业增加值增速。第二产业的恢复速度快于第一和第三产业。在 2020 年第三季度，第二产业增加值增速为 6%，大于第一和第三产业的增速。

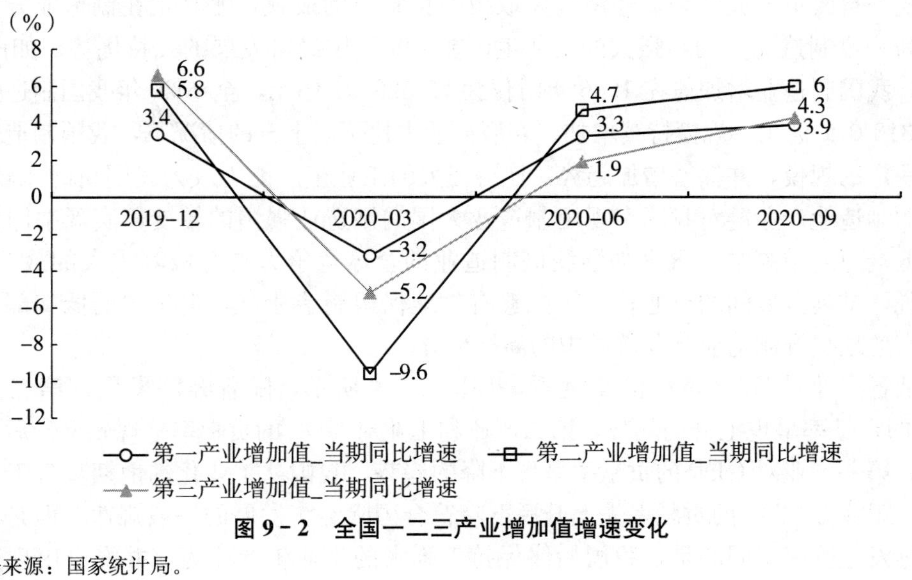

图 9-2 全国一二三产业增加值增速变化

数据来源：国家统计局。

（二）维护国内的产业链安全与供应链安全

在国际环境发生剧变的条件下，需要构建国内“大循环”为主体，国内国际“双循环”相互促进的新发展格局，以更好地保障我国经济安全，拓展我国经济发展空间。国内国际“双循环”相促进，需要通过积极推动新型全球化，推进“一带一路”建设，促进国内循环、国际循环相互促进的全球大循环。抓住主要矛盾并补齐经济发展短板。

我国是全世界唯一拥有联合国产业分类中全部工业门类的国家，要防止重蹈日本、美国等产业空心化的覆辙，避免过早地去产业化。与此同时，全球产业链“去中国化”值得警惕。新冠肺炎疫情使全球经济严重衰退，美国、日本等一些国家加紧实施“产业回流”战略，逆全球化的趋势凸显。为了保障国内经济运行畅通和安全，维护国家发展利益，国内产业链和供应链安全是未来一段时期内产业布局的首要考虑因素，应积极补齐产业链和供应链的短板，加大对短板产业的投资和布局。习近平总书记在第三届中国国际进口博览会上指出：“中国有 14 亿人口，中等收入群体超过 4 亿，是全球最具潜力的大市场，预计未来 10 年累计商品进口额有望超过 22 万亿美元。要依托我国超大规模市场和完备产业体系，创造有利于新技术快速大规模应用和迭代升级的独特优势，加速科技成果向现实生产力转化，提升产业链水平，维护产业链安全。”

产业链和供应链畅通是高质量的国民经济循环的基础，其关键在于产业基础再造和产业链提升。一是畅通产业链大动脉和微循环。优先保障在产业链供应链中具有重要地位的企业正常经营，打通原材料、关键零部件、资金、物流等关键堵点；促进上下游、产供销、大中小企业协同发展；推动各类商场、市场和生活服务业正常化，畅通产业循环、市场循环、经济社会循环。二是重点提升产业链基础能力和产业链关键环节的掌控能力，突破制约产业链安全的短板。解决产业链与产业发展的卡脖子问题，确保中国产业与产业链能够独立发展。要以国内需求为主要导向，以未来全球产业竞争力为考量，通过新基建推动现行产业体系、产业链和供应链进行整理，扬长补短。

我国自改革开放以来，经济发展取得举世瞩目的成就，尤其是在制造业方面，已经成为一个制造业大国，强大的工业生产能力是我国经济发展的独特优势。如图 9－3所示，我国制造业增加值在 1996 年时仅为 29 528.91 亿元，至 2020 年我国制造业规模达到 313 071 亿元，规模持续增加，在服务业占比不断上升的情况下，我国制造业仍能维持一定的规模，并保持增加趋势，使得强大的工业生产能力成为我国新的比较优势。完整的制造业产业链对我国实现由制造业大国向制造业强国的转变，实现中国制造业由中低端迈向中高端，巩固加强我国制造业的全球竞争力具有极其重大的战略意义。可以说，推动区域间的产业转移既能够有效地保留制造业产业链条中的低端部分，也能够有效地提升制造业产业链条中的高端部分。

从各产业对 GDP 贡献的角度看，如图 9－4 所示，随着经济发展，第三产业对GDP 的贡献率呈现上升的趋势，第二产业和工业对 GDP 的贡献率呈现先上升后下降的趋势，第一产业对 GDP 的贡献率呈现下降的趋势，我国从工业化的前期步入工业化的后期，工业多 GDP 的贡献率先上升后下降符合国际经济发展的一般规律。但是，与英美日等发达国家不同的是，我国始终保持着强大的工业生产能力，并没有出现产业空

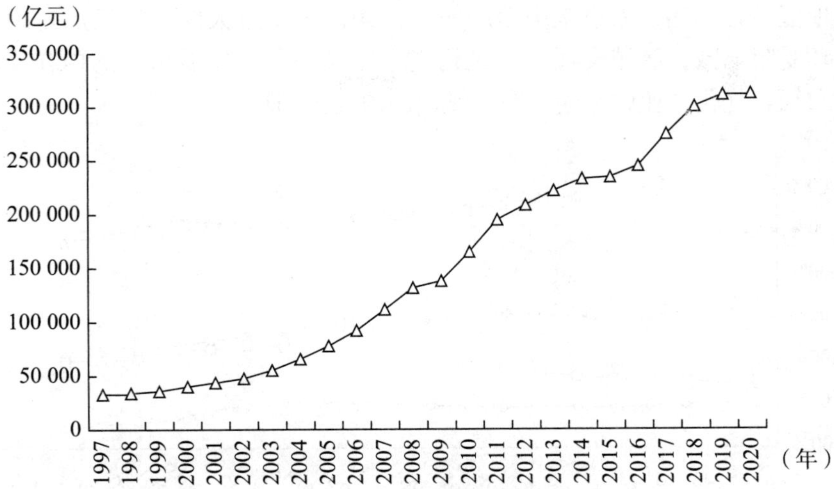

图 9－3 全国 1996—2020 年制造业增加值变化

数据来源：《中国统计年鉴》。

心化的现象，虽然服务业的规模在不断增加，服务业占 GDP 的比重持续上升，但是强大的制造能力是我国经济发展取得的新的比较优势，对于维持国内经济“大循环”起到了巨大的作用。因此，在构建经济“双循环”的新格局时代背景下，强化产业结构升级，保持强大的工业生产能力，维持制造业规模，创新发展高端制造业成为我国当前产业发展和布局的重点。

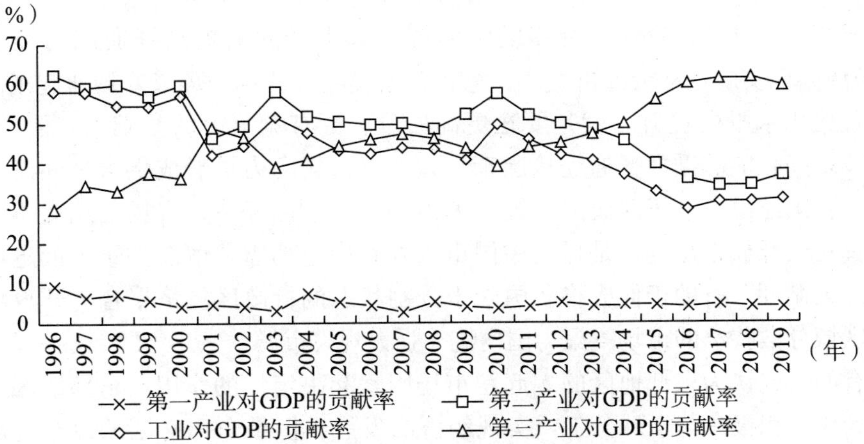

图 9－4 我国 1996—2019 年各个产业对 GDP 的贡献率

数据来源：《中国统计年鉴》。

从四大板块的角度来看，如图 9－5 所示，东部地区工业增加值占全国的比重最高，维持在 50％左右，但是随着西部大开发战略的实施，西部地区工业增加值占全国的比重呈现逐步上升的趋势，而东部地区工业增加值占全国的比重逐步下降。未来我国的产业布局将逐步加大中西部地区的工业增加值占全国的比重，促进制造业由东部地区向中西部地区转移，逐步缩小东中西的发展差距。由于过大的区域发展差距会造成国内经济循环受阻，减少区域发展差距是构建“双循环”新发展格局的内在要求，可以通过产业布局，优化产业的空间分布，畅通国内经济循环。

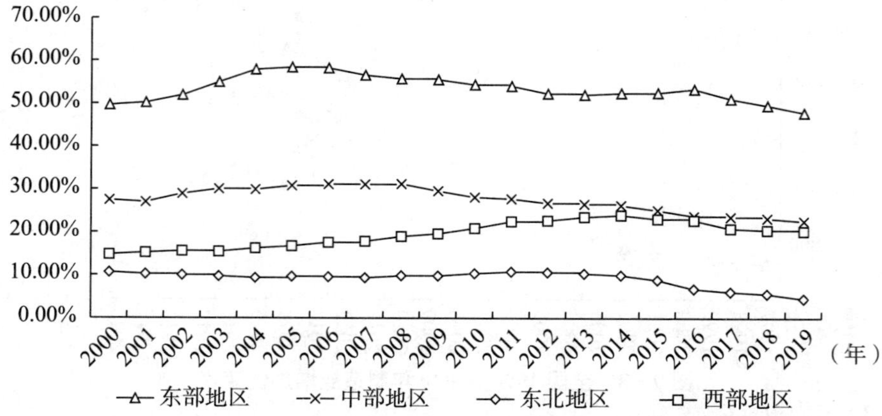

图 9-5　我国 2000—2019 年四大板块工业增加值比重变化趋势

数据来源：作者根据《中国统计年鉴》整理计算得来。

二、促进产业由东部向西部地区转移，缩小地区发展差距

（一）加快形成统一、开放、竞争、有序的国内统一大市场

形成统一、开放、竞争、有序的国内统一大市场的前提是畅通国内经济“大循环”。经济循环实质是社会的再生产，意味着国民经济的各个环节要畅通起来。产业链供应链现代化水平的提升，就是要在更高质量、更有竞争力的基础上，使产业之间、各个环节之间，能够循环畅通连接起来，并通过市场的力量形成供求之间总量和结构的均衡。我国还没有真正建成国内统一大市场，行政区经济、市场信用度不足、行政垄断以及对内开放不足等，是目前中国市场发育中迫切需要解决的重要问题。畅通国内经济“大循环”有助于促成将我国处于分割状态的行政区经济聚合为开放型区域经济，把区域分散狭窄的市场凝聚为国内统一强大规模市场。

已有的研究认为东部地区的崛起是市场因素起决定性的作用，东部地区通过率先开始市场化，积极参与全球分工，实现经济的发展。但是东部地区的改革开放，使得东部地区与世界市场紧密联系在一起，全球经济一体化进程快于国内一体化，导致了上海、深圳等东部国际化大城市与纽约、伦敦等国外大都市的联系比国内西部广袤的农村地区联系更密切，我国东西部的分割化发展严重制约了国内统一大市场建设。总体而言，西部地区市场化程度低于东部地区，营商环境还有较大提升空间，东部地区的生产要素和产品市场在国外而不是西部。党的十九届三中全会公报强调市场在资源配置中的决定性作用不动摇，要清除任何阻碍市场机制发挥作用的障碍。通过深化经济体制改革，消除市场壁垒，以制度一体化助推国内市场一体化，使东部地区经济发

展的溢出效应惠及中西部地区。

产业转移与资本、技术、劳动力、信息等生产要素流动密不可分，生产要素自由、跨地区流动是产业转移的必要手段。生产要素的流动以健全的市场体系为基础。缺乏统一市场势必造成区域之间交易成本增加，导致产业结构同化、产业相似度偏高、竞争过于激烈、竞争费用和保护成本增加等问题。因此，区域间的产业转移，必须建立在公开、公平、公正的市场竞争机制之上，冲破地区封锁和行业垄断，消除市场割据和地方保护，消除区域经济产业转移的体制障碍，以拓展市场容量和空间，推动地区经济在更高层次和更大规模上持续发展。

坚持发挥市场在资源配置中的决定性作用，进一步打破行政性垄断和地区封锁，健全全国统一开放市场，推行现代流通方式。继续发展金融、土地、技术和劳动力要素市场，规范各类中介组织，完善商品和要素价格形成机制，提高生产要素在地区间、产业间的配置效率。进一步整顿和规范市场秩序，坚决打击制假售假、商业欺诈、偷逃骗税和侵犯知识产权行为。

没有全国统一的市场，国内经济是“碎片化”小循环，不能充分发挥我国超大规模的市场优势。受制于经济发展模式的影响，我国长期存在以市场分割为特征的“行政区经济”现象，主要表现为地方政府通过行政手段直接干预市场，对市场准入条件和企业竞争进行限制。在“构建以国内大循环为主体、国内国际双循环相互促进的新发展格局”的大背景下，西部地区应该将国内经济一体化优先于国际经济一体化，不仅注重西部地区的沿边开放，更应注重对国内其他地区的开放，避免西部某些地方政府以对外开放之名，行国内市场分割之实。西部某些地区实行市场分割的目的在于通过市场分割实现区位分工地位的提升，保护市场竞争力较弱的产业，转变比较优势，从而实现与发达地区“齐步走”。

全国统一的市场和提高资源配置效率是经济发展的内生性要求，必须深化改革开放，加快形成统一透明、有序规范的市场环境。西部地区发展观念较为封闭、经济体制改革滞后，存在对区外流入要素的侵蚀、漏损和排斥。打破地方条块分割的壁垒，取消行政区准入限制，减少地方政府的对市场运行的干预，建设一个统一、开放、竞争、有序的市场，实现区域条块经济的整合与提升。实施统一市场建设政策，统一市场建设虽然没有明确的区域指向，但是对实现区域协调发展起着决定作用，统一市场建设是要消除一切生产要素流动的体制和政策障碍，破除地方保护主义，是消除经济“碎片化”小循环的制度基础。

国内经济循环的不畅通、分割化和碎片化难以支撑我国国际竞争力的快速提升，进一步开放需要国内经济“大循环”的支撑。经济学的开山鼻祖亚当·斯密在《国富论》一书中就曾指出市场规模决定专业化和分工细化的水平，专业化和分工是经济增长的动力源泉，即所谓的斯密定理。西部地区与东部地区较大的发展差距，部分原因是地理的阻隔，使得经济发展并没有收敛到平均水平，但更为重要的是体制原因阻碍全国统一市场形成，特别是我国独特的“行政区经济”，财政分权的制度背景下地方政府在经济发展方面各自为政，对于跨行政区的经济活动以“搁置”的形式处理，造成国内市场的碎片化分布，区域经济发展并没有收敛到东部地区较为发达的水平。应当加快要素一体化和商品一体化市场改革，减少单个区域内的经济的自我小循环。

强化区域政策与建设全国统一市场要求的内在具有一致性，在统一市场建设过程中也应该为地方政府发展本地经济提供激励，保障地方发展经济的积极性是形成优势互补、高质量发展的区域经济布局的动力。新一轮的西部大开发战略并不能完全由中央政府规划形成，鼓励地方政府积极参与区域经济分工和产业发展，是构建国民经济“大循环”的关键一环。地理条件、行政区划，交通建设滞后等因素造成我国东西部地区经济联系不够密切，同时西部地区的地方保护主义和东部地区面向海外市场的出口导向型模式导致对西部地区的市场潜力开发也不足。未来西部地区需要加强对内开放，由众多小区域各自内部的地区经济循环向全国统一的大市场循环转变；发挥西部地区市场潜力大、自然资源和劳动力丰富的比较优势，通过交通基础设施建设和经济体制改革，有效对接东部发达地区，促进全国统一市场建设。逐步消除地方市场分割、建立全国统一开放的市场体系有利于我国早日实现区域协调发展。

虽然产业布局面临“百年未有之大变局”，但是我国发展仍然处于重要战略机遇期，且机遇和挑战都有新的发展变化。“双循环”新发展格局是内外复杂因素叠加背景下，我国重塑发展优势、实现高质量发展的主动战略选择。改革开放特别是加入世界贸易组织（WTO）以来，我国凭借全球规模最大、门类最全、配套最完备、人力资源最丰富的制造业体系，深度参与国际分工和全球产业体系，并在全球产业链和供应链中占据重要地位。

（二）拓宽经济发展空间，在中西部地区培育更多战略性的增长极

从区域的角度看，沿海地区参与国际大循环面临新的挑战，近年来随着要素成本的提高和中美经贸摩擦的加剧，沿海地区外贸受到了比较大的冲击，沿海地区参与国际分工的程度高，国际市场的波动对沿海地区的影响较大。为有效缓解国际经济形势变动对我国经济发展的冲击，必须扩展我国经济发展空间，提升经济发展的韧性，因此，加快中西部地区的经济发展显得尤为必要。

从供给侧来看，我国拥有全球最完整、规模最大的工业体系和完善的配套能力，拥有1.3亿户市场主体和1.7亿多受过高等教育或拥有各种专业技能的人才，研发能力不断提升。传统模式主要是不断引进吸收国外先进技术提升自己的技术水平，但在关键技术、设备方面，还是高度依赖外部；从需求侧来看，我国企业凭借优越的要素组合和制度环境，在提高产品质量的同时，不断降低产品成本，增强竞争力。这一传统模式适应当时的条件和环境，推动我国经济快速发展。但是，随着我国发展阶段和国际环境的变化，传统模式面临越来越多的挑战：一方面，传统技术进步和对外合作方式面临转型压力；另一方面，扩大出口也会面临越来越大的压力。

2020年5月17日《中共中央国务院关于新时代推进西部大开发形成新格局的指导意见》（以下简称《意见》）发布，《意见》指出新一轮的西部大开发是“顺应中国特色社会主义进入新时代、区域协调发展进入新阶段的新要求，统筹国内国际两个大局做出的重大决策部署”，这意味着新一轮的西部大开发战略拉开序幕。虽然改革开放以

来我国经济发展取得了巨大成就，但是发展不平衡不充分问题依然突出，西部地区与东部地区发展差距依然较大。《意见》提出新一轮西部大开发形成新格局目标中包含"基本公共服务、基础设施通达程度、人民生活水平与东部地区大体相当"，说明新一轮的西部大开发战略将从国家层面统筹地区发展差距，逐步消除东西部之间的经济发展条件差距。党中央在提出形成"双循环"经济格局之际推动新一轮的西部大开发战略，凸显了新一轮西部大开发战略对"双循环"格局的重要性。

充分利用西部地区后发优势促进产业由东向西转移。新一轮的西部大开发战略从整个国民宏观经济运行的角度出发进行顶层设计，发挥各地区比较优势，在全国范围内进行合理分工和资源配置，形成西部大开发新格局。新格局的关键是经济活动空间结构的新变化与新形态，西部大开发战略承担了调整区域经济结构、缩小地区间经济差距，促进东西部区域经济平衡发展的重要任务。与国际上成熟的市场经济条件下的政府职能相比，我国的政府在西部大开发战略实施过程中，不仅要充分发挥调节市场的作用，而且要更好地发挥政府战略引领作用，政府发挥市场经济条件下政府的一般经济职能的同时，需要发挥推动西部开大发的一系列特殊职能，例如各地经济管理体制的协调对接职能，由于我国各地方政府主导本行政区内的经济发展，形成了差异化的经济管理体制，在畅通国内经济"大循环"的背景下就需要政府打破行政壁垒，做到生产要素和商品在国内自由流动。

由于我国出口导向型经济所产生的路径依赖和锁定，虽然 20 多年前提出了西部大开发战略，但我国工业特别是高端产业集中在沿海地区的空间格局没有发生根本改变。当前世界经济低迷，逆全球化趋势明显，出口导向型经济发展模式难以持续，为西部地区经济发展带来了新的机遇。我国东部地区由于土地和劳动力成本的上升，部分产业呈现向中西部和海外转移的趋势，西部地区与国外其他劳动力和土地廉价的国家间存在着争取东部地区产业转移的竞争，通过合理的区域经济发展政策和西部地区积极的对内开放改革，引导产业由东部地区向西部地区转移是西部大开发形成新格局的有效途径，与此同时可避免东部地区产业向东南亚和南亚国家过度转移，维持我国制造业的竞争优势。动荡的国际经济贸易环境和畅通国内经济"大循环"的时代背景使得西部地区较海外地区更有承接东部地区产业转移的竞争优势。新一轮西部大开发战略可发挥西部地区的后发优势，强化国内区际分工和区际贸易，促进工业中心向中西部转移，在西部地区形成全国性的产业中心。

经过西部大开发战略 20 多年的持续努力，西部地区的基础设施发展水平相比过去有了极大的提高，如交通、水电、能源等方面，极大地改善了西部地区产业发展的条件。然而西部地区在产业发展条件方面与东部地区相比仍然存在较大差距，东部地区有较为发达的科学技术，创新能力也较强，以长三角和珠三角为核心的地区已经成功实现了产业结构的转型升级，走上了创新发展的道路。后发优势理论认为落后地区可通过从发达地区引进技术获得比发达地区更快的经济增长，最终赶上发达地区经济发展水平。我国西部地区可充分利用后发优势，积极引进东部地区较为发达和已经成熟的科学技术，实现在科学技术上的追赶。新一轮的西部大开发战略需要更注重制度建设，积极改善营商环境，加大对公共基础设施的投入，加速技术由东部地区向西部地区扩散和转移。促进东部地区产业向西转移是未来形成西部大开发新格局的重要路径之一，西部地区作为潜在区域发展新空间是拓展国内统一大市场的重要区域之一，促进东部地区产业向西部转移，能够提高资源在全国空间范围内的配置效率。

要想西部大开发战略形成新的格局，东部地区产业向西部地区转移是关键，特别是将工业中心向中西部转移，这对我国发展多样化分工并推动国内经济一体化在空间上的纵深发展具有重要意义。我国地区差距的缩小主要是通过促进中西部地区产业的发展，改变目前制造业主要集中于东部沿海地区的状况是缩短区域发展差距的有效举措。然而我国东部地区的制造业尚未达到转移的内生临界点，产业转移还需要较多地依赖于政府区域平衡发展战略的作用。可以通过加强交通基础设施建设和经济体制改革，降低国内经济贸易过程中的“纯粹流通费用”，形成东中西优势互补、高质量发展的区域经济格局，建立起相对自给自足的和独立自主的国民经济体系。

（三）西部地区加快承接东部地区产业转移

我国的中西部地区约占整个国土面积的81.7%，广阔的土地对承接产业转移的阻碍作用体现在两方面：一是不同地区间距离过大，这不仅仅增加了运输成本，还形成了技术交流的障碍；二是人口分布不均，中部地区占全国约10.7%的土地，承载全国约26.51%的人口，而西部占全国71%的土地，承载全国约28%的人口。这决定了中西部在承接产业转移时应当采取集中式承接的方式，这样不仅有利于提升当地的城镇化质量，还有利于提高承接产业转移的经济绩效。除政府引导外，企业自主区位选择在实施集中式承接过程中具有不可忽视的作用，转移企业更倾向于选择产业基础好、基础设施完善、制度成本较低、市场更大的地区，因此发挥中西部地区中心城市作用，实现产业承接的空间布局从分散式向集中式转变，使中西部地区的大中城市成为企业选择的目标。

产业转移对产业转出地和转入地的产业转型升级都具有重大的意义，是实现产业转型的首要途径。也就是说，推进产业转移会直接促进产业转出地和转入地产业结构的调整和优化，对产业转出地和转入地都具有重大影响。一方面，产业转移使东部沿海地区能够转出那些处在产业发展和产品生命周期后期的成熟产业和衰退产业、在现有资源约束和环境约束下不再具有比较优势的产业、已经不符合本地未来高质量发展需要的落后产业。产业转移有助于东部地区顺利实现转型升级，有利于优化资源的有效配置，使得东部地区能够将更多的资源集中于优势产业、新兴产业，进而促进产业结构的优化调整，加快新旧增长动能的转换，提高经济发展的质量，从而走向“凤凰涅槃”。另一方面，产业转移也使中西部地区承接那些相对本地来说技术、设备更先进的产业、更有助于发挥本地资源禀赋优势的产业、更有助于本地经济发展的行业。产业承接能够有效带动中西部地区发展新兴产业，促进中西部地区在生产技术、管理水平、发展理念上的创新突破，带动中西部地区优化自身产业机构。并且，新产业的转入可以为中西部地区创造新的就业机会，使剩余劳动力转移到劳动报酬率较高的产业，实现资源的优化配置。鉴于产业转移对产业转出地与产业承接地的重大意义，中央政府应该对区域间的产业转移给予高度重视，充分调动“两个积极性”，也即产业转出地和产业承接地的积极性。在顶层设计中，既要给予人、财、物等政策层面的大力支持，也要合理推进国家、区域层面的产业布局，不断完善产业转出地与产业承接地间政府与产业的对接协调机制。东部地区要积极主动实施产业转移，实现自身产业转型升级，中西部地区要不断优化自身的软硬投资环境，加快完善基础设施和产业配套，积极承接产业转移。

依托产业转移，防止出现产业空心化的问题。随着我国经济发展阶段的变化，劳动力成本普遍上升，比较优势发生转换，与经济发展的一般规律相符。如何认识和把握好这一规律，在培育新的比较优势的过程中加快推进本国产业升级和产业转移，同时通过改革创新为制造业营造一个低成本、投资便利和公平竞争的环境，对保持本土制造业的可持续发展，防止制造业外流、产业空心化而言至关重要。应该清醒地认识到，我国中西部地区在承接产业转移上具有较大的空间，应该充分发挥腹地纵深及成本优势，加快改善各种软硬条件，积极承接东部产业转移，建设符合当地特色的主导产业集群。

依托产业园区，构建完整的政策体系，优化承接模式。产业园区能够有效集聚产业，通过资源共享，克服负的外部效应，带动关联产业，从而有效地推动产业集群的形成。截至2020年中国国家级产业园区共计626家，省级产业园区1 166家。依托产业园区，通过政府引导产业转移，完善产业园区之间的承接政策，实现东中西各个产业园区内产业有序转移是我国产业转移的主要方式之一。

空间经济学理论认为，产业的空间分布是由生产要素的集聚、选择和群分三种机制作用的结果。依托产业园区的政策优势，可以加速各类生产要素的集聚，通过产业园区建设推进产业转移。在区域经济发展中，产业集聚发挥了重要作用，它通过市场力量调整产业的区域分布，加快区域产业转移以促进中西部经济中心的形成。其中，集群招商已被证明是一种有效的承接产业转移的模式，从市场细分和市场分工的原则出发，利用产业配套环境和产业集群效应，致力于对集群内配套项目、相关企业进行招引。集群招商的关键在于引进龙头企业，发挥龙头企业的带动作用。充分发挥产业园区、周边上市公司或行业龙头企业的优质资产端优势。产业园区可以与上市公司等行业龙头企业合作或引入国内外知名投资机构，共同设立产业发展基金，为上市公司的科技创新和产业转型升级服务。在帮助上市公司做大做强的同时，应当进一步发挥产业园区的行业引领和产业集聚功能，充分发挥其在产业招商、吸引人才等方面的新优势。

加强对中西部地区产业园区的招商引资力度。在中西部地区设立产业园区，通过产业园区内税收优惠、提供产业用地和水电补贴等政策，降低企业的生产成本，提高产业园区的吸引力。为企业提供搬迁补贴，降低产业转移的成本，确保产业转移以后能够在产业转入地持续获得市场竞争优势。产业的发展是各个关联产业协同推进的结果，东中西部地区所处的工业化阶段不同，由此导致了产业转出地和产业转入地处于不同的发展阶段。为了促进国土空间结构与经济结构的均衡，建议产业分梯度依次转移到中西部地区，产业转入地将进入的工业化阶段恰好是产业转出地已经经历过的工业化阶段。

东部地区在改革开放后承接了大量的国际产业转移，加上国家政策的扶持，经济发展水平不断提升，远远领先我国其他地区。随着经济发展水平不断提升，东部地区自然资源日渐匮乏，劳动力价格日益抬升，传统产业已不具备生产优势，且无法带动地区经济持续增长，产业转型升级迫在眉睫。一方面，东部地区的资源和劳动力已不再具备优势，因此要推动资源密集型和劳动密集型等传统产业向中西部地区转移。应当降低转移企业的门槛，简化手续办理程序，完善转移后续保障，并为企业转型升级提供政策支持。另一方面，东部地区要依托雄厚的产业基础和相对完善的市场机制，积极承接国际高端产业转移，完善区域营商环境，吸引外商来华投资，将东部地区建设为我国先进制造业的先行区、参与经济全球化的主体区。同时，发挥人才集聚和资源集中的优势，依托高校和科研院所，建设全国科技创新与技术研发基地。

西部地区的经济发展较为落后，并且地处内陆，交通不便，运输成本高昂。但是，西部地区也在多个方面具有明显优势。西部地区地域辽阔，自然资源储备丰富，劳动力数量多且成本低。西部地区地处内陆，是我国向西开放的桥头堡。同时西部地区还能享受多种政策优惠。西部地区是产业转移的重要承接区，要发挥重庆、成都、西安等区域性重点城市的领头作用，利用当地的科技、人才资源优势，积极吸引发达国家和东部地区的电子信息产业以及高端加工制造业，打造区域性高新技术和先进制造业基地。除此之外，加大向西开放的力度。产品运输成本高昂是制约西部地区承接产业转移的重要因素，如果能够向西打通市场，就能做到就近生产、就近出口，化被动为主动，化劣势为优势。

（四）建立供给创造需求、需求引导供给的产业发展体系

党的十五届全会指出“牢牢把握扩大内需这个战略基点，更多依托国内市场实现经济良性循环”，坚持扩大内需，既是当前应对疫情冲击的需要，也是保持我国经济长期持续健康发展的需要，更有利于满足人民日益增长的美好生活需要。

在过去经济全球化深入发展的外部环境下，东部地区抓住发达国家劳动密集型产业向外转移的机会，充分利用我国劳动力资源丰富、生产成本低廉的优势，大力发展外向型经济，形成了市场和资源“两头在外”的经济发展模式。外向型的经济发展模式又进一步加剧了本来已经过大的区域发展差距。面对逆全球化压力和挑战，支撑我国经济发展的外部需求受到外部环境不确定性的影响，国民经济循环转向以国内经济“大循环”为主是应对逆全球化的必然之举，经济循环由依赖外部需求逐步转向依赖国内需求，扩大国内有效需求成为畅通国内经济循环的关键。实施西部大开发战略有利于提高西部地区消费能力，如图 9-6 所示，在西部大开发战略实施以前，西部地区消费占全国的比重一直呈下降趋势，在 2003 年以后，西部地区消费占全国比重开始上升，并在 2014 年达到 21.96%的峰值。但是西部地区人口占全国的比重一直维持在 27.88%左右，西部地区消费占全国的比重长期低于人口占全国的比重，这说明西部地区消费处于较低水平。西部地区较为落后的经济发展水平，是我国内需不足的一个重要原因，过大的区域发展差距使得国内消费受到抑制。

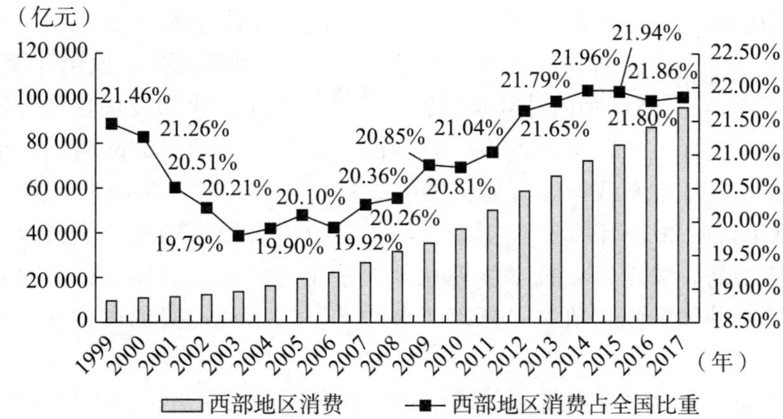

图 9－6 西部地区消费及占全国比重变化

数据来源：作者根据 2000 年至 2018 年《中国区域统计年鉴》整理计算而来。

有效需求不足会导致整个国民经济循环体系中供给大于需求，社会再循环不能连续实现，生产过剩，引起经济的波动。畅通国内经济循环，可以使生产、分配、流通、消费更多依托国内市场，提升供给体系对国内需求的适配性，形成需求牵引供给、供给创造需求的更高水平动态平衡。马克思主义政治经济学社会再生产理论指出，生产与消费是相互决定的，整个社会再生产的核心是社会总产出的实现，消费不足影响社会总产出的实现，进而社会再生产的循环不能正常进行。社会生产的商品和服务必须经过流通进入消费领域，在价值得到补偿后才能实现再生产。如果有效需求不足，社会生产所消耗的资本得到的价值补偿不足，则整个社会再生产的循环就会受到阻碍，从而影响经济正常的循环。我国现阶段出现生产过剩和内需不足并存的现象，本质上就是供需错配，表现为国内经济循环不畅通，在区域上体现为西部地区经济发展滞后，需要国家投入大量财力物力实施精准扶贫，增强西部地区贫困群众的购买力，而在东部地区则出现大量“僵尸企业”，形成产能过剩的现象。

区域发展差距过大是我国内需不足的主要原因之一，西部地区较弱的消费能力和外部需求减弱使得东部地区强大的供给能力不能有效发挥，造成供给过剩与内需不足的矛盾。“双循环”新发展格局的提出是对我国经济发展过程中形成的出口导向发展战略的总体调整。以供给侧结构性改革促进内需扩大，要求提高西部欠发达地区经济发展水平以提升消费能力。经济活动的空间布局是供给侧结构性改革的重要方面，新时期西部地区资源丰富、市场潜力巨大的后发优势明显。西部地区中低收入群体占比最高，消费升级的潜力空间巨大。通过强化区域分工和发展区域贸易，引导产业向中西部地区转移，改变我国产业特别是高端产业过度集中在东部沿海地区的不合理格局。

三、增强自主创新能力，加快发展战略新兴产业

（一）构建关键核心技术攻关新型举国体制，解决关键产业“卡脖子”问题

党的十九届五中全会坚持新发展理念，坚持创新在我国现代化建设全局中的核心

地位，对推动创新发展、建设科技强国、发展现代产业体系做出一系列重大部署，提出“把科技自立自强作为国家发展的战略支撑”和“推动经济体系优化升级”。

“双循环”新发展格局是内外复杂因素叠加背景下中国重塑发展优势，实现高质量发展的主动战略选择。从外部环境看，我国面临某些西方国家的战略性、全方位的阻碍甚至是打压，这增加了我国经济增长的挑战性和不确定性；从内部来看，我国 GDP 总量、人均 GDP 在 2019 年都迈上了新台阶，但也面临经济增长速度持续下滑、经济增长质量总体不高、关键核心技术掌握在外国手里等问题。必须加强基础创新，要发挥新型举国体制的优势强力攻关，打破“卡脖子”的堵点，实现在高科技和基础科学领域的突围。

党的十九届五中全会提出将“关键核心技术实现重大突破，进入创新型国家前列”写入 2035 年基本实现社会主义现代化的远景目标当中。“十四五”期间要坚持创新在我国现代化建设全局中的核心地位，把科技自立自强作为国家发展的战略支撑，强化国家战略科技力量，提升企业技术创新能力，激发人才创新活力，完善科技创新体制机制。

科学是技术创新的主要源泉，基础研究薄弱，就很难拥有自己的关键核心技术，“卡脖子”现象的根源，在于基础理论研究方面的积淀较为薄弱，导致核心技术受制于人。西方国家从自然科学革命到工业革命再到今天，是以科学为基础逐渐发展起来的。我国要摆脱技术“追随者”的角色，引领世界科技的发展，从根本上还是要大力发展基础科学，为技术应用提供坚实的保障和持久的动力。

创新，是一个民族进步的灵魂，是一个国家兴旺发达的不竭源泉，也是中华民族最深沉的民族禀赋。我国有集中力量办大事的制度优势，可充分发挥新型举国体制优势，加强科技创新和技术攻关，强化关键环节、关键领域、关键产品保障能力。制定科技强国行动纲要，瞄准人工智能、量子信息、集成电路等前沿领域实施一批国家重大科技项目。发挥好创新引领功能，推动产城、产教、产研融合发展。加强布局创新基础平台，当前我国科技创新能力短板仍较突出，研发投入强度与建设创新型国家的要求相比尚需提高，科技创新的深层次制度障碍还没有破除，关键核心技术受制于人的状况尚未根本改观。

完整的产业链供应链需要进口环节顺畅。由于疫情和复杂国际环境的影响，一些零部件尤其是高科技产品必将转向国内生产，需要强有力的科技支撑，把关键核心技术的“饭碗”端在自己手中。围绕产业链部署创新链，围绕创新链布局产业链，推动经济高质量发展迈出更大步伐。从体制机制上增强科技创新和应急应变能力，加快构建关键核心技术攻关新型举国体制，补短板、强弱项、堵漏洞，提升科技创新体系化能力。将国家科研资源进一步聚焦于重点领域、重点项目、重点单位。创新科技成果转化机制，打通产学研创新链、产业链、价值链，以科技产业链价值链的升级，促进国内国际产业链的稳定和发展。

（二）“双循环”带来产业数字化的转型机遇

进入 21 世纪，以云计算、大数据、移动互联网为代表的新一代信息技术突飞猛进，催生了社会生产生活方式颠覆性变革，驱动数据资源指数级增长和裂变式衍生，一个全新的数字时代已然来临。数字技术是当今创新最活跃、最富活力的领域，大数据、人工智能、区块链、量子计算等技术不断迭代演进，成为数字中国创新发展的不竭动力。中国有 9.4 亿网民，是全球最大的消费互联网大国和全球最大的制造业大国。数字经济创新活力和潜力巨大，“双循环”新发展格局的关键在于充分发挥国内超大规模市场优势，发展数据生产力，释放数据红利。数字化转型正在成为影响区域发展的重要因素，经济活动加快数字化的转型，重塑了区域之间的格局。数字经济的本质在于互联网与国民经济中各产业部门的嵌套、融合，重塑整个产业链上下游生态。

2020 年 3 月，中共中央、国务院发布了《关于构建更加完善的要素市场化配置体制机制的意见》，指出“加快培育数据要素市场，培育数字经济新产业、新业态和新模式”，同时要“健全生产要素由市场评价贡献、按贡献决定报酬的机制”。习近平总书记指出：“在互联网经济时代，数据是新的生产要素，是基础性资源和战略性资源，也是重要生产力。”根据世界银行 2020 年发布的报告，数字经济的发展将对经济系统的结构和过程产生根本性的影响。数字经济的发展对宏观经济的运行起到颠覆性的冲击和影响。以美国为例，近年来数字技术发生了巨大的变化，洲际数字信息流的数量也出现了大幅增长。

疫情提高了全社会对数字化转型的认识水平，促使下一阶段的产业升级更加注重数字基建、云服务、物联网、远程链接。在新冠肺炎疫情防控期间，以网络零售为代表的各类线上消费、新型消费发展迅猛，极大促进了消费回补和消费升级，并为激活国内消费市场内循环提供了重要的支撑力，有力促进了疫情后的消费回暖。疫情防控常态化背景下，网络零售优势进一步凸显。电商平台与地方政府联合发放各种形式的电子消费券，通过补贴刺激用户线上线下消费；商务部等部门组织电商平台开展线上“双品网购节”，带动同期全国网络零售额超过 4 300 亿元；2020 年“618”电商年中大型促销中天猫和京东交易额分别达到 6 982 亿元和 2 692 亿元，疫情下被抑制的消费需求得到有效释放。以大数据、人工智能、5G 等新一代信息技术为代表的新兴技术，在疫情防控中形成基于大数据的密切接触者追踪、人工智能医学影像检测等新业态，为疫情防控做出了巨大贡献。大数据分析帮助企业简化供应商选择过程，云计算越来越多地用于促进和管理供应商关系，自动化和物联网可以极大地改善物流和运输过程。中国在 5G 研发、数据中心、物联网等数字基建上正进一步加速，重塑产业链、再造供应链，以工业互联网为重点加快推进数字经济、智能制造、生命健康、新材料等战略性新兴产业。应当发展数字商务，支撑建设数字供应链，全面推进“互联网＋”，打造数字经济新优势；鼓励企业结合自身需求，灵活实施数字化转型战略。

习近平总书记提出了“把疫情防控中催生的新业态新模式加快壮大起来”的新要求。疫情下我国社会的数字化进程加速，形成了平台经济、服务经济、共享经济等多元化的创新业态，为经济发展注入了新动能。受疫情影响，传统服务业受到较大冲击，线上化渠道为服务业提供了新的发展窗口。网上外卖、线上教育、在线诊疗、远程办公、跑腿闪送等个人和企业数字化服务竞相出现，在解中小企业“疫情之困”的同时，也为服务业的数字化发展提供了助力。工业和信息化部印发《关于推动工业互联网加快发展的通知》，进一步提出推动工业互联网在更广范围、更深程度、更高水平上融合创新，培植壮大经济发展新动能，支撑实现高质量发展。

我国数字经济蓬勃发展的同时，也面临一些困难，特别是基础研究薄弱，关键核心技术受制于人。关键核心技术是国之重器，对推动我国经济高质量发展、保障国家安全都具有十分重要的意义。当前，科技创新领域的竞争态势逐步演化为系统、生态之间的竞争，对数字技术的创新体系提出了更高要求。而我国创新体系整体效能还不强，科技创新资源分散、重复、低效的问题制约着创新成果的转化，关键核心技术"受制于人"的局面没有发生根本改变。除此之外，研发投入上"重硬轻软"，基础软件提升慢，技术差距大。

我国处在数字经济应用的世界前沿，并可能引领新一代信息技术革命。我国数字经济增加值规模连续多年位居世界第二位，根据中国通信研究院发布的《中国数字经济发展白皮书2020》数据显示，2019年我国数字经济规模达到35.8万亿元，占GDP比重达到36.2%，对GDP增长的贡献率为67.7%。数字经济结构持续优化升级，产业数字化增加值占数字经济比重达80.2%。新经济业态的创新、就业和经济影响日益凸显，为数字经济发展营造良好的创新氛围和营商环境，促进数字经济发展。

（三）积极发展现代服务业，优化国土空间布局

产业布局的合理性对区域优势的发挥和经济的可持续增长起着至关重要的作用，从农业经济到工业经济再到服务经济是人类经济社会发展的普遍规律。信息技术的发展，使各种与信息生产加工相关的服务不仅可以远距离提供，而且成本极低。这部分服务具备了"可存储""可贸易"等新特点，使得服务业的贸易空间极大地扩展。大量服务通过网络空间跨境提供，极大地提高了服务业特别是网络空间服务业的生产效率。交通运输技术和通信技术的发展，降低了运输成本，使远距离提供服务的成本显著下降，也快速推动了服务业的空间格局变化。服务中间需求即生产者服务增加，这部分服务可贸易性相对较强，如信息、金融、物流、商务服务等中间服务在世界服务贸易总额中的比重超过2/3。网络时代的服务业生产率和全球化水平显著提高，有些领域甚至超出了现代制造业的水平。例如，网络上的视频节目和文字信息可以极低的成本复制无数次，规模经济极为显著，效益递增几乎没有边界，任何制造业产品都无法与之相比。

现代科学技术能够做到劳动力与服务的分离，现代科学技术改变了服务产品供给的模式，空间对服务产品供给和消费的束缚被打破。传统的要素禀赋理论认为，不同地区之间商品相对价格的不同是发生贸易的基础，这个差价源于各地区生产要素比较优势差异。在信息革命催生现代服务业高速发展的当代，传统的要素禀赋理论面临挑战。进入信息时代，即使劳动力仍然没有大规模流动，但其提供的劳务却可以无障碍地大规模远距离传输，极大地减小了服务的交易成本，迅速缩小了不同地区的服务差价，使得有服务优势的地区能够将其提供的服务扩展全国甚至全球。从这个角度看，现代服务业的发展使得经济活动的空间集聚程度更高，空间集聚的专业化程度更深。

例如通过网络听音乐、看视频，本国听众和外国听众都能享受到低价优质的文化服务。因此，对那些能够在网络空间提供的服务来说，传统理论的解释力下降。现代服务业对空间活动的集聚活动正在加强，在零售业，京东、天猫等网上大型超市在全国范围内调配资源，使得各地小型超市的生存空间极度压缩，在信息技术加持下的服务业使经济活动的空间集中程度上升，并且信息技术使得服务业的专业化水平急剧上升。

现代服务业也正在加速优化空间布局。通过政府引导围绕京津冀协同发展、粤港澳大湾区建设、推进海南全面深化改革开放、长江三角洲区域一体化发展等国家发展战略，将北京、上海等国际化的大都市建设成国际型、国家级的现代服务经济中心，形成服务业高质量发展新高地，使得高端服务业向北京、上海等国际化大都市集聚。北京、上海等一线城市在服务业发展方面也具有比较优势，2018 年北京服务业占经济比重超过 80%，服务业基础实力雄厚；其次是上海，服务业占经济的比重超过 70%，在发展现代服务业方面优势突出；北京和上海的服务业占比都远超全国的平均水平，在信息革命的推动下，北京和上海在服务业方面的优势会被加强，使得全国高端服务业向北京和上海等一线城市的集聚趋势持续加强。为了应对这种趋势，应推动城市群和都市圈公共服务均等化和要素市场一体化，构建城市群和都市圈服务网络，促进服务业联动发展和协同创新，将北京、上海等一线城市打造成为区域服务业发展新枢纽。强化中小城市服务功能，打造一批服务业特色小镇，形成服务周边、带动农村的新支点。完善海洋服务基础设施，积极发展海洋物流、海洋旅游、海洋信息服务、海洋工程咨询、涉海金融、涉海商务等，构建具有国际竞争力的海洋服务体系。

服务业的发展渗透性强，它的发展不是孤立的，而是强调与农业、工业等的融合互动发展，在融合互动中既做大做强服务业自身，也促进相关产业的发展。网络和信息技术从根本上改变了传统服务业低效率和不可贸易的性质，极大地增强了服务的空间范围，使服务全国化的推动力大大加强。其中网络零售行业最为典型，全国网络零售业保持高速增长的势头，根据可获得的统计数据，2015 年全国网络零售额达 38 773.2 亿元，增速高达 33.3%；此后一直保持 20%以上的增速，增速远高于同期地区生产总值的增速，至 2019 年网络零售额达到 106 324.2 亿元；网络零售额的高速增长，说明现代服务业在更大空间范围配置资源的作用正在凸显，服务业能够在全国范围内统一调度资源，提高资源配置效率，从而也使经济活动的范围极大扩张。

（四）坚持创新的核心地位，提高产业发展质量

党的十九届五中全会明确提出坚持创新在我国现代化建设全局的核心地位，充分表明以习近平同志为核心的党中央对创新驱动发展战略的高度重视。党的十九届五中全会指出，我国发展不平衡不充分问题仍然突出，重点领域关键环节改革任务仍然艰巨，创新能力不适应高质量发展要求。对于 2035 年基本实现社会主义现代化远景目标，党的十九届五中全会提出要在“关键核心技术实现重大突破，进入创新型国家前列”。党的十九届五中全会还提出“坚持创新在我国现代化建设全局中的核心地位，把科技自立自强作为国家发展的战略支撑”，强调深入实施科教兴国战略、人才强国战略、创新驱动发展战略，完善国家创新体系，加快建设科技强国。

“十三五”时期，我国研发投入强度从2.06%增长到2.23%，基础研究经费增长近1倍，全球创新指数排名从第29位升至第14位，重大创新成果竞相涌现，创新型国家建设取得重大进展。但是我国创新能力还不适应高质量发展要求，产业体系还存在短板和弱项。在全面建设社会主义现代化国家新征程上，抢抓新一轮科技革命和产业变革的重大机遇，构建新发展格局、塑造发展新优势，更加需要创新的力量。进入新阶段，开启新征程，必须把创新摆在现代化建设全局中的核心地位，把科技自立自强作为国家发展的战略支撑。创新构建新发展格局。加快构建国内“大循环”为主体、国内国际“双循环”相互促进的新发展格局，是统筹两个大局、做好自己的事的战略应对和化危为机、主动求变的重大举措。加快建设科技强国，要坚持科技创新与体制机制创新“双轮驱动”，面向世界科技前沿、面向经济主战场、面向国家重大需求、面向人民生命健康，深入实施科教兴国战略、人才强国战略、创新驱动发展战略，深化科技体制改革，完善国家创新体系。

面临新的时代潮流，我国必须加大在关键核心技术方面的自主创新和集中攻关力度，必须着力解决核心技术、核心设备和关键零部件受制于人的情况，要实现充分吸收和利用国际资源的开放创新——要在充分发挥我国资源禀赋和产业优势的前提下，在若干重要的关键和核心技术方面取得优势，以形成相互制衡、互为所用的关系。新冠肺炎疫情要求对智慧城市建设思路进行调整。智慧城市是数字技术在城市管理和民生服务领域的集大成应用，我国近年投入了大量的财力和物力建设智慧城市。在疫情防控中，智慧城市发挥了不可替代的重要作用，但也暴露出了问题和不足，例如各自为政、跨部门协调难度大、面子工程、“数据孤岛”等。疫情检验了我国智慧城市的建设成效，对公共治理能力提出了更高要求，必将引发人们的总结和反思，并对未来智慧城市建设思路进行调整。

在“双循环”过程中，既要更好发挥政府顶层设计、统一布局、组织协调的作用，又要充分发挥企业在基础创新中的主体作用；既要夯实基础研究，又要加速科技成果向现实生产力的转化；既要大力提升自主创新能力，又要坚持开放创新，加强国际科技交流与合作。发挥大都市圈和城市群在“双循环”中的枢纽和战略支点功能。城市群和大都市圈在国内“大循环”的位势不断上升，长三角、粤港澳大湾区正在向世界级城市群迈进，城市群内部中心城市和周边城市的同城化趋势也在推进，都市圈和城市群是我国创新最有活力的地区，都市圈和城市群为创新提供了优良的环境，主要的创新活动都发生在都市圈和城市群内部，积极培育和发展都市圈与城市群可促进我国创新能力的提升。

中国经济的庞大体量和阶段特征，决定了实现高质量发展既要依靠前沿创新领域的发展，更需要将创新扩散在整个经济体系、各个行业发展中。以商事制度改革等市场化改革破除体制机制障碍，使市场、资源等高端要素畅通循环，营造市场化、法治化、国际化的一流营商环境。推动新型基础设施互联互通，为创新创业提供最优良的环境。在全社会形成尊重知识、崇尚创新、尊重人才、热爱科学、献身科学的浓厚氛围，为建设世界科技强国汇聚磅礴力量。必须坚持创新在我国现代化建设全局中的核心地位，抢抓新一轮科技革命和产业变革的重大机遇，构建新发展格局、塑造发展新优势，这样才能在危机中育先机、在变局中开新局。

参考文献

[1] 韦倩，王安，王杰. 中国沿海地区的崛起：市场的力量 [J]. 经济研究，2014，49 (08)：170－183.

[2] 祝志勇，刘昊. 市场分割、地区异质性与经济增长质量 [J]. 改革，2020 (04)：86－99.

[3] 孙久文. 探寻新时代西部大开发 2.0 的新方位 [J]. 人民论坛，2020 (26)：42－45.

[4] 中央党校经济研究中心课题组. 西部大开发的经济学思考 [J]. 经济研究，2000 (06)：33－40.

[5] 刘君德，舒庆. 中国区域经济的新视角：行政区经济 [J]. 改革与战略，1996 (05)：1－4.

[6] 蔡之兵. 高质量发展的区域经济布局的形成路径：基于区域优势互补的视角 [J]. 改革，2020 (08)：132－146.

[7] 林毅夫，张鹏飞. 后发优势、技术引进和落后国家的经济增长 [J]. 经济学（季刊），2005 (04)：53－74.

[8] 范剑勇，杨丙见. 美国早期制造业集中的转变及其对中国西部开发的启示 [J]. 经济研究，2002 (08)：66－73.

[9] 李娅，伏润民. 为什么东部产业不向西部转移：基于空间经济理论的解释 [J]. 世界经济，2010，33 (08)：59－71.

[10] 蔡之兵. 高质量发展的区域经济布局的形成路径：基于区域优势互补的视角 [J]. 改革，2020 (08)：132－146.

[11] 杨庆育. 我国西部开发政策轨迹及其效应 [J]. 改革，2016 (05)：6－24.

[12] 官卫华，姚士谋. 西部大开发中城市化发展的几个关键问题 [J]. 经济地理，2002 (05)：579－584.

第四部分　总结与展望

第十章 “十三五”收官总结与“十四五”开局展望

区域经济发展是一个历久弥新的话题。四十多年前，伴随改革开放大幕的拉开，在沿海发展战略的作用下，沿海地区逐步成为中国经济腾飞的中坚力量。与此同时，区域发展不协调的问题也日益突出，集中体现为沿海与内陆发展差距的扩大。针对上述问题，中央政府围绕区域协调发展，展开了理论与实践的探索：1999年以来，中央政府先后实施西部大开发、东北振兴、中部崛起战略，与东部率先战略相配合，共同组成区域发展总体战略的基本构架。党的十八大以来，中央政府在进一步贯彻落实区域发展总体战略的同时，相继开展京津冀协同发展、长江经济带建设、粤港澳大湾区建设、长三角一体化、黄河流域生态保护与高质量发展等政策实践。2017年，党的十九大报告将区域协调发展首次提升为统领性战略，作为解决新时代人民日益增长的美好生活需要和不平衡不充分的发展之间的矛盾的必由之路。

进入“十三五”时期以来，我国虽然面临宏观经济下行压力加大、国际政治经济环境错综复杂等诸多不确定性，但区域经济依然呈现出整体平稳的特征，成为国民经济由高速增长阶段向高质量发展阶段迈进的重要前提。面向“十四五”时期，在保护主义单边主义盛行、新冠肺炎疫情全球肆虐等多重挑战下，我国经济正面临百年未有之大变局，塑造以国内“大循环”为主体、国内国际“双循环”相互促进的新发展格局成为2020年后区域协调发展实践创新的关键突破口。本章将回顾“十三五”时期我国区域经济运行的基本态势，总结“十三五”时期我国区域经济运行的主要特征，并就“十四五”时期我国区域经济发展态势进行展望，勾勒出基本实现社会主义现代化的宏伟蓝图。

一、“十三五”时期我国区域经济运行的基本态势

步入“十三五”时期，随着我国社会主要矛盾转化为人民日益增长的美好生活需要和不平衡不充分的发展之间的矛盾，转变发展方式、优化经济结构、转换增长动力成为区域经济高质量运行的时代主旋律，是在变局中开新局、在危机中育新机、实现国内国际“双循环”并进的不二法门。下面将在分析经济规模、财政实力的基础上，从消费总额、投资总量、对外开放“三驾马车”入手，分析“十三五”时期（2016—2019年）[①] 我

① 考虑到数据的可得性，本章将分析2016—2020年第二季度的区域经济规模，以及2016—2019年的其他区域经济指标。

国东部地区、中部地区、西南地区、西北地区、东北地区五大板块①经济运行的基本态势。

（一）区域经济规模稳步扩大

区域经济规模扩大是国内国际双循环并进的物质基础。图10-1为2016—2020年中国五大板块GDP及其增速。从绝对总量上看，2016年东部、中部、西南、西北、东北地区的GDP分别是41.02万亿元、16.06万亿元、9.67万亿元、6.01万亿元、5.24万亿元；到2020年，五大板块的GDP依次变化为52.58万亿元、22.22万亿元、14.00万亿元、7.33万亿元、5.11万亿元，除东北地区外其余板块的经济规模均有所扩大。

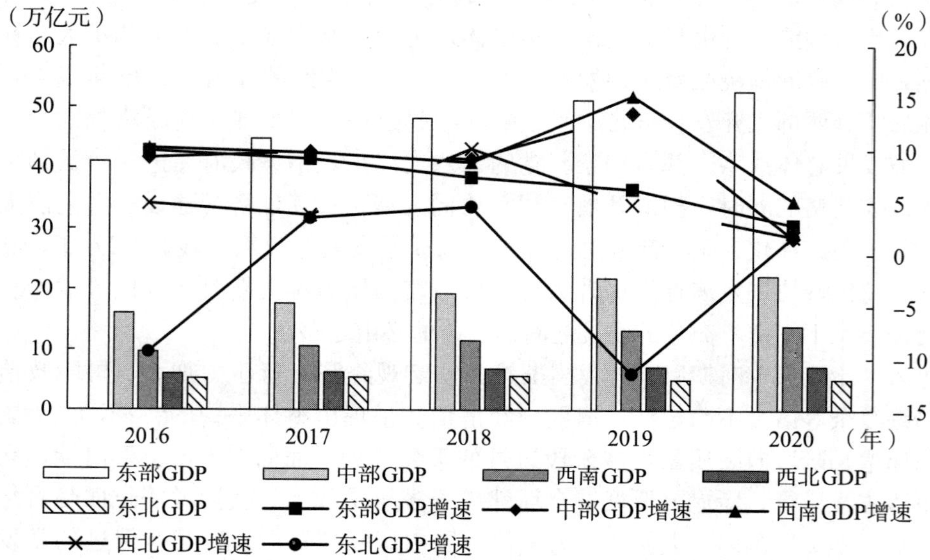

图10-1　2016—2020年中国五大板块GDP及其增速

数据来源：国家统计局。

从相对变化上看，东部地区2016—2019年GDP增长率分别是9.97%、9.18%、7.40%、6.27%，经济增速总体呈放缓态势，这主要是因为东部地区经济规模基数较大；中部地区2016—2019年GDP增长率依次为9.32%、9.86%、9.16%、13.54%，经济规模扩张稳中有进，尤其在2019年更是突破了10%的关口，成功避免了“中部塌陷”现象的发生；西南地区2016—2019年GDP增长率分别是10.25%、9.77%、8.86%、15.22%，以成渝城市群为轴心的西南地区正日益成长为西部大开发战略的主心骨；西北地区2016—2019年GDP增长率依次为4.92%、3.80%、10.16%、4.79%，除2018年经济增速加快以外，其余年份增速尚未超越5%，总体上低于全国平均水平；东北地区2016—2019年GDP增长率分别是-9.35%、3.52%、4.60%、

① 本章将中国31个省份（未包括港澳台）划分为五大板块：东部地区，北京、天津、河北、山东、江苏、上海、浙江、福建、广东、海南10个省份；中部地区，山西、河南、安徽、湖北、湖南、江西6个省份；西南地区，重庆、四川、贵州、云南、广西、西藏6个省份；西北地区，内蒙古、陕西、甘肃、宁夏、青海、新疆6个省份；东北地区，黑龙江、吉林、辽宁3个省份。

−11.46%，虽然在2017—2018年经济略有增长，但2016年和2019年下滑严重，东北振兴仍然面临多重挑战。进一步计算五大板块的GDP增长率发现，东部、中部、西南、西北、东北地区GDP年均增长率依次为7.61%、10.84%、11.25%、6.21%、−1.39%，再次印证了上述判断。

2020年初，突如其来的新冠肺炎疫情给我国的区域经济运行带来了巨大影响，严重阻滞了国内“大循环”的顺利进行。在此背景下，2020年东部、中部、西南、西北、东北地区GDP增速有所回落，但依然实现了2.85%、1.60%、5.15%、1.73%、1.74%的正增长，有效保障了区域经济基本面的稳定。

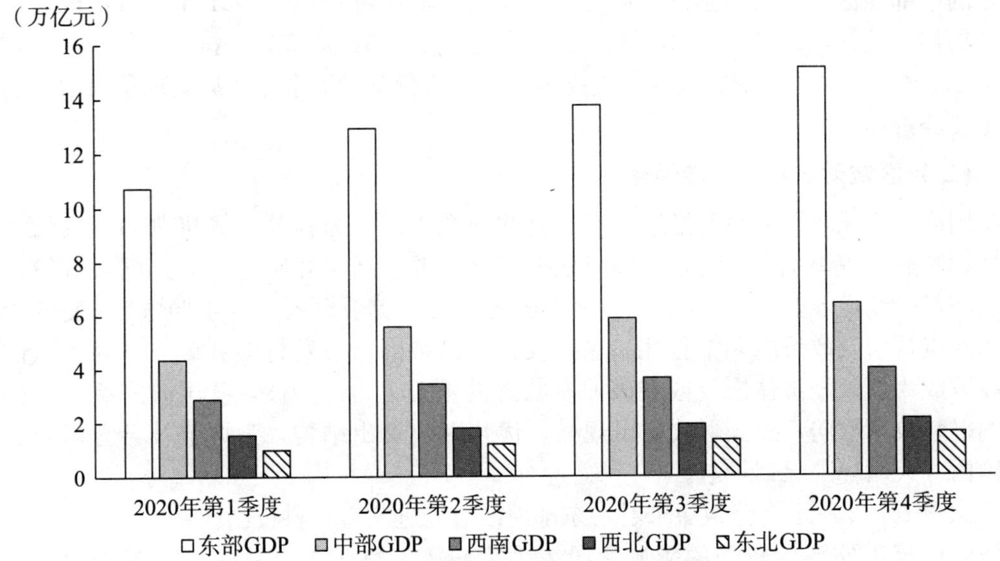

图10-2 2020年第一至四季度中国五大板块GDP

数据来源：国家统计局。

图10-2为2020年第一至四季度中国五大板块GDP。统计发现，东部、中部、西南、西北、东北地区2020年第一季度GDP分别为10.73万亿元、4.35万亿元、2.90万亿元、1.54万亿元、0.99万亿元，比2019年第四季度依次下降了21.26%、35.58%、34.48%、22.36%、7.72%；随着全国疫情防控形势的好转，区域经济出现了回暖现象，东部、中部、西南、西北、东北地区2020年第二季度GDP分别环比上升20.57%、27.93%、18.76%、15.17%、19.72%，出现了强劲回弹，为2020年实现国民经济的正增长、成为百万亿元GDP经济体奠定了基石。2020年第三季度以来，随着疫情得到了有效遏制，区域经济基本面持续向好，东部、中部、西南、西北、东北地区2020年第三季度GDP依次环比上升6.49%、5.65%、6.20%、7.38%、11.83%；2020年第四季度GDP分别环比上升9.92%、9.25%、8.99%、10.42%、20.31%。一般而言，区域经济规模变化取决于疫情的严重程度以及区域自身对不利冲击的抵御力、恢复力。本次疫情的重灾区湖北武汉是中部地区的重镇，是京广、沪蓉两大铁路交通干线的交汇地，在春运期间途经武汉的流动人口多达3 000多万，成为疫

情向湖北省外蔓延的重要原因。相较于其他省份，与湖北相邻的湖南、江西、安徽、河南等中部省份的确诊人数也居于全国前列。为切断病毒传播源、维护人民群众生命健康安全，各省份相继启动重大公共卫生突发事件一级响应，全国多地制造业企业延迟开工，风景区、酒店、商场、电影院在春节黄金周期间关门谢客，成功遏制住了疫情蔓延的势头。但是，制造业、旅游业、餐饮业、商贸业、文化娱乐业、教育业等部门受到了剧烈冲击，使得五大板块2020年第一季度的GDP出现了不同幅度的下滑，这其中又以疫情最为严重的中部地区为盛。2020年第二季度以来，伴随疫情防控逐渐步入常态化阶段，复工复产有序拉开帷幕，五大板块的GDP逆势上扬，受疫情冲击最明显的中部地区回弹最为强烈，彰显出强劲的区域经济韧性。2021年2月，根据国家统计局初步统计，2020年中国国内生产总值达到1 015 986亿元，按可比价格计算，实现了2.3%的正增长，成为新冠肺炎疫情全球大流行背景下率先逆势实现正向增长的世界主要经济体。

（二）区域财政实力逐步强化

国内“大循环”的平稳推进离不开公共财政支出。为弥补市场机制的自发性、盲目性、滞后性等弊端，需要政府部门根据实际需要，制定并实施一系列财政政策，保证经济可持续发展。2008年国际金融危机暴发后，货币政策的内生局限性①使各国政府重新审视财政政策的调节作用，增加支出、减税降费、发行债券等一系列扩张性财政政策成为引领经济体恢复或突破原有状态的重要动力。为此，我国政府始终保持积极的财政政策取向，扩大财政支出规模、优化财政支出结构，为调节社会总需求、优化国内“大循环”保驾护航。

如图10-3所示，分板块来看，东部地区对先进制造、科技创新、人才培育、基础设施建设等正外部性较强的领域的投入力度较大，财政支出总额处于领先地位，由2016年的6.79万亿元扩张至2019年的8.51万亿元，年均增长率为7.81%；中部、西南、西北地区紧随其后，财政支出总额分别自2016年的3.38万亿元、2.73万亿元、1.90万亿元增加到2019年的4.47万亿元、3.60万亿元、2.34万亿元，年均增长率分别达到9.75%、9.58%、7.23%；东北地区居于末位，财政支出总额从2016年的1.24万亿元爬升至2019年的1.47万亿元，年均增长率是5.84%。虽然东部、中部、西南、西北地区财政支出增长率高于全国平均水平，东北地区略低于全国平均水平，但增速绝对差距并不明显，公共财政支出缓解经济波动、激发国内“大循环”活力的作用得到有效释放。

（三）区域消费总额持续增加

作为“生产—分配—交换—消费”国内“大循环”链条的最后一环，消费是居民生活水平的直接表现。“十三五”时期历年的政府工作报告充分肯定了消费在高质量发展中

① 货币政策的内生局限性主要包括：第一，在经济陷入萧条时实行扩张性的货币政策效果不明显；第二，货币政策的外部时滞效应较强，无法使经济在较短时间内复苏；第三，在经济全球化时代，货币政策作用效果容易受到国际收支情况的影响。

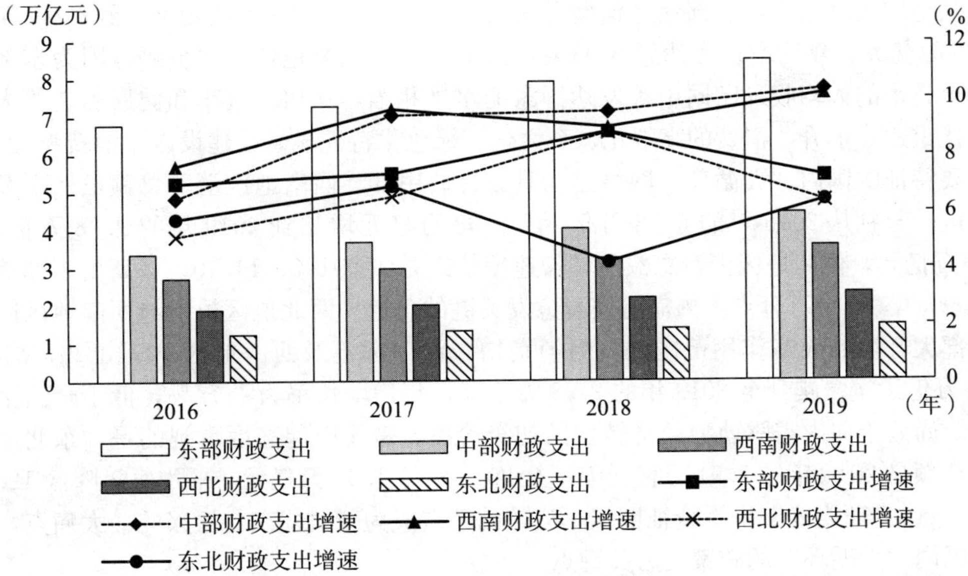

图 10-3　2016—2019 年中国五大板块财政一般预算支出总额及其增速

数据来源：国家统计局。

的基础性作用，为区域经济动能转换指明了方向。图 10-4 为 2016—2019 年中国五大板块社会消费品零售总额及其增速。2016—2019 年，我国社会消费品零售总额（简称“消费总额”）从最初的 33.16 万亿元攀升至 40.80 万亿元，年均增长了 7.16 个百分点。我国消费正逐渐超越资本形成，与进出口贸易成为高质量发展的第一驱动力；正经历由外需驱动向内需拉动的历史性蜕变，以国内大循环为主体的新发展格局初具雏形。

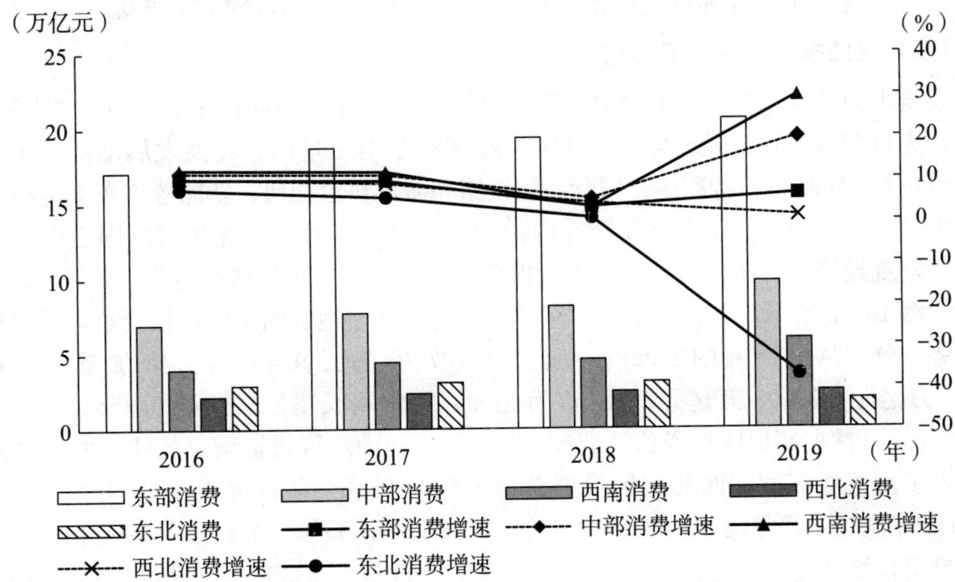

图 10-4　2016—2019 年中国五大板块社会消费品零售总额及其增速

数据来源：国家统计局。

从空间维度上看，东部地区消费总额自 2016 年的 17.11 万亿元扩大到 2019 年的 20.62 万亿元，年均增长率达到 6.41%，占据了绝对优势地位。这主要是因为东部地区多个省市的人均收入已同中等发达国家的水平相当，住房、汽车和健康养老等大宗消费比重逐步上升，消费的高端化、个性化、绿色化特征显著，建设以“消费型社会”为主要特征的国内“大循环”网络已初具条件。中部、西南地区消费总额虽然不及东部地区，分别从 2016 年的 6.98 万亿元、3.98 万亿元增长到 2019 年的 9.78 万亿元、5.96 万亿元，但两地区消费总额的增长速度依次是 11.91%、14.40%，高出东部地区 5.50 个、7.99 个百分点，内需扮演着愈发关键的角色。西北地区虽然与西南地区同处在西部大开发的战略作用范围内，但消费增长潜力远不及西南地区，仅由 2016 年的 2.17 万亿元缓慢爬升至 2019 年的 2.49 万亿元，年均增长率为 4.74%，低于全国平均水平，尚处于向内需驱动型经济转化的初级阶段。需要引起高度重视的是，东北地区消费总额自 2016 年的 2.91 万亿元缩水至 2019 年的 1.95 万亿元，平均每年降低 12.54 个百分点，“断崖式”下滑特征明显，疲软的消费成为新时代东北振兴的最大痛点，是盘活国内“大循环”的政策发力关键点。

从时间维度上看，2016—2017 年五大板块消费总额增长率均围绕 10%的均值线上下波动，地区间增速分异并不明显。到 2018 年，五大板块消费总额虽均实现正向增长，但相比于 2017 年，增速分别下跌了 6.24、5.68、8.46、4.72、4.90 个百分点，这同 2018 年以汽车为代表的高档耐用品消费减速有关。针对这一情况，国家出台了一系列减税降费的优惠性措施，使得 2019 年东部、中部、西南地区消费总额增速重新上扬，尤以中部、西南地区的回弹最为明显，极大优化了国内“大循环”速率。但是，上述举措并未对经济社会综合发展水平较低的西北地区、深陷萧条泥潭的东北地区产生实质性成效，2019 年东北地区消费总额跌幅高至 37.10%，创下历史新高。

（四）区域投资总量出现分化

在筑牢消费基础性作用的同时，有效投资的关键性作用同样不容忽视。“十三五”时期，为贯彻落实新发展理念、改善国民经济的基本质量面、转换发展动能，国家先后圈定包括 5G 基站、特高压、城际高速铁路和城市轨道交通、新能源汽车充电桩、大数据中心、人工智能、工业互联网在内的七大新基建工程，上述领域的固定资产投资在对冲宏观经济下行压力、优化国内大循环速率等方面的正外部性显著。

如图 10-5 所示，分板块来看，东部、中部、西南地区固定资产投资总额呈逐年攀升态势，分别从 2016 年的 25.29 万亿元、15.97 万亿元、9.40 万亿元增加至 2019 年的 29.57 万亿元、19.98 万亿元、12.59 万亿元，年均增长率依次达到 5.35%、7.75%、10.22%。虽然东部地区投资总额最多，但中部、西南地区投资增速较快，西南地区更是步入了两位数区间。西北地区投资总额虽然在 2016—2017 年与 2019 年缓慢上升，但 2018 年发生了严重缩水，将年均增长率拉低至−1.65%。东北地区在“十三五”时期的投资持续低迷，投资总额降幅在 2016 年曾一度达到 23.38%，尽管 2017—2018 年降速有所放缓，但依然呈现负增长状态，2019 年再次滑落至−4.77%，“投资不过山海关”的魔咒亟待破解，进而补齐国内“大循环”的短板。

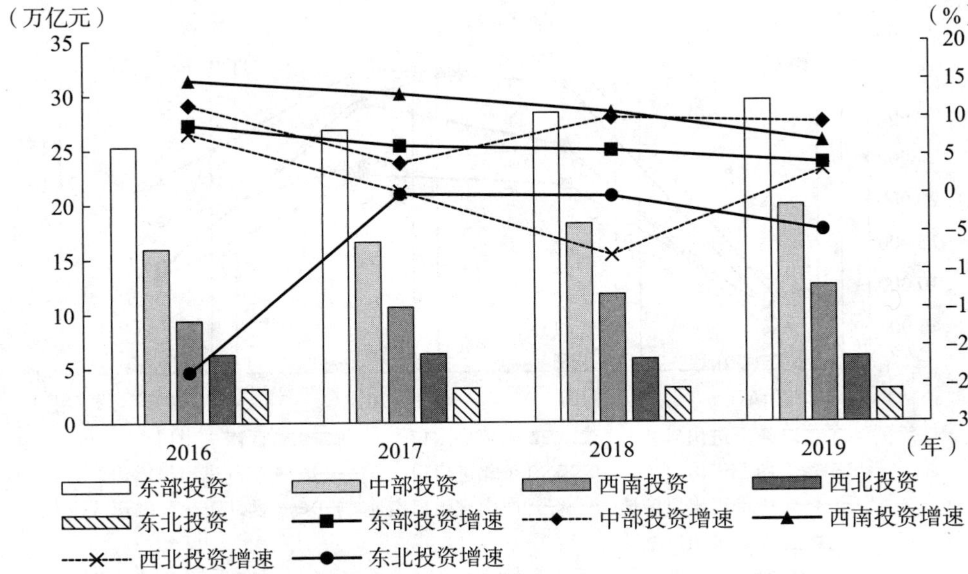

图 10-5 2016—2019 年中国五大板块固定资产投资总额[①]及其增速

数据来源：国家统计局。

(五) 区域对外开放喜忧参半

扩大对外开放是融入国际大循环网络的应时之举。自 2013 年习近平总书记提出“一带一路”倡议以来，我国开放型经济建设进入了全新的历史时期，日益成为国际大循环链条上的中坚力量。然而，自“十三五”时期开局以来，保护主义单边主义愈演愈烈，中美贸易摩擦频仍，国际大循环网络暗流涌动，扩大对外开放面临前所未有的系统性风险。图 10-6 展示了 2016—2019 年中国五大板块进出口总额及其增速。

在空间维度上，按照进出口贸易规模从大到小排列，依次为东部、中部、西南、东北、西北地区。20 世纪 80—90 年代，在沿海发展战略的指引下，中央先后在东部地区设立了一批经济特区、沿海开放城市，形成了环渤海、长三角、闽东南、珠三角四大沿海开放区，东部地区成为开放型经济建设的战略高地。进入 21 世纪，为巩固开放型经济建设的排头兵地位，东部地区于 2013 年获批在上海率先推行自由贸易区政策实践，积极融入国际大循环分工网络。统计发现，东部地区进出口总额由 2016 年的 30 819.84亿美元变化为 2019 年的 36 822.76 亿美元，平均占到全国进出口总额的 82.02%，占据了绝对领先地位。在大力促进东部沿海地区开放的同时，内陆与沿边开放也在加速推进：在内地省会城市、沿江开放城市、沿边开放城市的支撑下，中部、

① 自 2019 年起，《中国统计年鉴》不再报告各省市的全社会固定资产投资总额，结合数据的可得性，2018 年全社会固定资产投资总额＝2018 年城镇固定资产投资总额×(1＋2018 年城镇固定资产投资总额增长速度)＋2018 年农村农户固定资产投资总额×(1＋2018 年农村农户固定资产投资总额增长速度)；2019 年全社会固定资产投资总额＝2018 年全社会固定资产投资总额×(1＋2018 年全社会固定资产投资总额增长速度)。

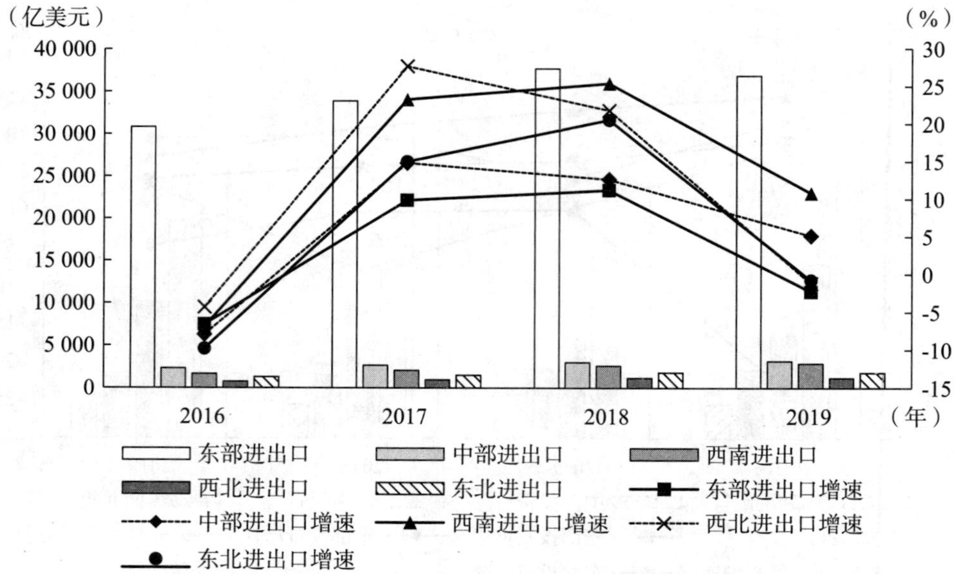

图 10－6　2016—2019 年中国五大板块进出口总额及其增速

数据来源：国家统计局。

西南、西北、东北地区进出口总额分别自 2016 年的 2 314.54 亿美元、1 670.23 亿美元、757.86 亿美元、1 293.11 亿美元变动至 2019 年的 3 148.52 亿美元、2 862.69 亿美元、1 165.36 亿美元、1 779.57 亿美元，立体化对外开放格局已基本形成，成为国际大循环的关键枢纽。

在时间维度上，2016 年 27 个国家和地区先后对我国发起 119 起贸易救济调查案件，加之国际新兴经济体市场和发达国家市场全面回落，五大板块进出口总额均出现了不同程度的下滑，东部、中部、西南、西北、东北地区进出口总额降幅依次是 6.60%、7.94%、6.87%、4.30%、9.81%，融入国际大循环道阻且长。但随着自由贸易区试点红利的逐步释放，五大板块 2017—2018 年的进出口总额强势反弹，西南、西北地区增长率更是保持在 20%以上的高位。但是，自 2018 年 6 月起，美国特朗普政府先后多次对中国出口美国的商品加征关税，中美贸易摩擦呈现愈演愈烈之势。在此背景下，五大板块 2019 年的进出口总额增速均出现不同程度的下滑，经济外向度最高的东部地区更是出现了 2.26%的负增长，与此同时西北、东北地区进出口总额也分别缩水了 1.17%、0.78%。相比之下，中部地区进出口总额依然实现了正向增长，西南地区更是达到了 10.82%。

2020 年第一季度，为遏制新冠肺炎疫情的蔓延势头，中央政府采取了一系列强有力的防控举措，国内各类企业延迟开工，使得进出口贸易出现下滑。进入 2020 年第二季度，在新冠肺炎疫情全球大流行的宏观背景下，世界经济复苏的困难重重，我国政府在统筹做好“外防输入，内防反弹”工作的基础上，全力保证中欧班列等进出口贸易项目的正常运营，进出口贸易迅速回暖，在国际大循环中充分彰显了负责任大国的使命与担当。

在大力发展进出口贸易的同时，我国还广泛开展“负面清单”政策实践，外资准入门槛不断降低，广泛参与到国际经济技术合作中。截至 2019 年底，东部地区 10 个省份已全部进入自由贸易区试点范围，2015 年试点于上海、天津、福建、广东自由贸易区的“负面清单”政策在“十三五”时期成功推广至东部地区其他省份，促使外商投资总额从 2016 年的 40 045.69 亿美元逐年增加至 2019 年的 66 292.15 亿美元，年均增长率达到 18.30%，平均占全国的 76.98%。如图 10－7 所示，“十三五”时期，随着自由贸易区试点地域范围的扩大，中部、西南、西北、东北地区的外商投资总额依次由 2016 年的 4 267.23 亿美元、2 849.61 亿美元、1 305.90 亿美元、2 771.65 亿美元提高到 2019 年的 8 236.35 亿美元、6 102.56 亿美元、2 637.47 亿美元、5 131.73 亿美元，年均增长率分别达到 24.51%、28.90%、26.40%、22.79%，我国同世界其他国家的经济关联更加密切，在国际大循环中的主动权得以确立。

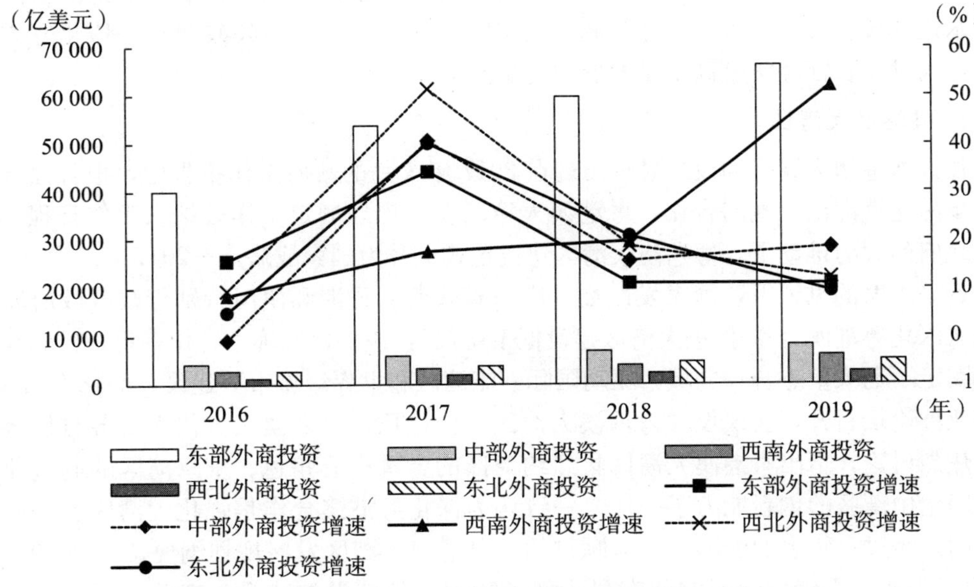

图 10－7 2016—2019 年中国五大板块外商投资总额及其增速

数据来源：国家统计局。

二、“十三五”时期我国区域经济运行的主要特征

“十三五”时期，在创新、协调、绿色、开放、共享五大新发展理念的引领下，我国政府坚持供给侧结构性改革的主线，区域经济发展迎来了重大机遇，集中体现在区域协调发展战略创新亮点频现、新型功能性平台不断涌现两方面。然而，板块间失衡、南北分野的现象依然存在，胡焕庸线仍旧是制约我国区域经济高质量运行的屏障，真正实现区域经济“普遍沸腾”还需经历艰难的演进过程。下面将从三方面入手，概括“十三五”时期我国区域经济运行的主要特征。

（一）区域协调发展战略创新亮点频现

构建更加有效的区域协调发展新机制离不开战略供给侧的推陈出新。“十三五”时期，中央政府不断优化空间战略供给，为加快形成统筹有力、竞争有序、绿色协调、共享共赢的新棋局注入了动力。按照实施时间的先后，具体涵盖长江经济带、粤港澳大湾区、黄河流域生态保护与高质量发展、长三角一体化等新时代区域协调发展战略。

1. 长江经济带

长江作为联通我国东、中、西三级阶梯的重要通道，是颇具发展潜力的带状区域。早在20世纪90年代初期，长江经济带就已被确立为拉动国家经济社会发展的主轴，与沿海发展战略相呼应，塑造了“江海一体”的立体化空间格局。为持续释放长江经济带活力，中共中央于2016年3月正式审议通过了《长江经济带发展规划纲要》，该纲要以“共抓大保护、不搞大开发”为基调，从目标愿景、空间布局、生态环境保护、黄金水道建设、产业培育、对外开放、构建统一大市场、基本公共服务一体化等方面切入，勾勒了长江经济带高质量发展的美丽愿景。

2. 粤港澳大湾区

建设粤港澳大湾区的设想最早出现在2017年3月的政府工作报告中，报告强调要进一步深化粤港澳三地的合作，粤港澳大湾区发展规划制定工作被纳入工作日程。在中央政府的大力推动下，粤港澳大湾区建设正式上升为国家战略——2017年7月1日，在习近平主席的见证下，国家发改委、广东省政府、香港和澳门特别行政区政府联合签发《深化粤港澳合作 推进大湾区建设框架协议》，该协议明确了合作宗旨、目标与原则，圈定了七大重点合作领域，驱动国际一流湾区和世界级城市群建设。2018年4月，博鳌亚洲论坛召开，会议设“粤港澳大湾区”分论坛，粤港澳三方代表就各自优势展开了热烈讨论，指出粤港澳大湾区集纽约湾区的金融中心角色、东京湾区的制造业水准、旧金山湾区的创新能力于一体，一致认为深化粤港澳合作是强化大湾区实力的不二法门。经过一年多的酝酿，万众瞩目的《粤港澳大湾区发展规划纲要》于2019年2月18日发布，围绕大湾区空间布局、创新能力、基础设施建设、产业体系、生态环境、人民生活、对外开放、区域合作8个领域，为大湾区日后发展指明了前进方向。

3. 黄河流域生态保护与高质量发展

与长江流域类似，黄河流域横贯东西，能源资源丰富，生态地位突出，同时又是国家脱贫攻坚与“一带一路”倡议的关键区域。2019年9月，习近平总书记在河南考察调研时将黄河流域生态保护与高质量发展定位为国家战略。与长江经济带不同，黄河流域由于航运之利不济，门户城市与枢纽城市数量较少，目前尚不具备建成网络化国家级经济带的能力。针对这一现状，2020年1月，习近平总书记在中央财经委员会第六次会议上明确，黄河流域必须下大气力进行大保护、大治理：一方面，在实施水源涵养提升、水土流失治理、黄河三角洲湿地生态系统修复、河道和滩区综合提升治理等重大生态工程同时，协同做好水污染、大气污染、土壤污染的治理工作；另一方面，推进兰州-西宁城市群发展，推进黄河“几”字弯都市圈协同发展，强化西安、郑州国家中心城市的带动作用，发挥山东半岛城市群龙头作用，推动沿黄地区中心城市及城市群高质量发展。

4. 长三角一体化

长三角涵盖上海、江苏、浙江、安徽三省一市，是我国经济与人口密度最大的地区之一。2018 年 11 月，习近平总书记在首届中国国际进口博览会上明确表示支持长三角一体化上升为国家战略，为加快长三角资本、人才、技术等各类优质要素高速、高效、自由流动，《长三角一体化发展规划纲要》于 2019 年 12 月颁行，该纲要在协同创新产业体系、基础设施互联互通水平、生态环境共保联治、公共服务便利共享、更高水平协同开放等方面展望了未来 15 年的发展图景。为响应高质量发展的时代主旋律，2020 年 8 月，习近平总书记在合肥主持召开扎实推进长三角一体化发展座谈会，强调长三角需紧扣一体化和高质量两个关键词抓好重点工作，充分彰显了长三角在 2035 年基本实现社会主义现代化宏伟蓝图中的排头兵地位。

（二）新型功能性平台不断涌现

区域经济发展需要以新型功能性平台作为战略骨架。“十三五”时期，我国政府密集出台了 80 多项国家级区域规划文件，圈定了包括自由贸易区、国家级新区、城市群与都市圈在内的一批功能性平台，在重塑中国经济地理格局的实践探索中起到了纲举目张的作用。

1. 自由贸易区

步入新时代以来，为充分利用国内国际两种资源、有效整合国内国际两个市场，中央政府于 2013 年在上海设立了我国第一个自由贸易区，开放型经济建设迈向全新层次。随着自由贸易区的政策实践走向成熟，我国其他省区市也先后获批设立自由贸易区，尤以“十三五”时期最为迅猛：辽宁、浙江、河南、湖北、重庆、四川、陕西于 2017 年 3 月，海南于 2018 年 4 月，山东、江苏、广西、河北、云南、黑龙江于 2019 年 7 月，北京、湖南、安徽于 2020 年 9 月，先后分 4 批开展自由贸易区实践，共囊括 17 个省区市，新增总试点面积多达 35 818.45 平方千米。我国目前 21 个自由贸易区的具体情况如表 10 - 1 所示。

表 10 - 1 中国 21 个自由贸易区的情况概览

地区	设立时间（年．月）	面积（平方千米）	具体范围
上海	2013.9	120.72	外高桥保税区、外高桥保税物流园区、洋山保税港区和上海浦东机场综合保税区、金桥出口加工区、张江高科技园区、陆家嘴金融贸易区
广东	2015.4	116.2	广州片区、深圳片区、珠海片区
天津	2015.4	119.9	天津港片区、天津机场片区、滨海新区中心商务片区
福建	2015.4	118.04	福州片区、厦门片区、平潭片区

续前表

地区	设立时间（年．月）	面积（平方千米）	具体范围
辽宁	2017.3	119.89	沈阳片区、大连片区、营口片区
浙江	2017.3	119.95	舟山离岛片区、舟山岛北部片区、舟山岛南部片区
河南	2017.3	119.77	郑州片区、开封片区、洛阳片区
湖北	2017.3	120	武汉片区、宜昌片区、襄阳片区
重庆	2017.3	119.98	两江片区、西永片区、果园港片区
四川	2017.3	119.99	成都天府新区片区、成都青白江铁路港片区、川南临港片区
陕西	2017.3	119.95	西安中心片区、西安国际港务区片区、杨凌示范区片区
海南	2018.10	33 900	海南岛全岛
山东	2019.8	119.98	济南片区、青岛片区、烟台片区
江苏	2019.8	119.97	南京片区、苏州片区、连云港片区
广西	2019.8	119.99	南宁片区、钦州港片区、崇左片区
河北	2019.8	119.97	雄安片区、正定片区、曹妃甸片区、大兴机场片区
云南	2019.8	119.86	昆明片区、红河片区、德宏片区
黑龙江	2019.8	119.85	哈尔滨片区、黑河片区、绥芬河片区
北京	2020.9	119.68	科技创新片区、国际商务服务片区、高端产业片区
湖南	2020.9	119.76	长沙片区、岳阳片区、郴州片区
安徽	2020.9	119.86	合肥片区、芜湖片区、蚌埠片区

2. 国家级新区

作为承载国家重大发展和改革开放战略任务的高地，国家级新区能够有效辐射带动周边区域发展。“十三五”时期，我国先后于 2016 年 2 月设立了长春新区，于 2016 年 6 月设立了赣江新区，于 2017 年 4 月设立了雄安新区，同 2010 年以来已经设立的 16 个国家级新区相配合，共同构成国民经济高质量发展的结节点。3 个国家级新区分属东北、中部、东部地区，与东北振兴、长江经济带建设、京津冀协同发展等空间战略相呼应，成为“十三五”时期区域经济的代表性名片，其中又以雄安新区最具代表性。设立雄安新区是同京津冀协同发展一脉相承的重大战略决策，疏解北京非首都城市功能的指向性明确，具有深刻的现实根源：同长三角、粤港澳城市群对比发现，京津冀城市群二级城市缺位，首都北京的极化效应持续叠加，诱发了一系列大城市病。针对上述情况，2015 年 2 月，习近平总书记在中央财经领导小组第九次会议上首次提出北京“非首都功能的疏解”概念，将其作为京津冀协同发展实践的“牛鼻子”。2017 年 4 月，中共中央、国务院正式决定设立河北雄安新区，继深圳经济特区和上海浦东新区之后，抒写新时代“春天的故事”。作为千年大计、国家大事，在世界眼光、国际标准、中国特色、高点定位的理念指导下，《河北雄安新区规划纲要》《河北雄安新区总体规划（2018—2035年）》分别在2018年4月和12月得到正式批复，两部规划围绕城乡融合发展、营造优美自然环境、构建综合交通网络、高起点布局高端产业等方面展开了系统性论述，同《京津冀协同发展规划纲要》提出的“一核、双城、三轴、四区、多节点”空间格局形成呼应。

3. 城市群与都市圈

迈入“十三五”时期，我国国家级城市群建设有条不紊地向前推进，哈长、成渝、长三角、中原、北部湾、关中平原、呼包鄂榆、兰西、粤港澳城市群先后获批设立。统计表明，各大国家级城市群经济与人口要素的集聚效应显著（见表10-2）。长三角、粤港澳城市群GDP总量超过10万亿元，长三角、中原、京津冀城市群常住人口数突破1亿人，长三角、呼包鄂榆、粤港澳城市群人均GDP达到10万元以上，正朝着空间上邻近且经济关联密切的统一体演化。在构建有序分工、错位发展的城市群等级体系的同时，国家还大力培育以城市群内部超大特大城市或辐射带动功能强的大城市为中心、以1小时通勤圈为基本空间范围的都市圈。为此，2019年2月，国家发改委颁行了《关于培育发展现代化都市圈的指导意见》，从基础设施一体化、统一开放市场孵化、优质公共服务资源共享、生态环境共保共治多维度切入，为营造空间结构清晰、要素流动有序、产业分工协调的现代化都市圈指明了前进方向。

表10-2 中国国家级城市群的发展概况

城市群名称	时间（年．月）	GDP（万亿元）	常住人口（万人）	人均GDP（元）
长江中游	2015.3	8.53	13 278.62	64 274.5
哈长	2016.2	2.61	4 618.89	56 591.90
成渝	2016.4	5.55	9 516.17	58 371.12
长三角	2016.5	17.86	14 673.24	121 746.84
中原	2016.12	7.17	16 560.55	43 283.13
北部湾	2017.1	1.99	4 225.1	47 166.61
关中平原	2018.1	1.93	3 927.64	49 162.55
呼包鄂榆	2018.2	1.35	1 151.13	116 990.44
兰西	2018.3	0.59	1 204.65	49 149.69
粤港澳	2019.2	10.87	7 111.99	152 798.41
京津冀	官方尚未批复	8.51	11 270	75 545.60
海峡西岸	官方尚未批复	5.85	9 505.14	61 570.7

（三）板块间失衡与南北分野并存

随着新时代区域协调发展理论创新与实践深化不断取得新进展，“十三五”时期我国区域经济基本面向好，但依然面临重要考验，集中表现为板块间失衡与南北分野。

一方面，板块间失衡。本章第一部分关于五大板块经济规模的分析表明，“十三五”时期“西比东快”的基本格局继续保持，除东北地区外，中部、西南、西北地区的GDP增速均超过东部地区，充分表明中西部地区的综合实力正不断强化，与东部地区的相对差距渐趋缩小。然而，板块间绝对差距并未出现本质性扭转。如图10－8所示，进一步比较五大板块GDP对国民经济增长的贡献率发现，五大板块GDP占比从2016年的52.58：20.59：12.40：7.71：6.72调整至2020年的51.93：21.95：13.83：7.24：5.05，虽然中部、西南地区GDP占比分别提高了1.36、1.43个百分点，东部、西北、东北地区GDP占比分别减少了0.65、0.47、1.67个百分点，但东部地区的发展增量依然远远领先于其他地区，五大板块的空间格局总体保持稳定，胡焕庸线依然是区域经济“普遍沸腾”的阻碍。

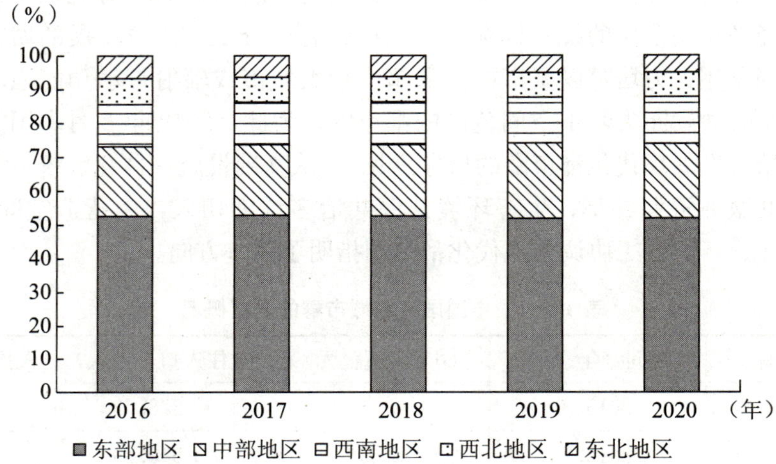

图10－8　2016—2020年五大板块的GDP占比

数据来源：国家统计局。

在关注经济规模扩张的同时，还要重视发展的普惠性，不断增进人民群众的获得感、满足感。如图10－9所示，从变化速度上看，东部、中部、西南、西北、东北地区人均GDP增速分别为6.80％、10.30％、10.53％、5.44％、－1.04％，按照人均GDP增速由快到慢排序，依次为中部、西南、东部、西北与东北地区，除东北地区外，其余4个板块“十三五”时期人均GDP均实现正向增长，中部、西南地区的人均GDP增速更是达到了两位数，同东部地区人均GDP的相对差距呈缩小态势。然而，从实际数额上看，东部地区人均GDP始终处于领先行列，已同中等发达经济体总体相当，依次是中部、西南、西北、东北地区人均GDP的1.71倍、1.92倍、1.67倍、1.75倍，再次说明板块间的绝对差距的存在性，突破胡焕庸线还尚需时日。

另一方面，南北分野。1908年，首任中国地学会会长张相文提出将秦岭—淮河线作为南北区划的依据。若以35°N秦岭—淮河线及其延伸段作为南北分界线，则我国北方地区囊括北京、天津、河北、山西、内蒙古、辽宁、吉林、黑龙江、山东、河南、陕西、甘肃、青海、宁夏、新疆等15个省区市，国土面积达577.53万平方千米，约

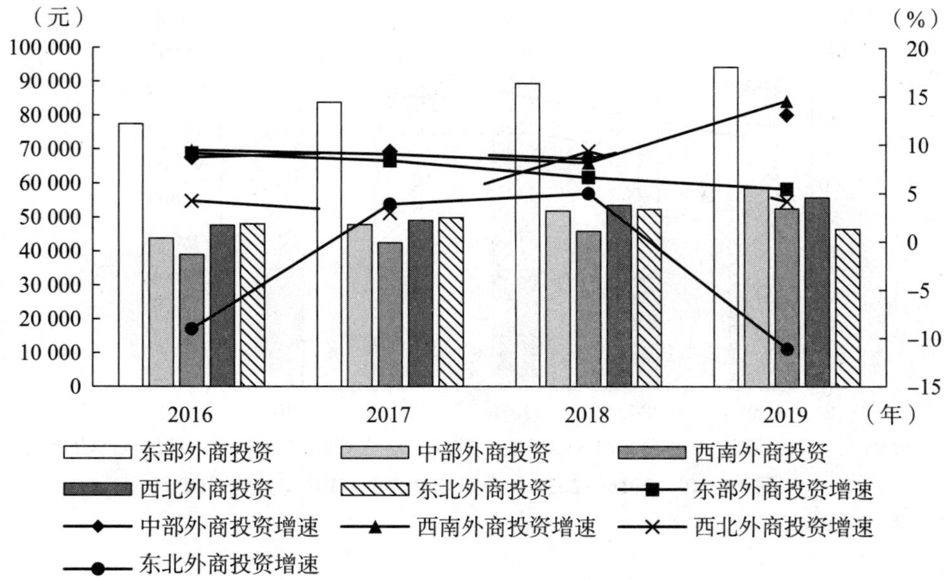

图 10-9 2016—2019 年中国五大板块人均 GDP 及其增速

数据来源：国家统计局。

占国土总面积的 59.70%，其余省份为南方地区。与板块间失衡不同，“十三五”时期南北分野在绝对差距与相对差距两方面均有所体现。

图 10-10 为 2016—2020 年中国南北方的 GDP 与人均 GDP。在绝对差距方面，北方地区 GDP 从 2016 年的 30.97 万亿元波动上升至 2020 年的 35.66 万亿元，人均 GDP 自 2016 年的 53 502.68 元波动增加到 2019 年的 59 767.93 元；南方地区 GDP 从 2016 年的 47.04 万亿元逐年攀升至 2020 年的 65.58 万亿元，人均 GDP 自 2016 年的 59 723.54 元稳步提高到 2019 年的 77 617.48 元。比较发现，北方与南方地区的 GDP 之比从 2016 年的 1∶1.52 变化为 2020 年的 1∶1.84，人均 GDP 之比自 2016 年的 1∶1.1 调整至 2019 年的 1∶1.3，南北绝对差距仍在不断加剧。在相对差距方面，北方地区 2016—2020 年 GDP 的增长率分别是 4.19%、6.54%、6.67%、−0.78%、2.11%，2016—2019 年人均 GDP 的增长率依次为 3.68%、6.14%、6.33%、−1.02%，“十三五”时期的前三年内增长速度略有加快，但均在 2019 年转正为负；南方地区 2016—2020 年 GDP 的增长率分别是 10.54%、9.95%、8.81%、13.04%、3.10%，2016—2019 年人均 GDP 的增长率依次为 9.69%、9.09%、7.96%、12.23%，增长速度在波动中提高。对比发现，南北方 GDP 与人均 GDP 增速差距在 2019 年达到顶峰，南方地区 GDP 与人均 GDP 增速足足要比北方地区高出 13.83、13.25 个百分点，南北相对差距亦呈扩大态势。南北分野已成为政界、学界关注的热点话题。

此外，万亿级 GDP 城市的空间分布是南北分野的另一重要表现。截至 2020 年底，全国共有 23 座城市的 GDP 越过万亿元大关，其中南方城市多达 17 座，占总数的 73.91%，若去除行政等级更高的直辖市与特别行政区，南方更是占到了 78.95%，北方仅有青岛、郑州、济南、西安 4 座城市入围。北方经济发展落后于南方是多重因素

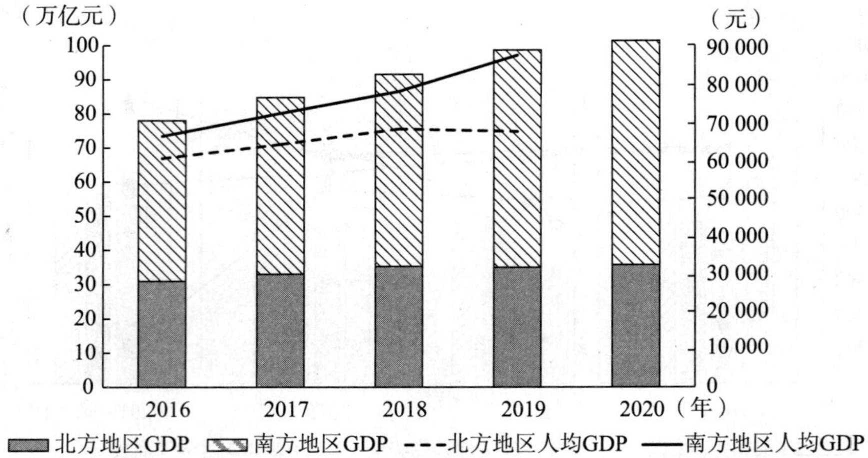

图 10-10　2016—2020 年中国南北方的 GDP 与人均 GDP

数据来源：国家统计局。

共同作用的结果，既有人才、技术、信息等优质要素投入不足、传统经济部门产能过剩所导致的内生动力减弱，也有体制机制改革迟滞、国际政治经济环境变化所引发的市场活力消退。

三、“十四五”时期我国区域经济发展态势展望

2020 年是“十三五”的收官之年，也是全面建成小康社会的决胜之年。面向即将到来的“十四五”时期，站在继往开来的时代交汇点，我国区域经济将朝着不同尺度空间战略联动、产业有序转移、新型城镇化与乡村振兴并举、陆海统筹扎实推进、绿色发展步伐加快、开放型经济体制走向健全的方向迈进，彰显出旺盛的生机与活力。

（一）联动不同尺度的空间战略

步入 21 世纪，以区域发展总体战略、主体功能区、京津冀协同发展、长江经济带、粤港澳大湾区、长三角一体化、黄河流域生态保护与高质量发展、城市群与都市圈、国家中心城市、国家级高新区、经济技术开发示范区为代表的空间战略层出不穷，为“十四五”时期逐步化解新时代人民日益增长的美好生活需要和不平衡不充分的发展之间的矛盾奠定了牢固的制度基础。

作为地理学区域学派的核心概念，空间尺度是指将特定的地理空间按照一定特征划分为若干不同等级的子系统，因此层级性是区域的典型特征。就相应区域发展战略的空间属性而言，国家-区域尺度下战略的“空间中性”特征较为明显，旨在实现“整体分散”；城市尺度下的战略更多地表现为“基于地区”，目的在于“优势集中”。“整体分散”与“优势集中”二者相互补充，使“普遍沸腾”的区域经济格局不断巩固，助力“十四五”时期区域经济的本真复兴。根据上述尺度划分标准，国家-区域层面的

空间战略包括区域发展总体战略、主体功能区、京津冀协同发展、长江经济带、粤港澳大湾区、长三角一体化、黄河流域生态保护与高质量发展、城市群与都市圈，城市层面的空间战略包括国家中心城市、国家级高新区、经济技术开发示范区。上述战略在地理空间上相互交织、相互渗透，将重新定义“十四五”时期的区域间分工，垂直尺度的跨越距离将逐渐消融。在认真贯彻现有空间战略的同时，“十四五”时期还应在“整体分散、优势集中”的原则指导下，重点塑造以大运河文化带、河西经济走廊、云贵川大金三角、区域性城市群、区域中心城市为代表的新型经济地理空间，在行政重组、空间重组与规划重组中推陈出新，让“普遍沸腾”的区域经济格局更加稳固。

（二）有序引导产业转移

步入后金融危机时代，原有国际产业转移格局发生了深刻变化：一方面，我国制造业向国外转移的态势开始显现；另一方面，国内劳动密集型制造业、资本密集型制造业自东部沿海地区向中西部地区转移的步伐也逐渐加快。

面向百年未有之大变局，“十四五”时期产业转移将与更加复杂的国内国际形势相伴，呈现出以下新特征：第一，双向转移渐成趋势。在纺织、服装等劳动密集型制造业，钢铁、石化、有色金属等资本密集型制造业向中西部地区转移的同时，新能源汽车、新材料、计算机等技术密集型制造业逐渐向更有效率的东部沿海地区转移。第二，交通基础设施的改善、新技术的推广削弱了制造业对劳动力、土地的依赖。在国家高速铁路网络渐趋完善的“十四五”时期，空铁联运降低了贸易成本，加之大数据、人工智能、物联网等先进技术的使用，劳动力、土地等要素成本上升对制造业生产经营的约束有所减弱，国内产业梯度转移可能呈现放缓态势。第三，集群招商成为重要模式。集群招商从市场细分和专业化分工的角度出发，致力于引进配套项目与相关企业，通过共享、匹配与学习三大微观机制最大化集聚经济正外部性。

为更好地适应上述新特征，“十四五”时期要在因地制宜、分类指导的基本原则下，独资、合资、收购、兼并、非股权安排等方式并重，科学引导劳动密集型、资本密集型产业向中西部地区转移，避免过度向东南亚、南亚的国家和地区外流。在肯定梯度推移主导地位的同时，不断优化产业结构，夯实东部地区京津冀、长三角、珠三角，以及东北地区辽中南国家制造业中心的地位，避免重犯生产力重心“跳跃式西移”的历史错误。

（三）新型城镇化与乡村振兴并举

城乡深度融合是服务于新时代区域协调发展的关键一环。“十三五”时期，我国城市化率由2016年的57.35%提升至2019年的60.60%，提升了3.25个百分点，我国已由以农为本、以土为生、以村而治、根植于土的“乡土中国”，进入乡土变故土、告别过密化农业、乡村变故乡、城乡互动的“城乡中国”。然而，在我国城市化进程中依然存在着明显的城乡失衡现象，集中表现为以人口城市化为导向的人口结构失衡、以城市扩张和农村萎缩为主的空间失衡、以农村承接传统制造业转移为主的产业失衡、城乡管理体制分割的制度失衡、忽视中小城市过渡作用的城市体系失衡，这些现象同区域差距相互交织，成为贯彻落实新时代区域协调发展战略进程中必须破除的障碍。

针对上述失衡现象，“十四五”时期要加快城乡深度融合的战略转型，就必须牢牢把握新型城镇化和乡村振兴两大战略要领，同步增进城市化的量和质，以城市和乡村为双轮驱动，提升区域经济运行质量。为此，要重点抓好以下三项工作。第一，将人作为新型城镇化的核心要义。著名社会学家费孝通认为，中国社会属于典型的乡土性社会，村落是最基本的社区单元。由于土地的不流动性，孤立和隔膜成为人际空间排列关系的集中表现，导致地缘、亲缘关系成为农业转移人口融入城市生活的主要障碍。为此，要在不断扩大幼儿养育、科学教育、收入分配、医疗卫生、养老与住房保障等领域的基本公共服务供给的同时，加速基本公共服务均等化进程，切实保障农业转移人口的城市权利，朝着“幼有所育、学有所教、劳有所得、病有所医、老有所养、住有所居、弱有所扶”的大同目标迈进。第二，践行农业工业化的构想。科学研判消费需求变动、制度革新所诱发的人地关系重构，在土地配置制度优化、资本下乡、城乡人力对流的三维框架下，催化农业生产的机械化与现代化，贴近国际产业技术前沿面。第三，城市文明与乡村文明交汇融合。20世纪80—90年代，在浩浩荡荡的城市化浪潮中，城市文明都被视作高于乡村文明的形态。随着城市化率越过50%的门槛，住房紧张、交通拥堵、环境恶化等城市病日益困扰着城市人口的经济活动与社会生活，乡村成为此类社会群体的精神慰藉，近年来兴盛的农家乐、民宿、乡村旅游正是城市文明对乡村文明的呼唤。为此，要珍视乡村物质与非物质传统文化，紧扣特色小镇、美丽乡村建设的主旋律，发展乡村特色文化产业与文化事业，重塑山清水秀的居住环境、诗意盎然的人文环境，在弘扬现代城市文明的同时“望得见山，看得见水，记得住乡愁”。

（四）扎实推进陆海统筹

我国背倚亚欧大陆、面向太平洋，拥有300余万平方千米的海洋国土，蕴藏着丰沛的矿物资源、化学资源、生物资源与动力资源，创造的生产总值在2019年已超过8.9万亿元，海洋开发与利用已成为综合国力的标志。早在20世纪初，孙中山就曾强调，中国的发展要“海权与陆权并重，不偏于海，亦不偏于陆，而以大陆雄伟之精神，与海国超迈之意识，左右逢源，相得益彰”。著名的《建国方略》中也将港口定位为“国际发展实业计划之策源地”“中国与世界交通运输之关键”。新中国成立以来，中国共产党五代领导集体群策群力，重视海洋，发展海洋，海洋经济前途不可估量。党的十九大报告更是将“坚持陆海统筹，加快建设海洋强国”纳入区域协调发展战略内，成为“十四五”时期海洋经济高质量发展的可靠遵循。

“十四五”时期为在更高层次上扎实推进陆海统筹，需要关注四方面内容。其一，统筹海洋权益维护与海洋国际合作。遵循《联合国海洋法公约》的相关精神，在坚决维护我国海洋权益的同时，通过海洋保护与开发的国际合作，有效化解当前国际政治经济形势下的各类不确定性，增进全人类福祉。其二，统筹海洋资源利用与生态环境保护。适时开展蓝色国土的主体功能区划分，与陆上主体功能区划相互补充、相互增益。其三，统筹海洋产业结构优化与产业布局调整。牢牢扭住“蓝色粮仓”建设这一重心，积极开拓同海洋船舶工业、海洋油气业、滨海旅游跨界融合的新业态、新模式。其四，统筹近海优化开发与远洋空间拓展。打造一条以上海为中心、以京津和广深为南北两翼的沿海经济带，发挥蓝色增长极的引领作用，辐射近海、波及远洋。按照上述思路，“十四五”时期海洋经济的总量与质量、海洋开发的强度与利用时序将得到最大限度的协调，保障国民经济行稳致远。

（五）加快绿色发展步伐

绿色发展是缓和人地关系、构建现代化经济体系的必然要求。在18—19世纪短短100多年内，西方资本主义国家迅速实现了工业化，社会生产效率显著优化。然而，西方资本主义国家在工业文明初期多采取了以要素投入增加与经济规模扩张为主要特征的粗放型模式，引发了一系列环境公害事件，20世纪中叶的伦敦烟雾、洛杉矶光化学烟雾正是典型例证。相比于西方资本主义国家，建构于落后农业基础上的新中国仅用70多年时间完成了工业化进程，资源枯竭、环境污染与生态破坏的问题更为突出，“黑猫模式”亟待转型。党的十八大以来，以习近平同志为核心的党中央赋予了生态环境以生产力属性，秉承“绿水青山就是金山银山”的理念，从生产生活两方面论述了新时代构建资源节约型、环境友好型社会的构想。

为建设山清水秀的美丽中国，“十四五”时期应综合考虑生态容量和资源承载力的双重约束，高质量完成以下三项工作。首先，以优化绿色全要素生产率为导向驱动产业调整升级。加快绿色技术创新步伐，培育一批以新材料、新能源汽车、高端装备制造为主体的技术密集型产业，对钢铁、化工、冶金等传统产业部门实施绿色技术改造，释放波特假说效应，为实现绿色发展注入动力。绿色技术创新离不开人才、信息、技术优质生产要素的物质支撑，为此，不同区域要着力实现税收减免、加速折旧、盈亏相抵、延期纳税、信贷支持等优惠性措施的一体化，为产业绿色发展创造良好的政策环境，助力绿色全要素生产率的区域协同优化。其次，引导产业梯度转移有序推进。根据《国务院关于中西部地区承接产业转移的指导意见》《产业发展与转移指导目录（2018年本）》等政策性文件，以绿色发展为首要评价准则，圈定各省区转入与转出产业的主要门类，坚决避免高污染高耗能行业向限制开发区、禁止开发区转移，防止其沦为污染避难所。最后，建立健全环境污染的联防联控机制。对于水体治理而言，必须按照一体化标准实施对废水的无害化处理，着力改善跨行政区的大型水域水质。对于大气与固体废弃物治理而言，要追根溯源，适时联动淘汰落后产能，释放环境规制的约束效应，从源头上遏制废气废渣的排放。值得注意的是，在生态环境治理进程中必然会出现开发地区、受益地区与受保护地区的分化，这就需要以系统优化思想为指导，健全跨区域生态补偿机制。

（六）健全开放型经济体制

改革开放以来，本着互利共赢的基本宗旨，我国先后设立了一批经济特区、沿海开放城市、沿海经济开放区、沿江开放城市、沿边开放城市，全方位、宽领域、多层次的对外开放格局已基本形成。2018 年起，中美贸易摩擦频仍、保护主义单边主义抬头、新冠肺炎疫情全球肆虐多种不确定性相互叠加，世界经济复苏充满不确定性，构建以国内“大循环”为主体、国内国际“双循环”相互促进的新发展格局时不我待。然而，以国内“大循环”为主体，并非与全球分工价值链脱钩，而是要更加坚定不移地走对外开放道路，以国内国际两种资源激发区域经济发展活力。

“十四五”时期，为在更高层次上健全开放型经济体制，需要抓好两方面工作。一方面，深化自由贸易区的试点实践。在扩大自由贸易区试点范围的同时，不断优化自由贸易区的微观制度设计，扎实推进以“一线放开”“二线安全高效管住”为核心的监管服务改革，通过“单一窗口”建设为国际经贸往来提供线上渠道。在发展进出口贸易的同时，还应积极创造有利的政策环境，吸引外商投资，鼓励到境外投资，对外承包工程与劳务输出并举，在“引进来”与“走出去”的实践中融入国际经济技术合作网络。另一方面，拓展国际合作的领域。在经贸合作的同时，还要积极加深信息技术、文化教育以及非传统安全领域的合作，从而更好地适应错综复杂的国际政治经济环境。具体而言：其一，通过建设以大数据、云计算、物联网为技术支撑的信息大通道，弱化同其他国家和地区间的数字鸿沟效应；其二，积极挖掘特色文化资源，携手其他国家和地区举办各类文化交流活动，增进人民的文化认同感，中俄青年友好交流年、国际青年创意文化周正是成功的典范；其三，我国在自然灾害、公共卫生、恐怖主义、跨国犯罪等非传统安全领域与众多国家和地区休戚与共，各方要加强联防联控，将深化对外开放面临的风险扼杀在萌芽状态。

参考文献

[1] 成祖松. 经济新常态下我国区域产业转移的引导路径 [J]. 经济纵横，2016 (11)：92 - 95.

[2] 李国平，宋昌耀. 雄安新区高质量发展的战略选择 [J]. 改革，2018 (04)：47 - 56.

[3] 林香红. 面向 2030：全球海洋经济发展的影响因素、趋势及对策建议 [J]. 太平洋学报，2020，28 (01)：50 - 63.

[4] 刘守英，龙婷玉. 城乡转型的政治经济学 [J]. 政治经济学评论，2020，11 (01)：97 - 115.

[5] 刘守英，王一鸽. 从乡土中国到城乡中国：中国转型的乡村变迁视角 [J]. 管理世界，2018，34 (10)：128 - 146.

[6] 盛来运，郑鑫，周平，李拓. 我国经济发展南北差距扩大的原因分析 [J]. 管理世界，2018，34 (09)：16 - 24.

[7] 孙久文. 新冠肺炎疫情对中国区域经济发展的影响初探 [J]. 区域经济评论，2020 (02)：8 - 11.

[8] 孙久文. 雄安新区在京津冀协同发展中的定位 [J]. 甘肃社会科学，2019 (02)：59 - 64.

[9] 孙久文，张静. 长江经济带发展的时空演变与发展建议 [J]. 政治经济学评论，2019，10 (01)：151 - 171.

[10] 王晓玲. 国际经验视角下的中国特色自由贸易港建设路径研究 [J]. 经济学家，2019 (03) 60 - 70.

[11] 张京祥. 国家—区域治理的尺度重构：基于“国家战略区域规划”视角的剖析 [J]. 城市发

展研究，2013，20（05）：45-50.

[12] 张可云. 新时代的中国区域经济新常态与区域协调发展 [J]. 国家行政学院学报，2018（03）：102-108.

[13] 张明. 如何系统全面地认识"双循环"新发展格局？[J]. 辽宁大学学报（哲学社会科学版），2020，48（04）：1-8.

[14] 中国人民大学宏观经济分析与预测课题组，刘元春，闫衍，刘晓光. 持续探底进程中的中国宏观经济：2015—2016 年中国宏观经济分析与预测 [J]. 经济理论与经济管理，2016（01）：5-45.

[15] 中国人民大学宏观经济分析与预测课题组，毛振华，刘元春，袁海霞，张英杰. 稳增长和防风险双底线下的宏观经济：2016 年宏观经济形势分析与 2017 年预测 [J]. 经济理论与经济管理，2017（01）：5-25.

[16] 中国人民大学中国宏观经济分析与预测课题组，陈彦斌，陈小亮，刘哲希. 结构性去杠杆下的中国宏观经济：2018 年中期中国宏观经济分析与预测 [J]. 经济理论与经济管理，2018（08）：5-19.

[17] 中国人民大学中国宏观经济分析与预测课题组，刘元春，刘晓光，闫衍. 2018—2019 年中国宏观经济报告：改革开放新征程中的中国宏观经济 [J]. 经济理论与经济管理，2019（01）：4-26.

[18] 中国人民大学中国宏观经济分析与预测课题组，刘元春，刘晓光，邹静娴. 新常态迈向新阶段的中国宏观经济：2017—2018 年中国宏观经济分析与预测 [J]. 经济理论与经济管理，2018（02）：20-38.

[19] 中国人民大学中国宏观经济分析与预测课题组，刘元春，闫衍，刘晓光. 2019—2020 年中国宏观经济报告：结构调整攻坚期的中国宏观经济 [J]. 经济理论与经济管理，2020（01）：21-41.

[20] 朱东波. 习近平绿色发展理念：思想基础、内涵体系与时代价值 [J]. 经济学家，2020（03）：5-15.

后　记

2020年是极其特殊的一年。新冠肺炎疫情的肆虐，打乱了区域经济的正常发展秩序。在党中央的坚强领导下，中国人民战胜了疫情，获得了经济的恢复与发展。2020年中国的区域经济呈现出各地区不同的特点，本书是在大量研究的基础上，经过作者整理和编辑而形成的研究报告。

本书的具体的分工如下所示。

总报告：孙久文、苏玺鉴

第一章：高宇杰

第二章：李承璋

第三章：陈超君

第四章：张皓

第五章：苏玺鉴

第六章：张倩

第七章：易淑昶

第八章：宋准

第九章：张翱

第十章：蒋治

孙久文对全书进行了编撰，苏玺鉴对全书进行了编排和整理，补充了参考文献。

十分感谢中国人民大学科研处和应用经济学院领导对本书出版给予的支持和资助，感谢中国人民大学出版社对本书出版给予的热情关怀。

在书稿当中，作者对文中的引述大多做出了注释和说明，由于著述匆匆，书中难免有错误或不当之处，请广大读者不吝赐教；对于书中引用的成果而由于作者的疏忽未加注释的地方，本人在此表示深深的歉意。

孙久文

2021年10月13日

图书在版编目（CIP）数据

中国区域经济发展报告. 2020：中国区域经济中长期发展研究/孙久文主编. --北京：中国人民大学出版社，2021.12

（中国人民大学研究报告系列）

ISBN 978-7-300-30232-4

Ⅰ.①中… Ⅱ.①孙… Ⅲ.①区域经济发展-研究报告-中国-2020 Ⅳ.①F127

中国版本图书馆 CIP 数据核字（2022）第 011112 号

中国人民大学研究报告系列

中国区域经济发展报告（2020）——中国区域经济中长期发展研究

主　编　孙久文

副主编　苏玺鉴

Zhongguo Quyu Jingji Fazhan Baogao（2020）——Zhongguo Quyu Jingji Zhongchangqi Fazhan Yanjiu

出版发行	中国人民大学出版社		
社　址	北京中关村大街 31 号	**邮政编码**	100080
电　话	010－62511242（总编室）		010－62511770（质管部）
	010－82501766（邮购部）		010－62514148（门市部）
	010－62515195（发行公司）		010－62515275（盗版举报）
网　址	http://www.crup.com.cn		
经　销	新华书店		
印　刷	唐山玺诚印务有限公司		
规　格	185 mm×260 mm　16 开本	**版　次**	2021 年 12 月第 1 版
印　张	12.75 插页 1	**印　次**	2021 年 12 月第 1 次印刷
字　数	264 000	**定　价**	62.00 元